Souriau

L'Imagination de l'Artiste

L'IMAGINATION

DE L'ARTISTE

PAR

PAUL SOURIAU

PROFESSEUR A L'UNIVERSITÉ DE NANCY

PARIS

LIBRAIRIE HACHETTE ET Cie

79, BOULEVARD SAINT-GERMAIN, 79

L'IMAGINATION
DE L'ARTISTE

DU MÊME AUTEUR :

Théorie de l'invention. Un vol. in-8, 1881 (Hachette et Cie, éditeurs) . . . . 3 fr.

L'esthétique du mouvement. Un vol. in-8 de la *Bibliothèque de philosophie contemporaine*, 1889 (Félix Alcan, éditeur). . . . . 5 fr.

La suggestion dans l'art. Un vol. in-8 de la *Bibliothèque de philosophie contemporaine*, 1893 (Félix Alcan, éditeur). . . . . 5 fr.

Coulommiers. — Imp. Paul BRODARD. — 502-1901.

L'IMAGINATION

DE L'ARTISTE

PAR

PAUL SOURIAU

PROFESSEUR A L'UNIVERSITÉ DE NANCY

PARIS
LIBRAIRIE HACHETTE ET Cie
79, BOULEVARD SAINT-GERMAIN, 79

1901

L'IMAGINATION DE L'ARTISTE

PREMIÈRE PARTIE

LA FACULTÉ MAITRESSE DE L'ARTISTE

I

LA VOCATION ARTISTIQUE

De tout temps la personne des artistes célèbres a excité un sentiment d'étrange curiosité. Au regard qui les suit quand ils passent, il est manifeste qu'on ne s'attend pas à voir en eux des hommes comme les autres. Qu'y a-t-il donc en eux de particulier?

Ce qui caractérise un artiste, ce ne peut être le développement extraordinaire de toutes les facultés. J'admets que l'on fasse de l'artiste un être à part, un exemplaire aussi original que l'on voudra de l'humanité; mais en faire un être supérieur à tous les points de vue, quelque chose comme le Surhomme de Nietzsche, ce serait perdre évidemment le sens de la mesure. Lui-même nous reprocherait de le mettre en cette fausse position. Je ne voudrais pas non plus en faire, comme on a défini quelquefois l'homme de génie, un être déséquilibré, dans lequel une faculté spéciale aurait pris, au détriment de toutes les autres, un développement anormal et presque monstrueux : cette psychologie de convention a fait son temps. La vérité est sans doute que, comme tous les hommes qui se distinguent en quelque fonction déterminée de l'activité humaine, l'artiste possède à un degré éminent quelque faculté particulière, et toutes les autres au degré moyen.

Si l'on nous posait ainsi la question : « Quelles sont les aptitudes spéciales auxquelles se reconnaît la vocation artistique, et qui peuvent déterminer un homme à se faire peintre ou sculpteur plutôt qu'à exercer tout autre métier? » sans doute notre réponse serait toute prête. La fonction de l'artiste n'est-elle pas de reproduire le plus fidèlement possible l'apparence visible des choses? Et dès lors n'est-il pas évident que ce qui doit être particulièrement développé en lui, c'est le sens de la vision? Il faut que d'un coup d'œil il puisse saisir les plus légères inflexions d'une ligne, mesurer les proportions d'un corps aussi exactement que s'il y mettait le compas, discerner et comparer les nuances, doser les valeurs; il faut que sa rétine ait une sensibilité exquise, pour souffrir du rapprochement heurté de deux tons comme l'oreille du musicien souffre de la plus aigre discordance. Il n'est pas aussi facile qu'on le pense de se rendre compte de la forme réelle et de la véritable couleur des choses. Ceux qui du premier coup y réussissent, ayant l'œil naturellement délicat et juste, ceux-là sont désignés pour l'art. Habileté de main, pratique de l'outil, technique de métier, art de la composition, et le goût même, tout le reste peut s'acquérir par l'exercice, et viendra par surcroît.

J'ouvre au hasard un livre d'histoire de l'art. Voici la vie d'Henri Regnault. Dès le début, et pour nous montrer comme le jeune artiste était merveilleusement doué, voici ce que nous dit son biographe : « Jamais carrière ne fut annoncée avec plus d'éclat. Jamais peut-être un peintre de notre école n'eut à ce degré le don de la vision, je veux dire la faculté de tout voir juste et vite, de tout appréhender, de tout pénétrer par un regard sûr, perçant et ferme. Les reliefs et les contours, les formes et les couleurs, les jeux francs ou délicats de la lumière sur les corps et dans l'espace, Regnault les saisissait avec une égale puissance, les rendait avec une égale énergie [1]. » Je prends un autre volume. Il s'agit de Meissonier. L'auteur s'efforce d'expliquer comment l'œil du peintre, par une merveilleuse alliance de qualités en apparence contradictoires, était à la fois myope et presbyte. Corot maintenant : « Corot fut un grand peintre, parce qu'il reçut de la Providence l'œil le mieux organisé, le plus merveilleusement sensible et le plus juste dont elle ait jamais fait don à un mortel [2] ». On peut continuer ces expériences : toujours on trouvera, dans la biographie des grands peintres, quelques détails destinés à montrer l'excellence de leur faculté de vision.

Certes c'est là pour un artiste un don précieux. Mais je crois que l'on en exagère singulièrement la valeur. Dira-t-on que ce qui fait les grands musiciens c'est une extraordinaire sensibilité de l'ouïe? Ce n'est pas leur oreille qui est musicale, c'est leur

1. Charles Blanc, *Les artistes de mon temps*, p. 348.
2. André Michel, *Notes sur l'art moderne*, Armand Colin, 1896, p. 17.

âme. En perdant l'ouïe, Beethoven n'a rien perdu de son génie. De même pour les peintres. Je doute qu'ils aient quoi que ce soit de particulier dans leur organisation physique. J'admets que ceux qui sont spécialement coloristes doivent avoir un sens de la couleur très délicat et très exercé. Mais rien de plus. Je me refuse à croire que les peintres se distinguent du commun des hommes en ce qu'ils ont meilleure vue que personne. Leur curiosité se porte sur des choses auxquelles d'ordinaire on ne fait pas attention. Ils n'ont pas l'œil fait autrement que nous : ils regardent mieux, voilà tout. Et pourquoi regardent-ils si bien? Pourquoi surtout éprouvent-ils ce besoin de fixer sur le papier ou sur la toile ce qu'ils ont vu? Car c'est en cela seulement qu'ils font œuvre d'artistes. C'est de cela surtout que nous cherchons l'explication. L'excellence de la vision, même en tenant compte des facultés mentales qu'elle implique et de toutes les aptitudes qui peuvent en dériver, n'explique rien. On peut remarquer d'ailleurs que l'on parle à peine de l'œil du sculpteur; et cela est assez significatif. Si, dans un art aussi voisin, les qualités de vision sont chose secondaire, comment auraient-elles en peinture une telle importance? Dans tout cela je ne vois rien qui soit spécial à l'artiste et puisse par conséquent déterminer sa vocation. Admettons qu'un homme ait la justesse du coup d'œil, la sûreté de la main, le sentiment le plus délicat de l'harmonie des couleurs; avec ces facultés, il pourra réussir à merveille dans un certain nombre d'industries; il aura tout ce qu'il faut pour devenir un bon ouvrier peintre, un bon tapissier décorateur, un bon chromo-lithographe; mais quelque chose d'essentiel lui manquera encore pour devenir un artiste. Donnons-lui par surcroît un goût très fin, l'amour du beau, une volonté persévérante, le désir intense de bien faire tout ce qu'il fait, quoi encore? des rêves de fortune et de gloire. Et maintenant, mettons-lui un crayon en main. Je ne doute pas qu'ainsi doué il n'arrive, après quelques années d'apprentissage, à d'excellents résultats. Il fera de très bonne peinture, correcte et froide s'il vit dans un temps d'académisme, fougueuse et truculente si c'est plutôt le genre à la mode, impressionniste ou symboliste si le vent tourne de ce côté, large ou minutieuse au choix. Car il ne faut pas se figurer qu'on puisse aisément reconnaître au faire d'un tableau le véritable tempérament d'un peintre : il n'est pas de manière qu'on n'arrive à prendre en se soumettant à une certaine discipline; et souvent c'est de telle composition extravagante qu'il faudrait dire qu'un monsieur très sage s'y est appliqué. Je suis donc persuadé qu'avec les aptitudes que nous lui avons prêtées notre élève arrivera. Il apprendra son métier à fond. Il imitera si bien tout ce que font les artistes, que peut-être réussira-t-il à leur faire illusion à eux-mêmes et à prendre rang parmi eux. Mais je dis qu'il ne sera pas de leur race. Pourquoi? Parce que nous avons été obligés de lui mettre le crayon en main.

L'artiste-né le prendra de lui-même. Enfant, il n'attendra pas qu'on le mène à l'école et qu'on lui fournisse les instruments de son art. D'un charbon il se fera le crayon dont il a besoin; il broiera des fleurs pour en extraire la couleur qu'il cherche; il tailladera de son couteau un morceau de bois, ou gâchera de ses petits doigts la glaise du fossé s'il n'a pas d'autre matière sous la main : car il faut qu'il dessine, il faut qu'il peigne, il faut qu'il modèle. Si la peinture ou la sculpture n'existait pas, il l'inventerait. D'autres vocations sont déterminées par le hasard des circonstances, par les conditions de la vie de famille, par une lecture, par quelque influence extérieure. Il n'en est pas de même de la vocation artistique. Elle prend l'enfant ou le jeune homme dans un milieu social quelconque, et l'arrache à ce milieu même, en dépit de toutes les résistances. Ce sera un petit berger comme Giotto, le fils d'un poêlier-fumiste comme Rude, ou d'un savant méthodique comme Regnault qui brusquement se sentira marqué du signe mystérieux, et comprendra qu'il ne saurait vivre désormais que pour l'art. Certainement il y a là une force d'expansion intérieure. D'où vient-elle? On ne sait. Il semble que la graine ait été semée au hasard; mais quel que soit le terrain où elle est tombée, il faut qu'elle lève. La vocation artistique vient donc bien du dedans. C'est une faculté de l'âme qui cherche à se développer, une faculté maîtresse, assez puissante pour se subordonner toutes les autres et déterminer ainsi l'orientation d'une existence humaine. Toutes les aptitudes dont nous avons parlé jusqu'ici sont chose secondaire. Il est presque dérisoire de les invoquer pour expliquer un tel développement d'énergies. Il faut qu'il y ait autre chose.

II

PHYSIONOMIE DE L'ARTISTE

La question n'est donc pas résolue. Laissons là les réponses toutes faites. Essayons de nous rendre compte des choses par nous-mêmes. Observons les artistes. Peut-être ce trait caractéristique que nous cherchons est-il marqué dans leur physionomie.

Rien de spécial dans leur mise, dans leur maintien et leurs allures. Avec le romantisme flamboyant les temps sont passés où l'artiste, pour se différencier du vulgaire, se croyait tenu de s'habiller autrement que tout le monde; c'est à peine si quelques esthètes prétentieux ou quelques néophytes d'atelier se signalent encore, innocente manie, par quelque singularité de costume. Aujourd'hui nos peintres et nos sculpteurs sont corrects. Ils portent les cheveux comme tout le monde. Il serait même difficile de trouver en eux cette empreinte du métier, cette inconsciente imitation d'un type professionnel qui fait reconnaître à première vue dans tel passant un médecin, un officier en civil, un professeur, un commis de magasin, un serrurier ou un boulanger.

Considérons leurs traits. Au repos, rien de significatif. La plus grande diversité de types; peut-être même des physionomies plus différenciées qu'elles ne le seraient dans toute autre profession : aucune tendance appréciable à dévier du type moyen dans un sens déterminé. Voici une collection de portraits des peintres contemporains. J'ai beau faire appel à cet esprit de généralisation aventureuse dont s'inspirent si volontiers les physionomistes, il m'est impossible de dégager, de cette revue de tant de types divers, aucune loi précise. Si l'on essayait de la méthode de Galton, qui consiste à superposer en un même cliché un certain nombre de portraits photographiques convenablement repérés, pour obtenir leur type commun, le résultat, je n'en doute pas, serait assez insignifiant. A voir ces figures, pour la plupart énergiques, avec des traits fortement accusés, on dira à coup sûr : celui-là est quelqu'un. Mais j'y cherche en vain l'air de famille ou le trait caractéristique qui permettrait de dire : celui-là est un artiste.

En action, c'est autre chose. Une expression se dessine. Les yeux ont certainement quelque chose de particulier. Ce qui semble plutôt exercé en eux, c'est la faculté de *mise au point*. A certaines contractions dans les muscles des paupières, on voit qu'ils sont habitués à changer fréquemment et à volonté leur accommodation, pour brouiller la vision ou la rendre distincte. Le regard même est d'ordinaire posé, insistant, réfléchi, presque jamais clignotant ni fureteur. Il n'est pas fait pour appréhender rapidement les images, mais pour s'en pénétrer à fond. Voyez, dans le *Portrait du sergent*, par Meissonier, les yeux de l'homme qui dessine : c'est bien cela. Parfois, au cours de cette contemplation méditative, le regard prendra une étrange fixité, une expression d'extase, comme s'il se détachait des objets réels et s'absorbait dans quelque vision intérieure.

Pour compléter ces indications de la physionomie, notons comment parlent les artistes, surtout quand ils discutent de leur art. Rien d'insupportable, en général, comme une réunion de gens de même profession qui parlent métier : on a l'impression attristante d'intelligences engagées dans une routine, qui tournent en spirale dans un cercle d'idées de plus en plus étroit. Pour les artistes, c'est tout le contraire. Rien de plus intéressant que leurs discussions : c'est là que leur verve s'excite, que leur tempérament personnel s'épanouit. Ce qui frappe alors, c'est quelque chose d'original, de prime-sautier dans leur façon de s'exprimer, le dédain des conventions du langage, une certaine richesse d'invention verbale que pourraient leur envier les littérateurs de profession, l'aptitude à se forger aussitôt, pour remplacer la formule usée et banale, le mot neuf qui fait voir la chose; l'esprit de saillie, de parodie; une tendance marquée au paradoxe; des admirations très exclusives, mais enthousiastes; enfin, chez tous, quelque conviction ardente, qui à un moment donné mettra dans leur voix une vibration, dans leurs yeux une flamme. Ils ont un idéal. Quelques-uns même ont bien l'air de vivre dans un rêve.

Voilà ce que j'ai cru remarquer; et ces traits de caractère sont assez concordants pour nous faire entrevoir déjà ce qu'il y a de particulier dans une âme d'artiste. Pour en tirer la formule, j'avais déjà un mot sur les lèvres. Mais il nous faut aller plus avant. Je n'oserais donner encore de conclusion ferme. Il est trop facile de lire sur les figures : on y voit tout ce qu'on veut y voir. L'idée que je me faisais d'avance de la fonction essentielle de l'art a pu m'influencer à mon insu, et me faire mettre dans mes observations quelque parti pris. Elles dépendent aussi du hasard des rencontres. Comment enfin pourrait-on les contrôler? Ce ne sont que des impressions personnelles.

III

PHYSIONOMIE DE L'ŒUVRE

Heureusement une autre voie nous est ouverte. Ce que nous avons essayé de faire sur l'artiste, faisons-le plutôt sur son œuvre. L'homme qui se sent étudié se dérobe. L'œuvre est là devant nous, exposée à tous les yeux : nous pouvons l'interpréter à loisir. Un graphologue ne demande qu'un mot de votre écriture pour vous apprendre toutes les particularités de votre caractère. Nous qui disposons d'innombrables documents, nous parviendrons sans doute à en dégager, sans effort excessif, quelque trait de physionomie.

Ce qu'il me faut obtenir, ce sont des impressions d'ensemble. Si je me plaçais devant une œuvre donnée pour en déduire par une minutieuse analyse la fonction essentielle de l'art, je risquerais d'attribuer une trop grande valeur à des caractères très accusés à coup sûr dans l'œuvre en question, mais qui n'en sont peut-être qu'une singularité. Mieux vaut passer en revue un grand nombre d'œuvres, rapidement et même superficiellement. Ce que je cherche est une chose qui doit sauter aux yeux. Si quelques chercheurs ne l'ont pas aperçue, c'est sans doute qu'ils y ont regardé de trop près.

Peinture et sculpture.

J'entre dans un musée quelconque, au Luxembourg par exemple, et là, entouré des œuvres les plus variées de l'art contemporain, je m'interroge. Voilà des tableaux, voilà des statues. Si la production de telles œuvres est due au développement intense de quelque faculté spéciale, il est impossible qu'il n'y ait pas en elles quelque chose d'anormal, un caractère dont nulle part ailleurs je ne trouverai l'équivalent. Et comme j'ai ici affaire à des œuvres exemplaires, comme ces galeries représentent une sélection de nos meilleurs artistes, il est impossible que ce caractère ne s'y trouve pas en pleine évidence.

J'hésite pourtant. L'impression n'est pas aussi nette que je le voudrais. Dans quelques-unes de ces œuvres, ce qui me frappe, c'est la beauté même de l'objet représenté, comme dans cette Vénus aux chairs blondes, aux formes pures, dont un si charmant reflet d'eau mouvante caresse et indique les contours. Là visiblement l'artiste s'est proposé de dégager de la nature un idéal de grâce féminine. Mais ailleurs, dans des œuvres qui certainement n'ont pas une moindre valeur d'art, je trouve au contraire un parfait dédain de la beauté propre du sujet, comme dans ce saint homme Job dont le modèle semble avoir été choisi pour sa laideur typique, dans ce Saint Sébastien que l'on dirait copié sur les dalles de la morgue, et dans cette vieille femme où le sculpteur a si cruellement accusé les marques les plus affligeantes de la misère et de la décrépitude. Ici le parti pris de l'artiste est de reproduire, en l'accentuant encore, l'impression de la réalité. D'autres œuvres vaudront par la profondeur du sentiment, comme ce pauvre pêcheur qui regarde si tristement dans l'eau, ou cette tête de Charles Ier à l'expression si tragique. Il est enfin telle toile qui me charmerait, quand je ne ferais même pas attention à ce qu'elle représente, par la seule suavité des tons, et qui produit sur l'œil une impression de caresse, comme ce portrait de jeune fille qui met en délicieuse harmonie le rose des chairs et le gris argenté du fond.

Cette variété d'impressions produites par la peinture me prouve que j'ai certainement affaire à un art très riche et très complexe, qui peut mettre en jeu avec une intensité variable des facultés fort diverses; et naturellement chaque artiste, selon que l'une ou l'autre sera plus développée en lui, aura une tendance à la regarder comme le don essentiel de l'artiste : il n'admettra que les formes d'art dans lesquelles cette aptitude spéciale trouvera à s'exercer. Pourquoi l'art? Pour l'idéale beauté, voudrait me dire la Vénus de Cabanel. Pour la vérité, m'affirment le Job de Bonnat, le Saint Sébastien de Ribot et la vieille femme de Rodin. Pour l'expression morale, me suggèrent le pauvre pêcheur de Puvis de Chavannes et le Charles Ier de Carriès. Pour la jouissance esthétique et l'enchantement des yeux, me ferait dire la toile de Chaplin. Sans compter ceux qui me répondront : l'art pour l'art, c'est-à-dire, si je comprends bien cette formule, l'art pour la virtuosité. Ainsi chaque œuvre me parle en son langage. A laquelle me faut-il entendre?

Je cherchais le caractère commun de ces œuvres. Je n'ai trouvé que des différences. C'est donc que je me suis perdu dans le détail. Chacun de ces artistes a sans doute sa personnalité, qu'il affirmera en se faisant un style personnel. Mais tous sont des artistes. Tous, à un moment donné, ont éprouvé ce même irrésistible besoin de sculpter et de peindre, dont nous avons déjà réclamé l'explication. Ils doivent donc avoir, outre les aptitudes spéciales dont témoigne la diversité de leur œuvre, quelque aptitude commune que nous n'aurons remarquée dans aucun d'eux, précisément parce qu'elle se trouve en tous. Figurez-vous un certain nombre d'instruments de musique qui tous, à tour de rôle, donneraient la même note sur des timbres différents. Le son principal finira par ne plus être distingué, l'oreille ne percevra plus que la différence des harmoniques. C'est ce qui nous est arrivé.

Ne nous laissons donc pas absorber par les détails. Revenons à l'ensemble. Laissons errer nos regards sur toutes ces statues, sur tous ces tableaux, jusqu'à ce que s'en dégage quelque chose, qui nous surprenne. Dans tous ces objets qui sont là, exposés dans cette galerie, n'y a-t-il donc rien d'étrange, d'anormal, de vraiment *particulier*?

Quand je les aurai contemplés longuement, surtout si par hasard je me trouve presque seul dans les salles silencieuses, en tête à tête avec ces pâles et muettes effigies qui se tiennent droites sur leur piédestal, immobilisées dans une attitude de volupté ou de souffrance, dans un geste d'appel ou de menace d'une obsédante fixité; quand autour de moi, dans les cadres d'or, j'aurai vu de tous les côtés m'apparaître ces figures étranges sur lesquelles le regard ne sait comment se poser, qui parfois prennent un relief hallucinant et l'instant d'après ne sont plus qu'une surface plate et miroitante; visions de la nature qui s'effacent, s'éloignent et ne font plus l'effet que d'un souvenir; images de rêve qui prennent des couleurs plus vives et des contours plus nets que la réalité même : alors je n'aurai plus besoin de me demander ce qu'il peut y avoir de particulier dans ces objets qui m'entourent; j'aurai l'impression intense qu'ils n'existent pas de la même manière et au même degré que les objets réels.

Ils ne sont que *représentés*. Voilà qui est singulier à coup sûr. Je crois bien les percevoir. Ici je vois un faune qui danse; là un soldat qui serre un drapeau sur sa poitrine; là des profondeurs d'espace, une plaine sans fin avec ses champs, ses villages, ses bois que je parcours du regard. Mais ce n'est qu'un leurre. Un tableau, une statue est sans doute une chose bien réelle, qui est là devant nous, et que nous voyons de nos yeux. Mais cette chose, nous ne la regardons pas comme nous regarderions un objet ordinaire, un meuble par exemple, un arbre, un animal, en le prenant au sens propre et pour ce qu'il est vraiment. Cette chose a cela de particulier, qu'elle n'est pas là pour son compte, mais au lieu et place d'un autre objet, dont elle doit évoquer en nous l'idée. Parcourez d'un bout à l'autre ces galeries, et vous reconnaîtrez qu'il n'y a pas un détail de ces figures peintes ou sculptées qui soit vraiment ce qu'il est censé être; ou si par hasard cela arrivait, si par exemple une statue de plâtre figurant une reine portait sur la tête une vraie couronne, j'en serais choqué comme d'une tricherie, d'une invraisemblance, d'une infraction à la convention essentielle de l'art. Tout ce qui est réellement ici représente quelque chose. Tout ce que je crois voir ici est représenté par quelque chose. Partout l'illusion, au sens propre et technique du mot, c'est-à-dire le mélange en proportions variables du réel et du fictif, les données positives de la perception transformées suivant l'interprétation choisie par un effort de vision mentale. Entre ces réalités et ces fictions si intimement unies, j'hésite. Tantôt le sens de la réalité l'emporte, et je me rends compte que j'ai sous les yeux une toile peinte; tantôt je penche plutôt du côté de l'illusion, je me dis : voilà un arbre, voilà un ruisseau, comme si j'avais devant moi l'objet représenté. Le plus souvent je garde à la fois ces deux impressions un peu contradictoires. Perceptions actuelles, représentations, tout cela se fond en une sorte de vision équivoque, que je sens à demi vraie, à demi mensongère. L'objet qui m'apparaît, je sens bien que je le vois, mais je sais bien aussi que je ne fais que le rêver. Et c'est bien là l'impression particulière que nous éprouvions tout à l'heure sans pouvoir encore nous l'expliquer, quand il nous semblait que dans ce peuple de statues aux gestes fixes, dans ces figures au relief incertain il y avait quelque chose d'étrange et d'irréel. Comparées aux êtres vivants que nous pouvons voir de nos yeux, par exemple à ces visiteurs qui les regardent, elles font l'effet de fantômes. Comparées aux pures visions que nous pourrions nous donner les yeux fermés, elles font l'effet d'être la réalité même. Elles sont bien dans une région intermédiaire, comme des ombres qui voudraient revenir à la vie et réussiraient à en prendre quelques apparences, sans y parvenir tout à fait.

Voici maintenant une seconde particularité de l'œuvre d'art, également significative. Non seulement elle nous met sous les yeux une simple représentation des choses, mais le plus souvent ces choses, qu'elle nous représente, n'ont jamais existé que dans le cerveau de l'artiste : elles sont *inventées*. Si j'en excepte les natures mortes, les portraits et quelques paysages réalistes où le peintre n'a fait évidemment que reproduire le plus fidèlement possible l'apparence visible des choses qu'il avait devant les yeux, on peut dire qu'en général ces tableaux n'ont pas été faits d'après nature. La nature a été consultée sans doute, mais seulement après coup, quand le sujet avait été déjà conçu, pour donner plus de justesse et de vraisemblance aux représentations; dans tous les cas l'artiste l'a modifiée, remaniée pour la rendre plus conforme à l'idée qu'il avait en tête, et qu'il voulait rendre. Quelques paysages, et des plus beaux, bien qu'ils supposent une somme considérable d'observations de la nature et d'études préliminaires, ont été sans aucun doute composés; ils ont été peints d'après une vision mentale qu'ils représentent : tels ce Demont et ce Pointelin. Voici maintenant des tableaux de genre, représentant quelque anecdote de la vie réelle : ainsi ce *Meeting* de Marie Baschkirtscheff. Ce sont de ces choses que l'on peut voir dans la rue, des gamins qui délibèrent, l'un qui fait jouer sa fronde de caoutchouc, l'autre qui regarde, une ficelle à la bouche; et probablement l'auteur avait assisté à quelque scène de ce genre, qui l'aura séduit par la variété des jeux de physionomie qu'elle lui fournissait; mais cette scène même, telle qu'il l'a représentée, certainement il ne l'a pas vue : ces attitudes, avant d'être posées, ont été trouvées.

Faut-il continuer cette sorte de démonstration sur les tableaux qui représentent quelque scène historique? Il est trop évident que ce *Retour de Salamine* ou ces *Emmurés de Carcassonne* ne sont pas des choses vues. Quels que soient les documents consultés par l'artiste, textes historiques, gravures, collections, bibelots, étoffes drapées sur le mannequin, études d'après le modèle vivant, il faut qu'il ait tiré de lui-même la conception première du tableau, la disposition générale des personnages, leurs attitudes et leurs jeux de physionomie. Tout cela, il n'a pu le voir que dans sa tête. Ce n'est qu'à force d'invention personnelle qu'il a pu reconstituer la scène en question et lui donner cette apparence de réalité.

Enfin nous voici transportés en plein merveilleux avec les tableaux qui mettent en scène quelques êtres fantastiques, des Tritons qui soufflent dans leur conque, le Sommeil et la Mort apportant à Jupiter le cadavre de Sarpédon, Phaëton épouvanté par les monstres du Zodiaque. Sans doute il est assez rare que ces images aient été inventées de toutes pièces. Pour les concevoir, l'artiste s'inspirera volontiers de la poésie, de la légende, du roman. Mais alors même qu'il travaille sur un texte donné, il ne faut pas se figurer qu'il soit dispensé de tout effort d'invention. Prenez la plus brillante description du plus pittoresque des écrivains, et rendez-vous compte des renseignements qu'elle vous fournit sur l'objet décrit : vous vous apercevrez que sur ces seules indications il vous serait impossible d'arrêter aucun dessin, ou, ce qui revient au même, que vous pourriez dessiner n'importe quoi. Une autre personne trouverait pour illustrer le même texte des images toutes différentes. Le champ est librement ouvert aux interprétations. La phrase semble très précise quand on la parcourt des yeux : dès qu'on essaie, le crayon en main, d'en fixer le sens, on s'aperçoit qu'elle ne fournit que de vagues généralités. On parle bien de la faculté qu'ont les grands écrivains d'évoquer d'une phrase tout un tableau ; il serait plus exact de dire qu'ils nous fournissent le titre du tableau à faire, un simple programme que nous devons remplir à nos frais. Qu'un artiste reprenne ce thème et le développe dans son œuvre, pour donner à ces images indécises et flottantes la réalité plastique il lui reste tant à faire, que son mérite de compositeur et d'inventeur reste entier.

Passons aux galeries de sculpture. Qu'y trouverons-nous? Encore des personnages empruntés à l'histoire ou à la légende, des Mozart, des David, des Saint Jean, des Salammbô, des Aurores, des Génies gardant le secret de la tombe, Hébé endormie, Persée et la Gorgone, Arion porté par son dauphin, la Sirène enlevant un adolescent, Léda et son cygne. Si réaliste que puisse être l'exécution de telles œuvres, leur sujet est évidemment une pure création de l'esprit.

Ce double caractère de l'œuvre d'art, d'être une représentation et une création, s'impose dès qu'on y fait un instant attention. Il s'impose même avec tant de force, qu'il semble presque naïf de l'avoir signalé. Nous nous sommes évertués à démontrer que ces statues n'étaient pas des hommes en chair et en os, que ces scènes peintes sur la toile n'étaient pas des événements réels auxquels nous assisterions, mais que tout cela était illusoire, et le plus souvent d'invention pure. La belle découverte! Nous le savions bien.

Si la chose est à ce point certaine, tant mieux. Nous devrions être ravis d'aller ainsi d'évidence en évidence jusqu'au terme de notre démonstration, et de voir à la fin s'imposer comme une sorte de vérité de sens commun des conclusions qui tout d'abord nous auraient paru paradoxales. — Mais la remarque valait la peine d'être faite. Il est des choses qu'on ne perçoit plus à force de les avoir devant les yeux, comme telle enseigne gigantesque devant laquelle nous passons tous les matins, et dont un beau jour on nous parle : nous ne savons d'abord de quoi il est question. — Ce caractère illusoire, irréel de l'œuvre d'art devait d'autant plus être signalé, que justement les artistes s'appliquent souvent à nous en faire perdre conscience. Ce qu'ils veulent nous donner devant leur œuvre, c'est l'impression intégrale de la réalité. L'apparence visible des choses s'y trouve reproduite avec une perfection telle, que parfois il nous faudrait un effort pour discerner une différence entre le modèle et sa copie, et que nous ne songeons même pas à faire la distinction. Il est des natures mortes, des paysages qui vraiment font trompe-l'œil; des scènes familières, inventées pourtant, que l'on dirait prises sur le vif et fixées sur la toile par je ne sais quel procédé supérieur de photographie instantanée. Les tableaux d'histoire nous parlent bien du passé, mais ils nous le rendent présent; les hommes d'autrefois nous apparaissent, non tels que nous avons une tendance à nous les figurer dans la perspective du temps, comme des ombres un peu vagues et lointaines, mais tels qu'on a dû les voir, réels, vivants, le geste précis, l'éclair du regard dans les yeux. Il n'est pas jusqu'aux sujets légendaires et mythologiques qui dans la peinture et la sculpture ne prennent la consistance, la précision de contours, l'évidence de la réalité, et ne fassent l'effet de choses vues. Nous avons montré qu'il ne fallait pas nous laisser prendre à ces apparences, puisque nous avions devant nous de simples simulacres. Mais un instant nous l'avions oublié. Ces effigies évoquaient avec tant de force l'idée de l'objet représenté, qu'un peu plus et nous aurions cru l'avoir vraiment sous les yeux. L'illusion n'avait pas été remarquée, parce qu'elle était trop spontanée, trop complète. Nous n'avions pas reconnu, dans l'œuvre du sculpteur ou du peintre, une création de leur esprit, parce que, par un effort de conception vraiment surprenant et merveilleux, ils avaient donné à leur création toutes les apparences de la nature.

Art décoratif.

Pour compléter cette enquête, étudions des œuvres de style tout différent; pensons à un art qui n'est représenté ici que par quelques spécimens exquis, mais en nombre très restreint, et qui n'est vraiment pas un art de musée, ses œuvres faisant partie d'un ensemble dont elles ne peuvent être détachées et ne produisant tout leur effet que sur place : je veux parler de l'art décoratif.

C'est certainement par la décoration que s'est éveillé dans l'humanité le sens artistique. Avant de peindre des tableaux ou de sculpter des statues, l'homme s'est appliqué à peindre ou tatouer son corps, à orner les grossiers vases d'argile dont il se servait, à figurer sur ses armes quelque emblème de chasse ou de guerre. Plus tard seulement la peinture et la sculpture durent s'émanciper, quand leur technique se fut développée suffisamment pour donner à leurs œuvres une valeur et un intérêt propre. En étudiant l'art décoratif, nul doute que nous ne voyions mis en pleine évidence les caractères de cette faculté spéciale dont l'art procède : nous remontons à la source.

L'enfant qui se construit un cerf-volant, avant de de le lancer dans l'air, éprouvera le besoin d'y tracer diverses figures, des comètes, des croissants, des personnages grotesques. Sur l'assiette de faïence qu'il va mettre au four, le potier figurera, d'un trait de pinceau, un papillon, une fleur, un oiseau qui vole, quoi que ce soit, pourvu qu'il y ait quelque chose. Sur la couverture d'un livre nous verrons représentées des agrafes et des ferrures. Une table de marqueterie sera ornée d'une jonchée de fleurs. Un dauphin vomira l'eau d'une fontaine. Sur un écran se tordront des monstres chimériques. Une cariatide, les traits contractés par l'effort, semblera soutenir de son épaule le poids d'un balcon. Toute une cavalcade défilera sur la frise d'un temple.

Ici encore j'ai pris à dessein mes exemples dans

des œuvres d'inspiration très diverse, pour être sûr de ne pas raisonner sur des cas trop particuliers, et pour dégager plus facilement, de ces faits incohérents en apparence, quelque impression commune qui soit caractéristique du genre.

Les visions que nous avons suggérées dans notre énumération, si dissemblables qu'elles fussent, n'avaient-elles pas une analogie et comme un air de famille qui trahissait une origine commune? Au premier abord, on sentira la ressemblance sans pouvoir se l'expliquer. En y regardant de plus près, et surtout en multipliant les exemples, la lumière se fera peu à peu, le trait de ressemblance finira par se dégager. C'est un certain caractère de *bizarrerie*. Que de monstres, de chimères, de formes fantastiques! Alors même que le décorateur se pique de réalisme, il faut que dans son œuvre le caprice reparaisse par quelque endroit. Parfois il fera jouer aux êtres qu'il met en scène un rôle étrange, comme au dauphin de cette fontaine; ou bien il les placera dans une situation paradoxale, comme les chevaux qui piaffent et se cabrent là-haut, dans les combles de cet édifice. Je ne signale pas ces invraisemblances pour les critiquer; elles sont trop évidentes, trop constantes aussi pour n'être pas intentionnelles. Mais c'est justement ce parti pris qui me frappe et me donne à réfléchir. Pourquoi cette tendance à l'excentricité? A coup sûr cet art n'est pas le produit de la raison pure, et s'il flatte un de nos goûts, ce n'est pas celui que nous avons pour la logique.

Dans le principe même de la décoration figurée je trouve quelque chose d'irrationnel et comme une légère fêlure, qui décidément est bien caractéristique de cet art.

S'il est en esthétique une règle de bon sens, c'est qu'un objet usuel doit tirer avant tout sa beauté de la parfaite adaptation de toutes ses parties à l'usage auquel on le destine. Mais une chose ne peut manquer de nous frapper : c'est l'inutilité parfaite de ces ornements, appliqués sur des objets dont la forme est déterminée pourtant par des raisons pratiques. Le temps que passe l'enfant à peindre son cerf-volant est perdu pour l'usage auquel il le destine. Ce vase remplirait tout aussi bien son office de récipient s'il ne portait sur sa panse aucun emblème. Cette table s'acquitterait mieux encore de sa fonction de table sans ces incrustations délicates, sur lesquelles on se fera scrupule de poser quelque objet pesant. Cet écran n'a que faire, pour nous protéger du feu, de ces monstres d'agrément. Au cas exceptionnel où l'ornement affecte une apparence d'utilité, ce n'est que par jeu et sans qu'on puisse s'y méprendre. Cette couverture serait tout aussi solide sans son armature fictive. La dalle de ce balcon est assez bien enclavée dans le mur, elle a de droite et de gauche des portants assez forts pour rester en équilibre, quand la statue qui fait semblant de la soutenir retirerait son épaule : à supposer que la statue serve réellement de soutien, une pierre grossièrement équarrie remplirait cette fonction à moins de frais. On peut varier l'expérience, évoquer au hasard d'autres images, la même remarque se vérifiera constamment. En aucun cas le décorateur, en tant qu'il fait œuvre de décorateur, ne travaille pour l'usage. Son œuvre personnelle est de luxe pur, et faite pour la contemplation, non pour l'utilité.

Est-il même certain que ces prétendus ornements embellissent vraiment l'objet auquel on les applique? Un vase est-il vraiment plus beau parce qu'on aura peint sur sa surface les plus jolies fleurs du jardin? Si charmantes, si bien peintes que soient ces fleurs, leur beauté leur reste adhérente et ne peut se communiquer à l'objet. Tout au plus lui donnent-elles l'éclat de leur coloration; mais de simples taches colorées, qui n'auraient même pas forme de fleurs, produiraient le même effet décoratif. Otez au Parthénon l'ornementation sculpturale de ses métopes et de son fronton, faites disparaître l'enduit polychrome qui voilait la nudité du marbre, ainsi réduit à ses grandes lignes et à sa substance même le pur édifice gardera toute son essentielle beauté; peut-être même le voyons-nous aujourd'hui plus beau vraiment qu'il ne l'était dans la richesse de son décor.

On parle beaucoup, en ce moment, de *décor rationnel*. Cette idée mènerait loin. Elle n'autoriserait qu'une ornementation très sobre et très sincère, qui laisserait en évidence la pureté de la forme, la solidité de la structure, la qualité des matériaux employés. On se rappelle, au prologue des *Temps difficiles* de Dickens, le beau discours que fait un inspecteur à de petits écoliers, pour les mettre en garde contre la fantaisie : « Des faits, des faits, des faits!... Vous ne devez rien avoir, sous forme d'objets d'ornement ou d'utilité, qui soit en contradiction avec les faits. Vous ne marchez pas en fait sur des fleurs : donc on ne saurait vous permettre de les fouler aux pieds sur un tapis. Vous ne voyez pas que les oiseaux ou les papillons des climats lointains viennent se percher sur votre faïence : donc on ne saurait vous permettre de peindre sur votre faïence des oiseaux et des papillons étrangers. Vous ne rencontrez jamais un quadrupède se promenant du haut en bas d'un mur : donc vous ne devez pas représenter des quadrupèdes sur vos murs. Vous devez affecter à ces usages des combinaisons et des modifications, en couleurs primitives, de toutes les figures mathématiques susceptibles de preuve et de démonstration ». Rien de plus sensé au point de vue de la stricte raison, et même au point de vue du goût intellectuel. Sans parler de leur invraisemblance, plus ces emblèmes auraient d'intérêt propre, plus ils seraient faits pour nous distraire de l'objet qu'ils prétendent embellir. Le plus sage serait donc de ne rien décorer du tout.

Le décorateur au contraire prend plaisir à multiplier les ornements, à dénaturer les formes. On dirait qu'il ne peut trouver une surface disponible, sans avoir l'irrésistible envie d'y peindre ou d'y sculpter quelque chose. Jetons les yeux autour de nous, dans l'appartement moderne, où son art se donne librement carrière. Sur les tapis, sur les fauteuils, sur les rideaux ce sera toute une végétation parasite, sous laquelle disparaîtra le tissu. Les pieds de la table, les chenets, la pelle et les pincettes prendront des formes animales; ailleurs ce seront des figures humaines, des paysages, des scènes de chasse ou de pêche : partout des mensonges de forme et de couleur, une figuration à outrance, des emblèmes conventionnels où le motif fourni par la nature ne nous apparaît plus qu'à travers les transpositions et les variations les plus surprenantes. Quand on y fait attention, l'impression peut devenir troublante. Si cet art ne nous donne pas le plaisir du beau proprement dit, s'il ne répond pas aux exigences de la raison, d'où vient son charme étrange? Quelle est donc la folle du logis qui hante ainsi notre demeure, marquant sur tous les objets qui nous entourent l'empreinte de son caprice, et prenant plaisir à se contempler elle-même dans son œuvre bizarre?

IV

PRÉDOMINANCE DE L'IMAGINATION

On l'a déjà nommée. Tels étant les caractères de l'œuvre d'art, quelle doit être la faculté dominante de l'artiste? La réponse vient d'elle-même. Cette faculté ne peut être que l'imagination.

Nous l'avions déjà soupçonné, quand nous avons observé la physionomie des artistes. En étudiant la physionomie de leurs œuvres, nous avons achevé de nous en convaincre. Représenter, créer, n'est-ce pas toute l'imagination? Nous l'avons vue enfin, dans l'art décoratif, pleinement émancipée, se jouant dans la libre fantaisie. Cette fois l'évidence éclatait.

Oui, c'est l'imagination qui est souveraine et dirigeante de l'activité artistique, l'amenant à ses fins particulières, la marquant de ses qualités, la marquant de ses défauts; c'est par elle et pour elle que l'art est fait; c'est elle, pourrait-on dire, qui fait l'artiste.

Habitués à considérer l'œuvre d'art du dehors, au

point de vue du plaisir qu'elle peut donner au spectateur, les théoriciens se figurent volontiers que l'artiste lui-même, en composant son œuvre, n'a d'autre but que de nous procurer ce plaisir. Ce serait très aimable de sa part. Je ne dis pas qu'il se désintéresse absolument de l'effet qu'il produit; mais cette préoccupation est secondaire. Avant tout, c'est pour lui-même qu'il travaille; c'est à lui-même qu'il cherche à plaire; et ce plaisir qu'il poursuit est moins un plaisir de contemplation qu'un plaisir d'action. On parle trop, dans les théories de l'art et du beau, de la jouissance esthétique, qui est superficielle après tout; on ne parle pas assez de la jouissance artistique, qui est autrement intense, profonde et passionnée. Sentir que l'on possède en soi une faculté éminente, n'est-ce pas un orgueil? L'exercer dans sa plénitude, n'est-ce pas une joie incomparable? C'est ainsi qu'il faut considérer l'œuvre d'art, dans sa genèse même, au point de vue de celui qui la compose et non à notre point de vue de simples spectateurs, si nous voulons comprendre ce qu'est la vocation artistique.

Nous nous sommes demandé d'où venait à certains hommes ce besoin irrésistible de figurer les choses sur le papier ou dans l'argile. Maintenant nous commençons à nous l'expliquer. Ils ont assez d'imagination représentative pour évoquer, par un pur effort de vision mentale, les images de la nature, et les reconnaître même dans une figure grossière qui n'en reproduit que quelques traits. Ils ont assez d'imagination inventive pour pouvoir repétrir la forme des choses en la faisant entrer dans des moules nouveaux, et pour rivaliser presque avec la nature dans son œuvre de production plastique. Ils peuvent le faire. Il faut donc qu'ils le fassent. Car toute énergie, physique ou psychique, demande à se développer; de la puissance elle veut passer à l'acte. J'ai dit qu'un homme, ainsi doué, inventerait la peinture et la sculpture si elles n'existaient pas. Mais il n'a pas besoin de les inventer. Dès notre enfance, l'art vient de lui-même à nous, sous forme de jeu. On nous met sous les yeux des dessins, des images coloriées, des jouets; on dessine devant nous. Tout enfant crayonne, et ne demanderait pas mieux que de modeler. S'il est imaginatif, il prendra plus de plaisir à ce jeu, il y réussira plus vite; sa vocation commencera déjà à s'affirmer. Si ses facultés imaginatives sont puissamment, exceptionnellement développées, il sera porté vers l'art avec une puissance irrésistible. Il a besoin de se mettre devant les yeux, en évidence, l'image des choses qu'il a admirées dans la nature, ou conçues dans un rêve; ces visions veulent prendre le plus haut degré de réalité possible. S'il disposait d'un pouvoir d'hallucination suffisant, peut-être se contenterait-il de concevoir son œuvre sans l'exécuter matériellement. Nous verrons en effet que quelques artistes, ceux en qui la faculté de vision mentale a pris un accroissement extrême, ont une tendance à se contenter de figurations très sommaires et à peine reconnaissables pour nous. Leur imagination suffit à leur présenter l'image voulue, sans autre secours qu'une simple esquisse. Encore faut-il qu'ils aient cette esquisse. Ils ne sauraient imaginer à vide, sans aucune figure qui serve de soutien et comme d'armature à l'image. Le plus imaginatif des peintres ou des sculpteurs, avant de se mettre à l'œuvre, serait absolument incapable de se donner, par pure représentation mentale, la vision intégrale du tableau qu'il va exécuter; il n'en peut avoir qu'une idée très indistincte; et c'est pour cela qu'il prend ses pinceaux ou son ébauchoir. Il n'aura ni repos ni trêve tant que cette image, vaguement entrevue dans les profondeurs de sa conscience au premier moment de la conception, ne se sera pas complétée et précisée par l'exécution même; elle le hantera même dans son sommeil, elle l'obsédera, jusqu'à ce qu'enfin, dans une véritable extase, il puisse la voir devant lui, solide, concrète, exposée aux yeux de tous en pleine lumière, en pleine réalité.

Dans cet essai de psychologie de l'artiste, on signalera peut-être une omission. J'ai beaucoup parlé du développement des facultés imaginatives : je n'ai rien dit de la sensibilité. Or n'est-ce pas la sensibilité, plus encore que l'imagination, qui caractérise l'âme des grands artistes? Quand on étudie leur vie; quand on parcourt les lettres où ils font à quelque ami la confidence de leurs espoirs ou de leurs déceptions; quand on les entend parler de leur art, on ne peut manquer d'être frappé de l'excitation presque continue de leurs sentiments. Ce sont des âmes passionnées, frémissantes. Leur cœur bat plus fort que le nôtre, et souvent à coups désordonnés. Leur sensibilité est évidemment montée d'un ton au-dessus de la sensibilité moyenne. S'ils aiment la nature, c'est avec transport et jusqu'à l'adoration. S'ils entrent en sympathie avec les choses, c'est pour percevoir en elles et ressentir par contre-coup des émotions d'une délicatesse exquise ou d'une étrange intensité. Quelles admirations délirantes pour tout ce qui est beau! Quelles indignations devant la laideur et la vulgarité!

Cela est très vrai de quelques-uns, qui manifestement sont plutôt des sensitifs que des imaginatifs. Il est clair que tous les artistes ne sont pas jetés dans le même moule. Leur art même les invite à se différencier les uns des autres, à développer leurs originalités natives, en sorte qu'on trouverait chez eux une aussi grande variété de types psychiques que de physionomies. Mais en général ce sont bien les facultés imaginatives qui l'emportent, et l'intensité de leurs émotions tient justement à cette prédominance de l'imagination. Les imaginatifs sentent plus fortement les choses parce qu'ils se les représentent avec plus de vivacité. Leurs sentiments s'exaltent d'eux-mêmes, s'amplifient en s'exprimant, et arrivent bien vite à ce qu'on pourrait appeler l'état lyrique. Je remarquerai encore, et ceci n'est pas une critique, que cette extrême sensibilité des artistes est plutôt une sensibilité professionnelle qu'ils réservent pour les choses de leur art, qu'un développement général de la puissance d'aimer et de sentir. Dans la vie courante et pour les choses réelles, on ne voit pas qu'ils soient plus passionnés que le commun des hommes. Dès qu'ils se mettent à l'œuvre, ils deviennent nerveux, vibrants; leur sensibilité est en équilibre instable, prête à osciller au moindre choc. Au fond je crois que la sensibilité de l'artiste n'est encore qu'une forme de l'imagination : c'est ce que l'on pourrait appeler l'imagination sentimentale, c'est-à-dire l'aptitude à évoquer des sentiments comme on évoque des images, par un effort de représentation. Gabriel d'Annunzio nous montre son poète Stelio Effrena prêt à monter sur l'estrade où il doit prononcer son discours : « Tout son être se contractait dans un effort pour élever au plus haut degré de l'intensité la représentation du sentiment extraordinaire qui le possédait ». Ne pourrait-on en dire autant de tous les sentiments que l'artiste se suggère à lui-même dans le feu de la composition? Ils sont réels, ils sont sincères, mais c'est dans l'imagination, plutôt encore que dans le cœur, qu'ils ont leur foyer.

V

QUESTIONS A RÉSOUDRE

Voilà donc un premier résultat acquis : l'artiste est avant tout un imaginatif. Mais ce n'est là encore qu'une indication bien vague et générale, dont nous ne pouvons nous contenter. Avec une forte imagination, on pourrait devenir aussi bien mime, poète, conteur, inventeur, ou tout simplement contemplatif. J'admets et je montrerai que l'artiste est un peu tout cela. Mais enfin il est spécialement artiste. Tout nous porte donc à penser que son imagination est non seulement très développée, mais développée dans un certain sens, caractérisée par des aptitudes particulières qui justement ont trouvé leur meilleur emploi dans l'art. Qu'est-ce donc que l'imagination de l'artiste? Est-elle plutôt représentative, ou créatrice? Quel rôle joue-t-elle dans la conception d'un tableau, dans son exécution? Quel effet produit-elle par contre-coup sur l'imagination du spectateur? Comment s'y prend-elle pour remanier ainsi la nature? Ne risque-t-elle pas de mener l'artiste trop loin dans cette voie? Est-elle particulièrement développée chez les plus grands peintres? Ne peut-on que l'abandonner à elle-même, ou bien est-il possible d'en faciliter et d'en régler le développement par une éducation appropriée? Toutes ces questions sont bien faites pour irriter notre curiosité, et nous ne saurions encore répondre à aucune. Il faut donc que, sortant des généralités, nous en arrivions aux détails.

Nous étudierons l'imagination de l'artiste dans sa double fonction : évocation des images de la nature, élaboration d'images nouvelles. Autant que possible, nous suivrons dans ces observations l'ordre progressif, allant des œuvres qui demandent le moins d'imagination à celles qui en demandent le plus. Nous assisterons en quelque sorte au développement des facultés imaginatives. Calmes d'abord et froidement réalistes, on les verra s'exalter peu à peu jusqu'à l'hallucination, jusqu'au délire. En même temps on verra l'œuvre d'art se modifier, prendre à chacun des degrés de ce développement un caractère nouveau, atteindre un instant son maximum de valeur esthétique, puis dégénérer et finalement se perdre, par excès de puissance représentative ou créatrice, en un symbolisme bizarre. Ainsi les questions qui tout à l'heure se pressaient en désordre dans notre esprit trouveront l'une après l'autre leur solution, quand le moment en sera venu.

DEUXIÈME PARTIE

L'IMAGINATION REPRÉSENTATIVE

CHAPITRE I

LA MÉMOIRE PITTORESQUE

I

SA NÉCESSITÉ

Tous nous avons jusqu'à un certain point la faculté de vision mentale. Regardez un objet fixement, de toute l'intensité de votre regard; puis fermez les yeux, et essayez de le voir encore. L'impression faite sur votre rétine s'est effacée presque aussitôt; vous ne voyez plus que du noir. Voici pourtant que dans ces ténèbres une image vous apparaît, bien pâle d'abord, bien peu distincte, mais qui se précise peu à peu, et dans laquelle vous finissez par reconnaître l'objet. C'est vraiment une vision. Si l'objet était de nature à nous émouvoir, ou si nous l'avons longtemps regardé avec attention, son image sera plus fortement empreinte dans notre esprit; nous pourrons l'évoquer de nouveau après des semaines, après des années. Deux amis qui ont fait ensemble, il y a bien longtemps, un beau voyage, aimeront à s'en rappeler l'un à l'autre les incidents; et pendant qu'ils parlent, des images qui semblaient à jamais effacées reparaissent tout à coup; dans un éclair de vision mentale ils revoient la falaise que battaient les vagues, le château en ruines, le glacier aux crevasses bleuâtres, la pente vertigineuse où l'un aurait glissé si l'autre ne l'avait retenu par le bras, la figure d'un voisin de table d'hôte. Quand cette faculté de vision rétrospective est très développée, quand les images reparaissent après un temps très long sans s'effacer ni s'altérer d'une manière sensible, on a ce que l'on appelle la mémoire pittoresque.

L'artiste en est certainement doué. Il serait aussi difficile de trouver un peintre qui n'ait pas la mémoire des formes et des couleurs, qu'un musicien qui n'ait pas la mémoire des sons ou un calculateur qui n'ait pas la mémoire des chiffres. Chacun de nous se rappelle particulièrement les choses qui l'intéressent le plus. L'artiste s'intéressant plus que personne aux apparences visibles des choses, doit aussi plus que personne en garder nettement le souvenir. Les spectacles de la nature que le promeneur effleure d'un regard distrait, le reflet d'un arbre dans l'eau, un troupeau qui passe sur la route, l'attitude d'un paysan courbé sur sa charrue, attirent et retiennent son attention; cela le frappe comme une beauté inédite, comme un effet nouveau qu'il lui faudra rendre. Les images qui passeraient dans nos yeux comme sur un miroir entrent dans les siens et s'y gravent; il les absorbe avidement; il fait effort pour s'en pénétrer à fond. Cela peut même devenir une sorte d'obsession. Certains artistes arrivent à ne plus voir dans les choses qu'un tableau à faire. Comment, dans ces conditions, n'auraient-ils pas la mémoire des images?

S'ils ne l'ont pas naturellement, il faudra bien qu'ils se la donnent par l'exercice, car elle leur est à peu près indispensable, comme un instrument professionnel[1].

Il est dans la nature des effets trop fugitifs pour qu'on puisse en prendre copie; et ce sont souvent les plus pittoresques. Certains sites, même insignifiants, prennent parfois sous un jour favorable un intérêt inattendu. Le soleil incessamment se déplace, changeant d'un instant à l'autre l'apparence des objets, versant sur l'un puis sur l'autre la couleur et la lumière. Et toute chose peut ainsi espérer qu'elle aura son moment de beauté. C'est ce moment que l'artiste voudrait fixer sur la toile. Mais que faire? L'heure presse. Un paysagiste admirera un effet de soleil couchant. Le temps qu'il ouvre son album, établisse sommairement une esquisse, délaie ses couleurs et trouve ses tons, la lumière a changé, l'effet n'est déjà plus le même; les couleurs qui diapraient certains nuages se sont portées sur d'autres. C'est encore très beau, mais ce n'est plus cela : le moment esthétique est passé. Comme l'écolier qui écrit sous une dictée trop rapide, il se hâte. Mais si prompte que soit sa main, il est toujours de quelques secondes en retard sur le phénomène qu'il poursuit. La nuance qu'il cherche à rendre se dérobe sous

1. On trouvera sur ce sujet de curieux détails et une ample documentation dans la *Psychologie du Peintre*, par L. Arréat, Alcan, 1892, p. 55 et suivantes.

son pinceau. Il veut au moins fixer ce détail, s'y obstine une minute; quand il relève les yeux de son papier, c'est fini : la brillante fantasmagorie qui l'avait enchanté s'est évanouie. Il n'a plus devant lui que quelques nuages gris à peine bordés de rouge, comme une braise qui s'éteint.

Je me figure encore un paysagiste qui essaierait de rendre d'après nature ce charmant effet que produit, dans les beaux jours, l'ombre des nuages qui passe lentement sur une plaine ensoleillée. Les maisons, les arbres qu'il voit en pleine lumière seront l'instant d'après dans l'ombre. Essaiera-t-il de suivre cet effet à mesure qu'il se modifie? Cela rappellerait ce peintre réaliste qui copiait un champ au grand soleil. Voici qu'un petit nuage passe dans le ciel, projetant une ombre sur la gauche du champ. En maugréant il la copie. Mais le nuage dérive au vent, l'ombre s'est déplacée : pour la rendre telle qu'elle est maintenant, il gratte un peu à gauche, ajoute un peu à droite. Ainsi, poussant toujours dans son tableau cette tache malencontreuse, il l'amène vers le bord de la toile, et enfin, avec un soupir de soulagement, l'en fait sortir.

Il faut aussi tenir compte de certaines nécessités pratiques. Il n'est pas bien commode de peindre en plein air et sur nature le froid intense, la brume, l'orage, la pluie que le vent emporte en cinglantes rafales. Ce sont pourtant ces effets de *vilain temps* qui sont souvent les plus curieux et fournissent les effets de couleur les plus originaux.

Faut-il donc renoncer à rendre, comme trop fugitifs, ces jeux de la lumière? Quelques artistes s'y résignent. Ils se restreindront alors à ces effets plus stables, qui tiennent longtemps la pose, auxquels on peut travailler pendant des heures sans modification gênante, et que l'on retrouvera à peu près identiques le lendemain. Ils ne peindront que la lumière stagnante des jours gris, ou l'immobile splendeur des après-midi d'été, dans ces heures où la marée lumineuse qui s'est épandue sur la plaine reste étale en attendant son retrait. Ce qu'il y a de plus fin, de plus délicat dans les heures instables leur restera interdit.

Cela doit se peindre pourtant, puisque d'autres y ont réussi. Quel est donc le secret de ces artistes qui s'adonnent à cette tâche paradoxale, de travailler des heures durant sur un effet qui ne dure que quelques minutes? Leur secret, c'est d'avoir bonne mémoire. Un spectacle de la nature les a frappés : brume d'automne, giboulée de printemps, aurore, crépuscule. Ils ont commencé à le peindre mentalement, attentifs aux diverses phases du phénomène, épiant le moment où il prendra son maximum d'effet esthétique : alors, d'un brusque effort, ils ont fixé l'image dans leur mémoire. Après des semaines, ils l'y retrouveront intacte. S'ils ont un bloc ou un carton sous la main, rapidement ils y lanceront quelques coups de pinceau. Ce ne sont pas même des études; ce sont des notes qu'ils griffonnent, pour se documenter d'observations de nature. Comment Turner a-t-il pris ces ciels d'une remarquable variété et si justes d'effet que l'on admire dans ses paysages? En présence de la nature, il s'est imprégné des impressions qu'il en recevait. A peine a-t-il jeté sur une feuille volante, selon son habitude, quelques traits à la mine de plomb; et c'est d'après cette pâle et maigre esquisse qu'il a reconstitué dans leur splendeur les prestigieuses colorations de ses soleils couchants. C'est toujours une chose très curieuse que de feuilleter ces albums d'artistes, pleins de croquis sténographiques, avec quelques rehauts de couleur pour échantillonner les teintes, quelquefois même des indications verbales, des signes tout conventionnels. Pour noter instantanément sur le terrain les grands effets de lumière et les valeurs relatives des tons, Corot avait imaginé tout un système de signes : un cercle pour la pleine lumière; un carré pour les grandes ombres; des chiffres de 1 à 5 pour les valeurs intermédiaires. « Et comme il avait par devers lui de longues contemplations, une mémoire pittoresque prodigieuse, une imagination prompte à s'émouvoir à l'appel de cette mémoire, et que d'ailleurs il savait, à l'occasion, et jusqu'à la fin, reprendre ses études et se ramener sur le terrain, il se trouve que ces impressions chiffrées lui furent d'un réel secours[1]. » Nul doute qu'avec de l'exercice un peintre n'arrive à retrouver dans ces notations abstraites l'image concrète des choses, comme un musicien, en parcourant une partition, entendra le timbre des divers instruments, et percevra l'ensemble orchestral. Ces signes cabalistiques ne seraient pour nous qu'un grimoire : pour l'artiste qui en a la clef, ce sont des souvenirs. Plus sa mémoire représentative sera tenace et fidèle, plus il se pourra contenter de brèves indications. Il est même des peintres qui

1. André Michel, *L'œuvre de Corot et le paysage moderne*, Revue des Deux Mondes, 15 février 1896, p. 929.

dédaignant tout aide-mémoire s'en iront aux champs, regardant le semeur qui chemine dans les sillons, l'homme à la houe qui péniblement relève son échine lasse, les glaneuses penchées vers la glèbe, et ne noteront que le soir, en rentrant chez eux, les scènes qui les ont frappés. Ainsi faisait Millet, qui jamais, dit-on, n'a dessiné un arbre d'après nature.

Je n'ai pris mes exemples que dans le paysage. La mémoire pittoresque ne sera pas moins utile aux animaliers, aux peintres de genre, à tous les artistes qui dans leurs œuvres se proposent de rendre le mouvement et la vie. Soit un cheval au galop, un bûcheron qui d'un grand coup de hache fend une souche : la main ne saurait évidemment reproduire, à mesure qu'ils s'accomplissent, ces mouvements que l'œil a peine à suivre. On dit bien qu'un vrai dessinateur doit être capable de croquer au vol, avant qu'il ait touché terre, le couvreur qui tombe du toit. C'est cela qu'il faudrait faire à la lettre, pour représenter certains spectacles de la nature. Il est des effets, des poses, des gestes, des jeux de physionomie qui ne peuvent être dessinés d'après le modèle. Combien de temps peut durer un sourire dans sa grâce naturelle? Étudiez de près les dessins qui vous donnent le mieux l'impression de la nature vivante, par exemple les compositions d'un Hokousaï. Vous reconnaîtrez qu'elles ne peuvent être de simples copies. Si vifs que fussent ses petits yeux bridés, si leste que fût sa main, l'artiste japonais n'a pu dessiner sur nature le balancement de ces roseaux qui s'inclinent au vent et se redressent d'un mouvement si souple, le bond de cette truite dans une cascade, le vol de cette mouette qui fouette la vague du bout de son aile, le mouvement de cette foule qui s'agite dans un marché : ce sont là sans doute des choses vues, mais dans un éclair, et qui ne peuvent avoir été reproduites qu'à main reposée, de souvenir.

Un artiste doué de mémoire pittoresque aura donc à sa disposition un champ d'études presque illimité. Il pourra reproduire non seulement les choses qui subsistent, mais les apparences qui passent ; il fixera sur la toile ces spectacles admirables et décevants, merveilleuses apparitions que parfois la nature développe en quelques minutes devant nos yeux avec une incomparable magnificence, et fait disparaître brusquement. Ce n'est pas lui que l'on verra confiné dans le jour artificiel et froid de l'atelier, devant un modèle engourdi par les longues séances de pose. Il osera sortir de chez lui, s'en aller au grand air, au grand soleil, par les libres souffles, et planter hardiment son chevalet devant les réalités mouvantes. Lui seul à vrai dire est capable de peindre d'après nature, car c'est là qu'est la nature, non dans les ateliers. Et quel répertoire d'images propres à être utilisées dans l'invention! Un geste saisi au vol, un pli heureux formé par une étoffe, rien n'est perdu; tout cela pourra se retrouver dans une composition future. Sur quelque sujet que l'artiste exerce son imagination, il se trouvera documenté; de là une aisance et une fécondité d'invention exceptionnelles.

J'irai plus loin. Je suis persuadé que même lorsqu'on a devant les yeux un modèle que l'on peut copier à loisir, la mémoire pittoresque est indispensable. L'objet que je veux représenter est là, devant moi. Je n'ai qu'à en transporter l'image sur la toile. Mais cette image, encore faut-il que je puisse la garder présente à l'esprit quand mes yeux se détourneront de l'objet pour se reporter vers la toile. Le trajet de l'un à l'autre est très court. Si bref qu'il soit, et quand il ne durerait qu'un instant, il est dangereux, car pendant cet instant l'image a été confiée à la pure vision mentale. Quand on dit que l'on a sous les yeux les objets que l'on dessine, ce n'est qu'une façon de parler; en réalité, dès qu'on commence à les dessiner, il faut bien qu'on les perde de vue : on ne dessine rien que de souvenir. Ce souvenir peut être rafraîchi, aussi souvent que l'on voudra, par des coups d'œil jetés sur le modèle. Mais, même dans ces conditions, il n'aura quelque précision que si l'on a une excellente mémoire. C'est déjà beaucoup que de garder exactement présente à l'esprit, pendant deux ou trois secondes seulement, l'image d'un objet très simple que l'on a eu tout loisir de considérer. Une personne *qui ne saurait pas dessiner* peut en faire l'expérience. Qu'elle regarde avec la plus grande attention un dessin très sommaire, par exemple un simple profil au crayon. Et puis qu'elle essaie de le reproduire de souvenir. Vain effort. La main se meut comme au hasard. Ce n'est pas qu'elle soit gauche ou rebelle; mais elle ne sait où aller; elle est aveugle. Si l'on se rappelait exactement comment était faite la ligne à tracer, si on la voyait dans sa tête, tant bien que mal on arriverait à la reproduire; mais on ne se rappelle plus. Aussitôt que les yeux se sont détournés de l'objet, l'image a disparu. La mémoire pittoresque fait donc défaut; et c'est justement pour cela que la personne en question n'a jamais su dessiner. Chez l'artiste au contraire, cette faculté devra être naturellement puissante, et fortifiée encore par l'exercice, en sorte que ce travail de copie ne serait pour lui qu'un jeu. Chez quelques-uns elle sera exaltée au point qu'après avoir bien regardé le modèle ils seront capables de continuer leur travail d'après la seule vision mentale; c'est à peine si de temps à autre ils éprouveront le besoin de jeter vers l'objet un coup d'œil rapide, moins pour retrouver un détail oublié que pour vérifier l'exactitude de leur copie.

II

SA VALEUR ESTHÉTIQUE

Jusqu'à quel point est-il bon d'user de cette faculté? Les avis, comme on peut s'y attendre, seront partagés. Il va sans dire que les peintres qui la possèdent au plus haut degré l'emploieront davantage, et par conséquent seront portés à en recommander l'emploi. Les artistes qui en sont moins bien pourvus y verront plutôt une maîtresse d'erreurs. On a soutenu le pour et le contre par de bonnes raisons. Géricault s'imposait la tâche, qu'il avouait pénible, d'apprendre son modèle par cœur avant de toucher un crayon. Delacroix voulait aussi que l'artiste commençât par rester longtemps en tête à tête avec son modèle, pour l'observer à fond : s'étant de la sorte bien pénétré de l'effet qu'il veut rendre, il saura ce qu'il veut faire quand il se mettra à l'œuvre; sa main sera plus sûre, et posera du premier coup la touche voulue. Ayant toujours présent à l'esprit l'ensemble de sa composition, il risquera moins de se perdre dans le détail; au lieu qu'un tableau peint à petits coups, sans cesse quitté et repris, sera forcément moins large, plus froidement exécuté, et se tiendra moins d'ensemble. Henner serait bien de cet avis : regarder longuement une fois pour toutes, et puis peindre d'un seul coup de pinceau ce que l'on a vu. Je citerai encore, comme artiste ayant pratiqué et conseillé cette méthode, un peintre éminemment imaginatif, Arnold Bœcklin.

« L'artiste Bâlois, qui peint toujours de mémoire, est un observateur excessivement sagace et minutieux, qui n'a besoin que d'un archétype pour en déduire tous ses types. Étudiez une fois un sapin en botaniste, dit-il à ses élèves, et vous n'aurez plus besoin de copier d'autres sapins; si vous savez ouvrir les yeux dans vos promenades, vous n'aurez plus besoin de vous asseoir en pleine campagne devant un motif qui change à chaque minute, bien plus que votre mémoire ne le change en apportant fraîche une impression sur la toile. Mais il est juste d'ajouter que Bœcklin a le tort de juger de la mémoire des autres d'après la sienne..Des éléments disjoints de la nature se rejoignent dans son esprit, pour encadrer une scène à laquelle il peut rêver des journées entières devant une toile blanche. Puis soudain, la toile est couverte; le pinceau court partout à la fois, avec une verve improvisatrice aussi stupéfiante que celle de Delacroix; la composition jaillit en une fois; le maître n'y apportera plus que de loin en loin une touche, ici ou là, pour en aviver l'impression[1]. » C'est

1. William Ritter, *Arnold Bœcklin*, Art et décoration, 1897, t. II, p. 110.

bien le même procédé : l'image confiée à la seule mémoire, composée mentalement dans un effort de vision intérieure, puis fixée brusquement sur la toile. On sait que Lecoq de Boisbaudran fondait tout son enseignement artistique sur l'éducation de la mémoire pittoresque : et ses élèves se nomment Legros, Bonvin, Lhermitte, Fantin-Latour, Cazin.

Bien plus, certains artistes sont comme gênés par la présence continue du modèle, qui ôte à leur première impression quelque chose de sa fraîcheur et de sa vivacité. « Le paysage de *Ludus pro pátria*, disait Puvis de Chavannes, je l'ai vu par la portière d'un wagon, pendant un de mes voyages à Amiens. Au fur et à mesure que défilaient sous mes yeux ces bas-fonds de rivières bordées de saules, de vernes et d'oseraies, ces collines basses qu'empiècent si pittoresquement, dans la diversité de leurs tons et de leurs dessins, les champs de blé, de colza et de betteraves, de maigres prairies et de petits bois très espacés, je notais dans mon cerveau les effets de lignes et de couleurs, et, de retour à mon atelier, j'en jetais sur le papier le résumé. La vision du paysage avait été pour moi si intense qu'il me semblait qu'une observation sur place en eût affaibli la sensation et m'aurait exposé à n'en retrouver, plus tard, dans ma mémoire, qu'une image réduite, confuse et sans vie [1]. »

On dit qu'Horace Vernet, peignant un portrait, préférait l'achever de souvenir. Charles Blanc signale chez Raffet, chez Gavarni, chez Delacroix cette gêne qu'ils éprouvaient devant la nature, alors même

1. Cité par Marius Vachon, *Puvis de Chavannes*, p. 94.

qu'ils cherchaient à la reproduire exactement, parce qu'elle les déconcertait dans le parti pris qu'ils s'en étaient fait sur première impression. De même pour Jean Carriès : « Il se fait un langage qui s'appuie sur la nature quand il faut construire, mais s'en éloigne immédiatement quand il faut réaliser et terminer. C'est pour cela que, même un portrait, il ne le termine jamais d'après le modèle même ; il vient un moment où le modèle le trouble, le déroute, l'exaspère ; il achèvera sans le modèle et en donnera sa personnelle interprétation, de façon à faire toujours une œuvre d'art et jamais un portrait proprement dit... D'abord une consultation laborieuse et parfois même pénible de la nature, puis une exécution franche et joyeuse sur le thème trouvé, sur l'idée que l'artiste s'est faite définitivement du modèle[1] ». C'est toujours la même méthode, appropriée à la même tournure d'imagination.

Mais d'autres artistes protesteront. Ingres s'indignait contre ceux de ses élèves qui voulaient apprendre par cœur la nature. Connaître ses lois ne suffit pas, parce qu'elle ne s'en tient pas aux généralités, elle précise, elle détaille, elle donne à chaque chose un accent individuel. Vous ne trouverez pas deux hommes qui aient la même rotule, pas plus que vous ne trouverez sur un arbre deux feuilles identiques. Si vous cessez un instant d'observer le modèle, votre main s'abandonnera à ses routines ; le détail caractéristique vous échappera ; vous substituerez la forme banale et conventionnelle à la forme vraie. Il faut donc que lorsque vous dessinez vous soyez tou-

1. Arsène Alexandre, *Jean Carriès*, p. 38, 105.

jours attentif, toujours en éveil, toujours en contact avec la nature, et que le mouvement de votre crayon soit incessamment contrôlé. Dans le même esprit Meissonier répondait à un jeune peintre qui aurait désiré se mettre à son école : « A quoi bon? Je peins comme tout le monde. Seulement je regarde toujours ». Émile Friant, peignant un portrait, ne pose pas une touche sans se reculer pour en vérifier à distance la justesse; parfois il placera son tableau côte à côte avec son modèle, pour les embrasser tous deux d'un même coup d'œil et mieux les comparer.

A qui donner raison? En fait, nous voyons que les deux méthodes peuvent fournir des résultats excellents. Mais ce qu'il importe de remarquer, c'est que les résultats ne sont pas du tout les mêmes. A première vue l'on reconnaîtra l'œuvre du peintre qui regarde beaucoup : elle sera plus réaliste, plus serrée de dessin; elle s'attachera de plus près à la nature. L'œuvre faite d'après une vision mentale n'aura pas ces qualités. Si forte qu'elle soit, la mémoire ne reproduit jamais la nature avec une fidélité absolue; elle simplifie les choses; elle synthétise; elle exagère toujours un peu les caractères qui l'ont frappée. Ces simplifications sont visibles par exemple dans l'œuvre de Henner; ces exagérations dans celle de Delacroix. En revanche, quelle personnalité dans l'exécution, et quelle intensité d'effet! Longtemps portée dans l'esprit de l'artiste, abandonnée aux instincts profonds du génie esthétique, comme l'image, à cette élaboration intérieure, gagne en puissance et en expression! Entre les deux écoles il est permis d'hésiter. Depuis longtemps elles sont en présence. Nous ne saurions avoir la prétention de trancher, d'un mot jeté en passant, ce grand débat. Nous n'affirmerons donc pas qu'une méthode est en soi préférable à l'autre. Cela dépend du but que l'on se propose. Si l'on désire arriver, dans la représentation des choses, à la plus grande exactitude possible, alors on fera bien de se défier de sa mémoire, et de regarder le modèle le plus souvent possible. Au contraire, si l'on vise plutôt à l'effet esthétique; si l'on estime que l'artiste n'est pas obligé de s'effacer absolument derrière la nature, mais a le droit de la voir et de la rendre à sa manière, de passer vite sur ce qui l'intéresse moins, de souligner ce qui le frappe, enfin de marquer de quelque manière dans son œuvre l'empreinte de sa personnalité, alors on pourra laisser agir la mémoire; car d'elle-même, obéissant à une sorte d'instinct, elle tend justement à modifier l'image des choses dans le sens voulu. Dans tout souvenir il y a de l'art. Quand on considère certaines œuvres, d'exécution très personnelle, on serait tenté de croire que l'artiste, pour obtenir un effet plus puissant, a systématiquement modifié la nature; et l'on admire avec quelle sûreté de goût ces remaniements ont été faits. Il n'y a pourtant là aucun système. L'artiste n'a nullement songé à s'écarter de la nature; il l'a contemplée longuement, et puis, en toute candeur, s'est appliqué à reproduire le plus fidèlement possible la vision qu'il en avait gardée.

CHAPITRE II

L'IMAGINATION VISUELLE

Notre imagination possède un singulier pouvoir : celui de projeter ses conceptions dans le monde extérieur et de modifier, par cet effort de représentation, l'apparence des objets visibles. Chacun connaît ce jeu d'illusion volontaire qui consiste à faire apparaître, dans les masses indécises des nuées, une série d'images fantastiques. Dans le tronc noueux des vieux arbres on se plaira à voir des ébauches de forme humaine. Considérant une figure géométrique qui représente par exemple un cube, on supposera qu'elle représente une boîte creuse, et passant d'une hypothèse à l'autre on renversera à volonté le relief apparent de la figure. Pour peu que l'on soit imaginatif, on arrive à se donner ainsi de véritables hallucinations[1]. Ce qu'il y a de plus curieux dans ces illusions volontaires, c'est la façon dont elles transforment les données mêmes de la vision. Non seule-

1. Pour plus de détails sur ces phénomènes psychiques, voir Helmholtz, *Optique physiologique*, et James Sully, *Les illusions des sens et de l'esprit*. J'ai eu l'occasion de les analyser dans une étude sur *La suggestion dans l'art*, p. 82-103.

ment nous interprétons de certaine manière ce que nous voyons, mais vraiment nous ne voyons plus les mêmes choses : certains détails de l'objet cessent d'être perçus, d'autres se trouvent mis en évidence; la direction des lignes change; les couleurs mêmes sont modifiées.

Tous à quelque degré, surtout dans l'enfance, nous possédons cette faculté d'*imagination visuelle*. Nous allons voir que les arts du dessin lui font continuellement appel, qu'elle joue un rôle considérable dans la contemplation esthétique, et que chez l'artiste même elle doit être exceptionnellement développée.

I

EN CONTEMPLATION

A l'instant où je reconnais, dans un bloc de marbre ou un tableau, l'intention de représenter une chose déterminée, je ne la vois plus des mêmes yeux. L'image de cette chose que je dois concevoir m'apparaît avec force, vient se mêler à mes perceptions et les transforme du tout au tout. Regarder une œuvre d'art que l'on a devant soi, cela semble très simple. Mais notre machine est étrangement compliquée. Un psychologue se ferait fort de montrer que le simple coup d'œil que nous jetons sur un objet pour en percevoir la forme est un acte fort complexe où toutes nos facultés interviennent, l'imagination aussi, et pour la plus grande part. Selon Wundt, « les perceptions visuelles sont de simples schèmes que nous remplissons de nos représentations ». Sans doute, quand nous regardons une figure représentative, il faut bien que notre imagination y mette du sien, pour y reconnaître l'objet représenté. Nous n'avons conscience de faire aucun effort pour nous donner une illusion et évoquer des images, parce que l'artiste a su rendre son œuvre clairement représentative; l'image voulue nous apparaît immédiatement, sans que nous ayons besoin de la chercher, si bien fondue avec nos perceptions que nous ne saurions l'en distinguer. Mais si l'œuvre est obscure ou incorrecte, nous sentons très bien l'image, péniblement évoquée, faire effort pour se placer dans le tableau, chercher à se fondre dans les figures en les modifiant au besoin, tant qu'enfin nous nous soyons donné l'illusion voulue. Je ne vois qu'un seul cas où vraiment l'imagination visuelle ne jouerait aucun rôle dans la perception d'une œuvre d'art, c'est celui où nous regarderions stupidement ce bloc de marbre ou cette surface bariolée de taches multicolores, sans même avoir l'idée que cela puisse représenter quelque chose.

Quand nous sommes bien entrés dans les intentions de l'artiste, l'illusion se produit. Qu'est-ce, par exemple, que cette statue? C'est une jeune fille. Elle doit être blonde, avec de grands yeux bleus rêveurs; son attitude est souple, nonchalante, un peu alanguie. A vrai dire il n'y a là ni jeune fille, ni cheveux blonds, ni prunelles bleues, ni souplesse : il n'y a qu'un bloc de marbre blanc, dur, taillé en forme féminine sans doute, mais si différent de la femme réelle! Si vous faites disparaître ainsi, par un rappel à la réalité, tout ce que votre imagination avait ajouté à l'œuvre, si vous essayez de vous figurer une jeune fille qui serait telle qu'est vraiment ce marbre, avec ce ton de chair, cette couleur de cheveux, ce serait vraiment quelque chose d'horrible. Et pourtant ce qui vous apparaît est charmant. C'est donc que dans ce marbre vous apercevez autre chose que ce que vos yeux vous montrent positivement. Vous ne voyez de l'objet qui est devant vous que ce qu'il faut en voir; vous y voyez tout ce qu'il faut y voir. Qu'une indication, la plus sommaire, pourvu qu'elle soit juste et précise, vous signale dans ce marbre l'intention de rendre un effet de couleur, un contraste, un mouvement, quoi que ce soit, et tout cela vous sera aussitôt suggéré par votre imagination : vous croirez le percevoir, quand vous ne ferez que vous le représenter. Quelquefois le sculpteur, par un ingénieux artifice, provoquera cette suggestion en colorant sa statue, si discrètement qu'à peine vous apercevrez-vous que le marbre porte une couleur réelle, et vous croirez alors, par une illusion inverse de la précédente, imaginer seulement ce que vous percevez en réalité (ex. : la *Tanagra* de Gérôme).

Pareil effet se produit quand vous regardez un tableau. Ici même l'illusion est peut-être plus saisissante encore. Le tableau ne nous montre en réalité que des images déformées, aplaties, projetées toutes sur une même surface. Mais ce n'est pas ainsi qu'elles vous apparaissent. Vous savez bien que ces figures, peintes sur la toile, ne sont que de simples représentations, et ce que vous vous efforcez d'y voir, c'est l'objet même qu'elles représentent, tel qu'il vous apparaîtrait dans la nature. Alors de véritables suggestions s'opèrent. Les figures, prenant un étrange relief, semblent se détacher de la toile; les fonds se reculent; les lignes fuient dans de nouvelles directions. On sait les illusions de la perspective, le losange peint sur la toile qui dans le tableau fait l'effet d'un carré, l'ellipse qui prend l'aspect d'un cercle. Les nuances mêmes, qui sembleraient devoir être la chose positive par excellence, se modifieront sous l'influence de l'interprétation. Cette traînée de violet cru ne nous semblera plus qu'à peine bleuâtre, quand nous aurons compris qu'elle représente une ombre portée; ici, où nous croyons voir un si joli ton de chair, nous pouvons nous assurer, en y regardant de près, qu'il n'y a qu'un brun assez lourd. C'est ainsi qu'avec ses couleurs mates et opaques le peintre arrivera à nous rendre le lustre de la soie, l'éclat de l'acier, la transparence du cristal, la limpidité de l'eau, les nuages légers et lumineux qui passent dans l'azur profond du ciel. Comment pourrions-nous voir tout cela dans un tableau, si nous le regardions d'un œil froid et positif? Entre la figure peinte en réalité sur la toile et la chose représentée, il y aurait un monde.

Dans le décor, l'illusion sera rarement poussée aussi loin. Les figures, suivant la technique du genre, seront plus conventionnelles. On se gardera surtout des effets obligés de perspective qui tromperaient le regard sur la forme réelle de l'objet décoré. Le vrai décorateur se contentera de l'illusion atténuée, celle qui nous invite à nous représenter les choses sans nous faire croire un instant que nous les avons réellement devant les yeux. Mais c'est peut-être la forme la plus charmante de l'illusion, car elle est consciente, volontaire; nous nous la donnons si nous le voulons bien, la laissons aller jusqu'au degré qui nous est précisément le plus agréable, et la faisons disparaître dès qu'elle nous fatigue. Parfois nous projetons mentalement les images sur l'objet qu'elles décorent, comme je fais pour ce vase de faïence orné d'un rameau de lierre, d'un lézard rampant, de motifs divers que je puis sans invraisemblance me figurer en présence réelle sur sa surface; mais l'illusion n'étant pas absolue reste consciente, je me rends compte que ce sont là de simples représentations, et je prends un plaisir particulier à contempler cet objet étrange, à demi réel, à demi fictif, ce vase de vraie faïence où rampe un lézard imaginaire. Parfois encore nous prenons plaisir à provoquer l'illusion et à la faire disparaître l'instant d'après, comme pour nous en jouer. Ainsi quand je regarde, sur ce coffret chinois orné de nacre, les figures variées qui en forment le décor, j'évoque toute une perspective de ponts bossus, de kiosques, d'étangs bordés de saules, de plus en plus éloignés. A l'instant où se produit cette illusion de profondeur, le coffret disparaît à mes yeux; si je ramène sur lui mon attention pour en apprécier la forme, ce sont les figures qui s'aplatissent, perdent leur vertu représentative, et ne font plus l'effet que de petits morceaux de nacre incrustés dans le bois dur. Il s'établit ainsi entre mes représentations et mes perceptions un conflit d'apparences analogue à celui des dessins à double jeu, avec des alternances qui amusent de même le regard.

La décoration la plus élémentaire dont on puisse revêtir un objet est celle qui ne consiste qu'en motifs linéaires. Pour rompre l'uniformité des surfaces, le dessinateur y trace quelques figures géométriques, cercles, étoiles, polygones, ou même de simples traits qu'il conduit et entrelace suivant une loi régulière. Voilà certes qui ne semble pas fait pour parler beaucoup à l'imagination. Vous est-il arrivé de parcourir un recueil d'ornements de ce genre? La curiosité est d'abord excitée par ces figures. Notre intelligence, faculté ordonnatrice, se plaît à constater la régularité de leur dessin et l'ingéniosité de leurs combinaisons : notre œil de géomètres en est un instant réjoui. Mais bientôt la fatigue vient. Aucune réminiscence de la nature! Aucune échappée vers le monde vivant et animé! Rien que des figures sèches et nues, belles sans doute, mais de la froide beauté de la forme abstraite. On tourne quelques pages. C'est toujours la même chose. Et l'on referme l'album en se disant que l'art décoratif, ainsi conçu, est bien le moins suggestif, le plus platement réaliste de tous les arts, puisque nous n'y pouvons rien voir que ce que nous avons positivement devant les yeux.

Et pourtant cette décoration abstraite a justement pour les rêveurs un attrait particulier. Il faut qu'ils y voient autre chose que de simples tracés géométriques. Sans doute nous avons mal fait l'expérience. Nous étions trop lucides, trop attentifs. Notre sens critique était trop éveillé. Nous avons regardé ces dessins comme nous aurions regardé des tableaux, faits pour être considérés à part et formant un tout complet. N'oublions pas qu'il s'agit de simples décors, c'est-à-dire d'un accompagnement, sur lequel notre attention ne doit pas plus se porter que sur la basse d'un chant. Nous ne leur devons qu'une contemplation distraite et rêveuse. Et c'est justement dans nos moments de distraction et de rêverie que nous goûtons le mieux leur charme intime, quand nous les regardons en pensant à autre chose, comme on suit des yeux le jeu léger des lumières et des ombres mouvantes sous la feuillée. Il n'est pas facile de se replacer à volonté dans ces dispositions d'esprit. Mais la contemplation même du décor, quand elle se prolonge, a pour effet d'assoupir notre conscience au degré voulu. Ces figures rayonnées et comme scintillantes sur lesquelles se fixe spontanément le regard, cette répétition de motifs semblables qui berce la pensée de son rythme monotone, tout dans le décor linéaire semble disposé pour exercer sur le spectateur une sorte d'action hypnotique. Laissons-nous aller à ce vertige, ne faisons pas effort pour nous reprendre! Aux confins de l'hypnose, quand notre pensée un peu trouble ne distinguera plus nettement le monde imaginaire du monde réel, d'étranges changements vont se produire dans l'aspect du dessin sur lequel nous aurons les yeux fixés. Il se modifiera au gré de notre fantaisie, par un inconscient effort d'interprétation. Comme la gorge irisée du pigeon change de nuance suivant l'incidence du regard, donnant ainsi l'illusion de couleurs presque imaginaires, ainsi nous ferons apparaître dans le même contour, en le regardant d'un certain biais, des figures diverses; et ces figures, bien que cernées d'un trait réel, pour un peu nous sembleront tout idéales. Tels sont les jeux d'imagination figurative auxquels nous pouvons nous livrer en contemplant un simple décor géométrique, et qui donnent à cette contemplation un intérêt soutenu.

Le dessin le plus touffu fatigue bien vite le regard, quand on n'y voit que ce que l'on a réellement sous les yeux; le motif le plus élémentaire nous retiendra indéfiniment, s'il nous suggère quelque rêverie. C'est à l'artiste maintenant que revient la tâche de nous faciliter ce jeu et de provoquer, par l'artifice même du décor, ces illusions visuelles auxquelles nous trouvons tant de charme.

Parfois ce seront des figures complexes que l'œil prendra plaisir à décomposer en leurs éléments. Supposons par exemple, c'est un des thèmes favoris du décor arabe, un fond semé de menus motifs, délicatement ajourés et filigranés; sur cette broderie, considérée à son tour comme un simple fond, l'artiste a dessiné un réseau d'entrelacs; et sur le tout s'enlève encore, en traits de force, un large motif décoratif. L'œil est d'abord frappé de l'étonnante complexité de cette décoration, qu'il perçoit d'ensemble; puis il la décompose. Il y voit trois dessins superposés sur une même surface, qu'il dégage l'un de l'autre pour les considérer isolément. Son attention se porte tantôt sur la fine broderie, tantôt sur le réseau d'entrelacs, tantôt sur le motif principal : et chaque fois les lignes considérées semblent prendre une netteté plus grande, se détacher en relief, tandis que les autres s'effacent, se brouillent, passent au second plan; l'effet général se trouve modifié du tout au tout. Souvent ce changement se produit sans qu'on y pense : l'image évoquée par un effort d'interprétation disparaît d'elle-même pour faire place à une autre. C'est ainsi qu'en se penchant sur une fontaine ensoleillée on voit s'y produire spontanément tout un jeu d'apparences. Pendant que le regard s'attache aux moires lumineuses qui ondulent sur le sable du fond, voici qu'il aperçoit à d'étranges profondeurs un reflet de nuages blancs glissant dans le ciel bleu; brusquement cette vision s'évanouit, et l'on n'a plus sous les yeux que la surface miroitante de la fontaine.

D'autres fois le décor nous invite à combiner quelques éléments simples en figures plus complexes. Ainsi, dans un vitrail fait d'un assemblage de petites vitres triangulaires, nous ferons apparaître des losanges, des hexagones, des polygones étoilés, en un mot toutes les figures géométriques qui peuvent être engendrées par le triangle. Pour qu'une image donnée surgisse à notre appel, il suffit que dans ce réseau de lignes entrecroisées nous puissions lui trouver un contour : aussitôt elle nous apparaît distincte, hallucinante, suspendue dans le vide du champ visuel. Puis nous détruisons cette apparence; nous engageons les éléments ainsi groupés dans de nouvelles combinaisons mentales, et d'autres images se dessinent sur la verrière. Quand un ornement fait de motifs si élémentaires nous fournit un tel jeu d'images, on se rend compte des ressources qu'une décoration un peu compliquée peut offrir à notre fantaisie. Les splendides rosaces de nos cathédrales, contemplées dans le désœuvrement mental d'un long office, deviennent un véritable kaléidoscope où l'œil voit les verres polychromes se combiner en figures cristallines d'une inépuisable variété.

Mais l'illusion la plus significative peut-être est celle que nous suggèrent les dessins à double jeu, si usités dans l'art décoratif. Cet effet, très simple à comprendre sur un dessin, est plus difficile à expliquer verbalement. Essayons cependant. Lorsque nous regardons des figures qui se détachent en silhouette sur un fond de couleur différente, il nous semble qu'elles seules ont une forme. Quant au fond lui-même, ce n'est pour nous qu'une étendue colorée, qu'une nappe unie qui est censée se continuer derrière les figures, au second plan. Si pourtant nous voulions y faire attention, nous reconnaîtrions que les parties du fond, restées visibles entre les intervalles des figures, ont elles aussi des limites définies et par conséquent une forme. Semblables aux déchets qui tombent sous le ciseau d'un enfant quand il découpe une gravure, elles forment elles-mêmes des images bizarres. Regardons-les bien, nous les verrons nous apparaître distinctement, tandis que les figures primitives, perdant leur contour, disparaîtront au regard : nous avons beau les chercher, nous ne les voyons plus. Comme exemple de ce curieux renversement d'apparences, je citerai certaines décorations arabes ou byzantines, où les intervalles des figures sont ménagés de telle sorte qu'ils forment l'exacte contre-partie du décor. D'une seule ligne de contour le dessinateur a découpé deux silhouettes identiques, engagées l'une dans l'autre comme les pièces d'un jeu de patience. Suivant que le spectateur fixera son attention sur l'une ou sur l'autre, il verra les mêmes dessins lui apparaître tantôt en noir sur fond blanc, tantôt en blanc sur fond noir. Nous trouvons encore une subtile variante de cette illusion dans les dessins à double jeu des meubles de Boule, où le renversement s'opère par transitions insensibles : le même motif, que l'on voit se dessiner d'abord en laque sur fond de cuivre, s'achève en cuivre sur fond de laque. Où s'est opéré le raccord? Peut-être au moment où ce filet de cuivre, qui semblait n'être là que pour doubler une ligne de contour, s'en est détaché en prenant un mouvement propre. Ou bien en ce point où le fond de laque, resserré entre deux figures, aminci et comme laminé, devient lui-même simple ligne de contour. On ne saurait le dire. Et l'œil va d'une interprétation à l'autre, amusé, déconcerté de ces perpétuelles équivoques de vision dont il ne peut surprendre l'artifice.

La ligne par elle-même, la ligne toute pure, pourra exciter l'imagination visuelle en lui suggérant des images de mouvement. — Mais une ligne n'est-elle pas une simple figure plane? Où voyez-vous rien qui se meuve? — Non, il n'y a pas de là mouvement réel; mais il y a un mouvement imaginaire, perceptible pour qui connaît le sens de ce symbole. Regardez cette feuille de papier, rayée de traits parallèles coupés à intervalles égaux par des barres transversales, et piquetée de points noirs. Un musicien jette les yeux sur cette page. Aussitôt il se sent pris dans un mouvement rythmique qui l'entraîne. Une mélodie se dessine, traçant dans l'espace sonore son arabesque capricieuse, s'élève comme au hasar[illegible] et s'abaisse en retombées symétriques. D'au[illegible] motifs apparaissent, qui s'entrelacent à cel[illegible] [illegible]à, s'en approchent, s'en éloignent; tout ce qui est présent à votre regard se déroule successivement dans l'imagination du musicien. Il en est de même de la ligne. Ce n'est une figure inerte que pour le profane. Pour qui sait la regarder, elle est un mouvement. Elle s'étire, se casse, s'infléchit, ondule lentement ou tressaille en vibrations rapides. Glissement continu des parallèles qui s'en vont toutes de même vitesse dans le même sens, brusque éclair de la ligne brisée, cisaillement des droites qui se coupent, enroulement des spirales, on peut dire qu'ici tous les modes du mouvement sont idéalement représentés. Ces illusions sont peut-être le principal attrait du décor dit géométrique. Dans les lignes elles-mêmes elles nous font voir des gestes, saccadés ou arrondis, raides ou souples, hardis ou timides, et lui donnent ainsi un accent comparable à celui de la mélodie. Comme le musicien fait chanter les voix, le décorateur fait chanter les lignes. Nous pouvons même reconnaître dans un thème graphique une sorte de tonalité. Le ton majeur, ce sont les lignes d'allure résolue, de rythme carré, qui se combinent en figures exactement symétriques; le mineur, ce seront les lignes alanguies, retombantes, au rythme fluide et moins accusé, les figures impaires où la symétrie est moins nettement perceptible.

Nous ne sommes pas obligés, bien entendu, de voir ainsi les choses. Libre à nous de percevoir les lignes au sens positif. Mais elles nous invitent à l'illusion. Pourquoi ne pas nous prêter à ce jeu? Tout spectateur doué d'une suffisante faculté de vision mentale s'y complaira, comme aux songes les plus charmants. Que les images qui passent ainsi devant nos yeux soient assez insignifiantes, peu nous importe. Ce qui nous plaît dans le rêve, ce ne sont pas seulement les visions qu'il nous apporte, c'est encore et surtout le mouvement de la pensée qui passe de l'une à l'autre, se laissant aller comme à la dérive; c'est l'état même de rêverie.

II

AU TRAVAIL

Maintenant changeons de point de vue. Nous avons regardé l'œuvre d'art du dehors, signalant l'effet qu'elle produit sur l'imagination du spectateur. Plaçons-nous au point de vue de l'artiste qui l'exécute.

Nous avons constaté que tout homme a le pouvoir de transformer, par un effort de vision mentale, les perceptions de la vue. Cette faculté est naturellement variable d'un individu à l'autre suivant qu'il est plus ou moins imaginatif; le même homme l'exercera avec plus ou moins d'énergie selon qu'il se trouvera d'humeur plus ou moins rêveuse. — Supposons l'effort d'imagination le plus intense que le plus imaginatif des spectateurs puisse fournir devant une œuvre d'art : cela nous donnera une idée de ce que doit être l'imagination visuelle de l'artiste.

Est-il nécessaire en effet d'établir que s'il faut de l'imagination, et beaucoup, pour percevoir vraiment un tableau, il en faut aussi, et davantage encore, pour le peindre? Toutes les images que l'œuvre nous suggère, l'artiste les a conçues tout le premier; il faut qu'il les ait vues dans sa tête avant de leur trouver une expression sur la toile. Cet effort que nous faisons, devant la toile achevée, il faut qu'il ait été capable de le fournir constamment au cours de l'exécution : ce qui suppose, si nous remontons par la pensée aux premiers moments où l'œuvre n'était encore qu'à l'état d'ébauche, un don de vision mentale vraiment exceptionnel. On doit s'en rendre compte : la tâche nous est autrement facile à nous qu'à lui. Soit par exemple un dessin au trait. Nous l'avons devant les yeux avec ses lignes précises qui délimitent la forme de l'objet représenté ; il ne nous reste donc plus qu'à compléter ces indications, à remplir cette forme vide en nous figurant l'objet. Cela n'est pas bien malaisé ; et si pâle, si vague que soit en elle-même l'image qui nous apparaîtra, le dessin l'affermira suffisamment. Mais le dessinateur, quand il l'a conçue, n'avait rien encore sur son papier qui pût la lui suggérer ; et chacun des détails de son œuvre a dû être prémédité avant d'être rendu. Quel exercice de vision mentale ! Chez le spectateur, l'imagination visuelle se laisse aller à des suggestions : chez l'artiste, elle travaille. Un dessin que l'on regarde, c'est une réalité qu'il faut compléter en lui ajoutant quelques images : un dessin que l'on fait, ce sont de simples images qu'il faut amener à la réalité.

Essayons de nous représenter les diverses phases de ce travail et d'assister en quelque sorte à la genèse d'une œuvre d'art.

Le dessinateur a son modèle devant lui. Ce sera, par exemple, une vieille paysanne vue de profil, dont il s'agit de prendre rapidement un croquis. Il la regarde. Mais déjà, dans ce simple coup d'œil, l'imagination visuelle intervient. Car il regarde en artiste. Ce qu'il s'efforce de voir dans ce visage, c'est le dessin qu'il va en tirer. Il le compose mentalement, le met en perspective, détermine par la pensée les masses à établir, cherche d'avance le coup de crayon dont il devra marquer ce profil; et l'on pourrait voir sa main tressaillir, ébauchant le geste voulu. Quand donc il va tout à l'heure détourner les yeux du modèle, il en emportera une image, mais une image déjà élaborée conformément à la technique de son art; quand il jettera sur le papier son premier trait, il aura dans la main le mouvement à faire, comme s'il l'avait déjà maintes fois exécuté. Son dessin est donc commencé, et même très avancé, avant qu'il ait seulement touché le crayon.

L'image à rendre étant ainsi préméditée, il faut que d'un effort de vision mentale il la fasse apparaître sur le papier. Dès qu'il l'y voit à peu près, rapidement, d'un trait, avant qu'elle ait eu le temps de se trop déplacer sur cette surface blanche où son œil ne trouve encore aucun point de repère, il commence à en marquer le contour. C'est le moment décisif; car si ce premier coup de crayon, jeté en quelque sorte dans le vide, est un peu arbitraire, tous les autres s'ensuivent presque nécessairement. L'image est désormais fixée en position et en grandeur. Quelles sont d'ordinaire les dimensions adoptées? D'instinct le dessinateur, comme les enfants, représentera plutôt les choses à une échelle assez réduite. Mais si l'on tient compte du fait que le dessin doit être regardé d'assez près, on reconnaîtra qu'en les figurant ainsi il tend à leur conserver leur grandeur apparente; et sans doute il ne fait que projeter sur le papier, telle qu'elle lui est restée dans l'œil, l'image de l'objet qu'il vient de regarder.

Voici la silhouette de notre paysanne indiquée. Le reste va de soi. Il n'y a plus qu'à préciser, à ajouter des détails. Qu'est-ce que cela? L'artiste a sous les yeux une figure qu'il peut remplir à son aise de ses représentations. Il indique les paupières tombantes, les rides du front, une mèche de cheveux gris. Les contours du bonnet blanc seront découpés d'un trait mince et net; pour rendre les plis du grossier fichu de laine, le crayon s'écrasera davantage, donnant ainsi dans la ligne même une impression d'épaisseur. Quelques traits encore pour marquer les grandes ombres, et l'essentiel sera fait.

Au lieu d'un dessin, considérez une figure que l'on modèle : les opérations mentales seront à peu près les mêmes. Comme une statue reproduit les formes du corps humain plus littéralement, plus complètement que ne le fait un tableau, on serait tenté de croire que le statuaire a moins besoin d'imagination visuelle que le peintre. Il faut pourtant que lui aussi il commence par étudier son modèle jusqu'à ce qu'il ait arrêté dans son esprit ce qu'il en veut faire : il en prend ainsi une image artistique, représentation anticipée de l'œuvre future, d'après laquelle il commence à modeler. Cette image, il faut qu'il s'efforce de la faire apparaître dans ce bloc informe que sa main pétrit. Croit-on que cela n'exige pas un effort de vision mentale au moins équivalent à celui que fait le dessinateur pour voir une figure dans le contour qu'il a tracé? Devant la statue achevée, l'imagination visuelle n'a plus que très peu de chose à faire. Mais si elle se repose, c'est dans son œuvre; car sans elle la statue n'eût jamais été amenée à ce point.

III

AVANTAGES ET DANGER

Tout artiste doit donc être doué d'une forte imagination visuelle. S'il en est qui sont en cela moins bien doués que les autres, leurs œuvres auront un défaut spécial qui révélera ce vice d'organisation : *ils feront plat.* Dessinateurs, ils peuvent avoir le coup d'œil très juste et reproduire très exactement le contour des objets; mais, on ne sait pourquoi, leur dessin fait l'effet d'un froid décalque. Graveurs, ils conduiront méthodiquement leur burin suivant le principe des tailles enveloppantes, puisqu'il est reconnu que c'est ainsi qu'on indique les formes, et pourtant nous ne les voyons pas ressortir. Peintres, ils représenteront la profondeur sans nous en donner l'impression; et leurs figures ne pourront se détacher de la toile qu'avec un effort sensible. En sculpture même, ils ne semblent vouloir user qu'avec une discrétion extrême de la troisième dimension de l'espace. S'efforcent-ils, quand ils ont un modèle devant eux, de le voir plutôt en silhouette qu'en ronde bosse? S'appliquent-ils à arrondir les surfaces, à atténuer les creux et les saillies? Je ne sais, mais le résultat est indéniable : leurs œuvres, correctes et polies, nous donneront moins que d'autres la sensation du relief.

Considérons au contraire l'œuvre d'artistes qui aient une imagination visuelle exceptionnellement puissante. Leur dessin prendra de la couleur, du mordant; le trait, moins pur sans doute, aura une intensité d'expression bien plus grande. Que l'on mette, par exemple, un dessin de Delacroix à côté d'un dessin d'Ingres, la différence sautera aux yeux. Veulent-ils représenter un mouvement? Peu leur importe dans quel sens ce mouvement s'exécute. Ce n'est pas eux qui obligeront leurs personnages à se mouvoir dans le plan du tableau, et à se présenter toujours de telle sorte qu'ils se découpent sur la toile en claire silhouette. Songent-ils seulement à ce plan, et à cette toile? Ce qu'ils ont devant eux, c'est l'espace. Leur modèle fera le geste qu'il doit faire, prendra l'attitude qui convient à la situation. Ils ne s'inquiéteront pas des raccourcis les plus audacieux. Le Corrège a-t-il pris garde que les deux jambes de son Antiope, étant vues également en raccourci, risquaient de paraître difformes? Cette attitude serait gracieuse en nature : dans le tableau, elle ne pourra choquer qu'un spectateur dépourvu d'imagination, et qui ne sait pas voir une figure dans l'espace. Pour un *visuel*, il n'y a même pas là de raccourci; regardées comme elles doivent l'être, en relief, ces jambes ont leur développement normal. L'artiste doué à un degré éminent de la faculté de voir dans l'espace prendra même plaisir à l'exercer; il recherchera, par une sorte de bravade, les mouvements hardis qui portent les figures droit vers le spectateur.

Il est très intéressant encore de voir comme un artiste imaginatif modèle une figure, la fait tourner, en indique les creux et les saillies, la détache du plan sur lequel elle est tracée. Considérez par exemple une eau-forte de Rembrandt. Il vous sera impossible d'y découvrir un système quelconque, un parti pris de conduire des traits dans un sens ou dans l'autre, pas même, comme on le dit quelquefois, « dans le sens de la forme ». La main est libre; elle se laisse aller à son caprice, égratignant le vernis comme au hasard. Et pourtant l'effet est saisissant. C'est qu'évidemment l'artiste travaille dans une sorte d'hallucination, sur une vision mentale tellement intense, que dans la figure qu'il trace il aperçoit en présence réelle l'objet représenté. Aussi jamais sa pointe ne porte-t-elle à faux et ne glisse-t-elle sur le cuivre : elle mord sur l'objet même, en fouillant les plis, en marquant les creux, en détachant les saillies. De même dans ses tableaux. Sa touche n'est asservie à aucune loi déterminée. On lui aurait demandé s'il vaut mieux diriger son pinceau suivant la ligne de contour, ou perpendiculairement à cette ligne, ou de toute autre manière, sans aucun doute il eût rejeté toute recette de ce genre. Son œuvre répond nettement pour lui : point de procédé mécanique. Figurez-vous le plus nettement possible l'objet que vous voulez représenter, et peignez sur cette vision même, en vous appliquant seulement à la rendre plus nette encore et plus intense à chaque coup de pinceau : d'elles-mêmes vos touches prendront le sens voulu pour faire ressortir la forme en toute vigueur. On pourrait faire des remarques analogues sur les toiles de Bonnat, qui est à n'en pas douter un visuel de premier ordre. Gustave Doré, un puissant imaginatif que les critiques d'art ne me semblent pas avoir mis à son rang, avait à un degré surprenant cette faculté de voir dans l'espace et de donner à des figures planes un relief hallucinant.

En sculpture, l'œuvre de l'artiste doué d'une forte

imagination représentative se reconnaîtra à des caractères de même ordre : effets de coloration obtenus par le seul travail de l'outil, modelé plus accentué et plus expressif, exécution plus rude pour accrocher davantage la lumière et mettre en évidence les saillies. — Dans toutes ces œuvres, dessins, gravures, tableaux, statues, nous trouvons un trait commun qui les caractérise : toutes elles ont le relief.

Il faut pourtant le reconnaître : l'extrême développement de l'imagination visuelle a quelques inconvénients.

Un peintre ainsi doué aura parfois de terribles partis pris. S'il est décidé à voir les choses d'une certaine couleur, il y parviendra. S'il est convaincu, par raison théorique, que les ombres du visage doivent être toutes vertes, il les verra telles, et telles les fera dans son tableau. Ou bien il réprouvera les ombres comme un préjugé, et ne verra dans un visage qu'une tache blafarde. Certains peintres, comme Carrière, semblent ne voir les choses qu'à travers une brume qui les efface, les éloigne et les décolore; les images qu'ils nous mettent devant les yeux font moins l'effet d'une vision actuelle que d'un très lointain souvenir de la nature. D'autres, comme Besnard, ont un œil colorant qui sur un mur gris verrait un arc-en-ciel.

On contemple parfois avec stupeur, dans nos expositions, des tableaux où toutes les nuances semblent systématiquement faussées; et l'on se demande si l'artiste ne le fait pas exprès, par bravade, par esprit de mystification, par désir de se singulariser, par attrait morbide de la fausse note et de l'à peu près. N'est-ce pas l'esthétique de Verlaine appliquée à la peinture :

> Il faut aussi que tu n'ailles point
> Choisir tes mots sans quelque méprise :
> Rien de plus cher que la chanson grise
> Où l'Indécis au Précis se joint.

Je crois que l'explication de ces singularités doit être cherchée ailleurs : dans un excès d'imagination. Comparant le tableau tel que vous l'avez devant les yeux à la réalité telle que vous la percevriez, vous vous étonnez de cet invraisemblable écart entre le modèle et la copie. Mais représentez-vous l'artiste au travail ; en le supposant très imaginatif, vous vous expliquerez fort bien comment il a pu peindre à faux sans s'en apercevoir, et même se complaire dans cette fausseté. Il s'est mis en présence de la nature et a commencé à peindre. En sa qualité d'imaginatif, il est probable qu'il a beaucoup plus regardé sa toile que son modèle, et s'est par conséquent appliqué à rendre plutôt le souvenir qu'il avait gardé de l'objet, la vision qu'il s'en était faite, que son aspect réel. Au cours même de l'exécution, cette vision s'est progressivement altérée ; elle s'est peu à peu éloignée de la nature. Il est probable aussi qu'il ne l'a pas rendue exactement telle qu'il l'avait présente à l'esprit, mais s'est contenté d'à peu près, voyant dans son tableau non pas les tons qu'il posait réellement sur la toile mais ceux qu'il voulait y poser. De très bonne foi il dira qu'il a peint ce qu'il a vu ; à vrai dire il s'est figuré peindre ce qu'il se figurait voir. Il a donc travaillé dans une hallucination constante, sur une vision qui pour lui se substituait aux réalités, sorte d'image intermédiaire par laquelle il rapprochait l'un de l'autre son modèle et sa copie et qui l'empêchait d'apercevoir leur réelle différence.

Sans aller jusqu'à cette extrême bizarrerie, l'artiste très imaginatif se contentera souvent dans ses œuvres d'indications trop sommaires. Voici une petite étude au fusain de A. Pointelin. Je cite à dessein un maître. Regardez-la bien! Vous n'y voyez d'abord que des masses sombres avec quelques traits enchevêtrés. Peu à peu, vous y distinguez quelques détails. Ici, dans ce creux d'ombre, une lueur, un vague reflet : c'est une mare sans doute. Là-bas, un sentier peut-être, des mouvements de terrain, des broussailles qui se hérissent sur la pente d'un coteau. Peu à peu vous entrez dans le paysage; vous n'y cherchez plus une image plus ou moins fidèle des choses, vous y cherchez les choses mêmes, avec cette tension du regard qui sonde les ténèbres pour y discerner la forme des objets. Et la vision voulue apparaît enfin. Alors la transfiguration optique s'opère; tout dans ce fusain et jusqu'aux accidents de l'exécution prend un sens objectif, vous représente quelque chose. Mais il vous a fallu un effort, qui aurait pu vous être épargné.

On s'explique fort bien qu'un artiste assez riche d'imagination pour opérer sans effort sensible la transfiguration visuelle de son œuvre dédaigne de la finir. Quand son ébauche aura été fortement préparée, quand il y aura nettement marqué toutes ses intentions, volontiers il en restera là. Par cela même qu'il est un imaginatif, il prendra plaisir à exercer cette faculté de vision. Or c'est précisément dans cette période de l'exécution que l'imagination visuelle atteint son maximum d'énergie. Voyez par exemple le portrait de Jules Ferry par Bonnat! Je comprends qu'on ait supplié l'artiste de n'y plus toucher : car l'état dans lequel il a été laissé est ce qu'on pourrait appeler le moment merveilleux. L'image évoquée nous apparaît avec un relief curieux et presque excessif, tant ces touches visibles, tant ces zébrures de rouge et de vert soulignent la forme et nous en donnent la vision forcée. Elle a la vertu fascinante de ces figures que le malade voit lui apparaître dans un pli de ses rideaux, sur son papier de tenture, et dont il ne peut plus détacher le regard. Mais il ne faudrait pas abuser de ce procédé. Figurez-vous que l'artiste se fasse une règle de ne jamais pousser plus avant l'exécution de ses œuvres : quel art conventionnel cela donnerait! Comme ces fatigantes illusions d'optique nous feraient aspirer à quelque représentation de la nature plus complète, plus finie, qui accorderait davantage au regard et exigerait moins de l'imagination! C'est bien l'impression que nous éprouvons devant certaines toiles de peintres trop imaginatifs. Le tableau est admirablement préparé, serions-nous tentés de leur dire; mais, de grâce, achevez-le! — Ils souriront avec dédain, et nous répondront que nous n'entendons rien aux énergiques simplifications de l'art. Ont-ils même conscience que leur œuvre soit si sommaire? A leurs yeux rien n'y manque, puisqu'ils y voient tout ce qu'ils ont voulu y mettre.

Il y a là matière à des discussions irritantes. On se rappelle celles qui se sont engagées autour du *Balzac* de Rodin. Quiconque l'a vu garde présent à l'esprit ce masque inoubliable aux traits plus accentués que nature, ce fantôme un peu inquiétant qui vient vers vous d'un pas somnambulique. « Ce n'est qu'une ébauche, disaient les uns ; géniale tant que vous voudrez, mais informe, et qu'il est dérisoire de nous donner pour une statue. — Non, répondaient les autres. La statue est faite. Telle qu'elle est, elle répond pleinement à la conception de l'artiste ; elle nous met sous les yeux, avec une surprenante énergie, la vision qu'il a voulu rendre. Mettre en saillie les traits caractéristiques d'une figure humaine pour en porter l'expression à son maximum d'intensité, simplifier en accentuant, tel est son principe d'art. Il l'a suivi en toute rigueur. Ce que vous prenez pour une ébauche est un achèvement. De telles œuvres font bloc, elles ne se retouchent plus, il faut les prendre telles qu'elles sont. » Ce malentendu s'explique sans peine. Nous avons affaire, sans hésitation possible, à un artiste d'extrême puissance imaginative : ses dessins à la plume suffiraient à en témoigner. Il a travaillé sur une vision tellement intense, qu'elle a transfiguré son œuvre à ses yeux. Pour lui et pour les imaginatifs de sa force, la statue est au point, c'est-à-dire dans l'état où elle produit son maximum d'effet. Pour le public, qui ne dispose que d'une moyenne faculté de vision mentale, elle est inachevée. Que faire? Exigerons-nous que la foule se rétracte, et admire de confiance? Elle est dans son droit en refusant de se plaire à des œuvres qui ne sont pas faites pour elle. Demanderons-nous à l'artiste de faire quelques concessions aux goûts du public? C'est son devoir strict de n'en accorder aucune. Il se doit à lui-même de réaliser son rêve personnel, d'user de ses facultés propres, d'aller où le porte son goût : il ne peut bien faire que ce qui lui plaît. Les choses doivent donc rester dans l'état. Il n'y a rien à faire. Mais cela montre à quel danger est exposé l'artiste qui dispose ainsi de facultés exceptionnelles. Il risque de n'être compris que d'un public très restreint. Son œuvre est *subjective* en quelque sorte, et n'a sa pleine valeur d'art que pour lui.

CHAPITRE III

LA POÉSIE

Avons-nous épuisé tout le contenu d'une œuvre d'art quand nous avons constaté ce qu'elle représente? Voici une figure humaine, voici un paysage, voici une nature morte. Nous avons compris le sujet du tableau; par un effort d'imagination visuelle, nous avons complété les indications qui nous étaient fournies, et rétabli autant que faire se pouvait l'apparence visible de l'objet représenté. Est-ce là tout? L'œuvre n'a-t-elle rien de plus à nous dire?

Rien de plus, si elle représente platement un objet vulgaire. Mais si elle a été conçue et exécutée par un artiste qui avait à quelque degré le don de poésie, elle éveillera en nous des impressions, des sentiments, des images qui lui donneront un surcroît de charme. Elle nous parlera de mille choses qui ne peuvent être représentées, n'étant pas visibles, mais exprimées seulement.

Essayons de recueillir ces suggestions plus délicates de l'œuvre d'art, pour entrer plus avant dans la pensée de son auteur et nous rendre mieux compte de ce qu'est l'imagination d'un véritable artiste.

I

DÉCOR

Sans autre moyen d'expression que la ligne et la couleur, le décor abstrait peut nous donner des impressions poétiques. Nous avons déjà vu quels sont les jeux d'imagination visuelle auxquels il se prête. Si par surcroît le décorateur a pris soin de nous pousser dans la voie de l'hallucination par la structure bizarre ou paradoxale de l'objet décoré, par la magie de la couleur, par des jeux de lumière, de transparence et de reflets, le charme sera complet, et les images que nous avons réellement devant les yeux prendront un aspect irréel, une beauté d'apparition et de mirage. « De la combinaison de ces choses est née l'architecture arabe. Elle ressemble à un rêve brillant, au caprice des génies qui s'est joué dans ces réseaux de pierre, dans ces délicates découpures, ces franges légères, ces lignes volages, dans ces lacis où l'œil se perd à la poursuite d'une symétrie qu'à chaque instant il va saisir, qui lui échappe toujours par un perpétuel et gracieux mouvement. Ces formes variées vous apparaissent comme une puissante végétation, mais une végétation fantastique; ce n'est point la nature, c'en est le songe. La lumière voilée prend des teintes moelleuses, une sorte de velouté aérien, analogue à ce monde de féerie, et qui en augmente l'illusion ». On ne peut mieux décrire que Lamennais ne l'a fait dans cette belle page la poésie qui se dégage, pour le contemplateur, de cet art charmant où d'abord on serait tenté de ne voir qu'une froide géométrie. Tel est encore l'effet des sublimes verrières de nos cathédrales, qui par une simple combinaison de verres polychromes nous donnent l'impression poétique par excellence, l'impression du *merveilleux*.

Faisons entrer dans le décor quelque thème emprunté à la nature. Voici des suggestions nouvelles qui s'ajouteront aux précédentes; l'expression deviendra plus intense, plus riche, et en même temps plus précise. Il est surprenant de constater quelle somme d'impressions de nature un véritable artiste peut condenser dans un simple emblème. Il résoudra en se jouant ce problème paradoxal, de mettre tout le printemps dans une fleur et toute cette fleur dans quelques traits. Est-il besoin de démontrer qu'il n'y pourra réussir, s'il n'a lui-même une imagination de poète? Comment son œuvre nous donnerait-elle une émotion qu'il n'aurait pas ressentie? Comment nous suggérerait-elle des images qu'il n'aurait pas conçues tout le premier? A la rigueur un décorateur à l'esprit sec pourra simuler l'imagination en usant de certaines recettes. Il fera entrer dans toutes ses compositions quelque image de valeur suggestive éprouvée : libellule ou papillon, marguerite ou myosotis, rossignol ou croissant de lune. Il étudiera la facture des maîtres pour surprendre leurs procédés d'expression. Je laisse de côté ce qu'il y a de méprisable dans la contrefaçon artistique. J'affirme seulement que cette fausse et banale poésie ne ressemblera jamais à la vraie; que ces procédés d'expression, empruntés à autrui, étant sans originalité, seront sans vertu. On cherche le secret des maîtres. Il n'est pas dans le choix de tels ou tels sujets, dans l'emploi de telle ou telle formule. Étudions l'œuvre de quelque décorateur qui ait à un degré éminent le don de l'évocation poétique, Émile Gallé par exemple. Il a sa manière, facile à imiter. Se servir de couleurs pâlies et mourantes qui se détachent à peine sur le fond et fassent l'effet d'être imaginées plutôt que perçues; dans l'interprétation de la fleur, se contenter d'un rendu large et sommaire pour obliger l'imagination à compléter les indications qu'on lui fournit; n'insister que sur le détail accidentel et par conséquent expressif, sur la cassure de cette tige brisée, sur cette tache de rouille dont l'automne a marqué la feuille du chêne, sur ce bout de pétale rose et chiffonné qui sort du bouton de coquelicot prêt à s'entr'ouvrir; autant que possible choisir dans la flore sauvage ou cultivée des types qui aient naturellement un certain caractère d'étrangeté, voilà des recettes qu'il n'est pas trop difficile de s'approprier. Mais quand on aura ainsi reproduit les thèmes favoris du maître et pastiché son style, on n'aura rien fait pour s'égaler à lui, parce que l'on n'aura pas remonté à la source même de son inspiration. Ne dessiner que sur une intense vision de la nature; se représenter chaque fleur dans son milieu naturel, l'iris jaune au bord de la rivière, l'églantine sur la lisière des bois, le nénuphar endormi sur l'eau sombre de l'étang, l'anémone frileuse tremblant au vent des hauts sommets; se faire l'ami de la plante et son confident; lui donner une âme et entrer en sympathie avec elle; s'intéresser à ses timidités, à ses coquetteries, à ses langueurs, à ses nostalgies, et nous les redire; y voir le symbole de la vie triste ou joyeuse, débile ou puissante, contrainte ou librement épanouie : être poète en un mot, voilà le véritable secret. Ayez ce don de poésie, tout le reste sera facile, et le procédé d'expression ne vous fera jamais défaut.

II

PAYSAGE

Voici maintenant, avec le paysage, les images intégrales de la nature. Il est certains spectacles, certains objets qui sont mêlés si intimement à notre vie sentimentale, dans lesquels nous avons mis tant de nous-mêmes, qu'il suffit de nous en présenter l'image pour évoquer dans notre esprit tout un cortège de sensations, de sentiments, de rêveries. Ils sont en quelque sorte saturés d'une poésie toute prête à jaillir, si peu qu'on l'exprime. Ce sont ces images que l'artiste nous mettra sous les yeux de préférence s'il en a été vivement ému. Mais il ne se contentera pas de cette poésie toute faite, et de ce qu'on pourrait appeler les lieux communs de l'expression sentimentale. Il cherchera à nous rendre jusqu'à ces nuances d'expression qu'il faut surprendre dans les choses : leur réveil dans la fraîcheur de la brume matinale; leur angoisse à l'approche de l'orage; leur timide et charmant sourire après l'ondée, quand du ciel brouillé encore un premier rayon de soleil descend sur les champs mouillés; ou leur regret du jour, et cette dernière lueur qui par-dessus la plaine assombrie va se poser sur les sommets lointains et s'y attarde, comme un long regard d'adieu. Mais pour voir cela il ne suffit pas d'avoir des yeux; il faut avoir le don de poésie. La couleur aussi, la facture même du tableau devra être en harmonie avec les sentiments à rendre, et poétique par elle-même (ex. : Corot, Iwill).

Dans le paysage faisons entrer la figure humaine. Suggestions nouvelles et surcroît d'expression. Quelques paysagistes, il est vrai, hésiteront à le faire. Ne vaut-il pas mieux nous laisser avec la nature en tête à tête? La présence d'un tiers viendrait nous distraire de notre contemplation, ferait incident. Oui, si le personnage que l'on met en scène passe dans le tableau comme par hasard, sans avoir rien à y faire. Mais si sa présence y est naturelle et attendue; s'il fait partie de ce milieu; si lui-même semble pénétré des impressions que nous ressentons et plonge dans cette même atmosphère morale qui nous enveloppe, alors, loin de troubler l'harmonie de l'œuvre, il la complète et l'enrichit. Cette figure, sur laquelle nos yeux se portent de préférence, devient comme le centre de résonance de la toile. Ainsi, dans *Les Foins* de Bastien-Lepage, l'expression éparse dans le paysage entier vient se condenser dans cette femme assise, les bras ballants, les yeux fixes; et son attitude lasse, son regard trouble et comme grisé évoquent plus puissamment que ne l'aurait fait le seul aspect des choses l'impression de nature que le peintre voulait nous rendre. On pourrait faire des analyses analogues sur les harmonies du paysage et de la figure humaine dans mainte composition de Millet, de Cazin, de Jules Breton. Sans doute, quand la figure humaine prend dans l'œuvre du peintre une telle importance, la nature passe au second plan, elle n'est plus qu'un accompagnement. Mais peut-on dire que pour cela elle ait rien perdu de sa poésie? Il est des accords musicaux qui ne disent presque rien par eux-mêmes, qui ne sont faits que pour accompagner le chant, mais qui, lorsque nous les entendons ainsi sans les écouter et presque à notre insu, deviennent étrangement expressifs : ils agissent d'autant plus sur le sentiment que nous en avons moins conscience. De même dans ces œuvres où le paysage n'est qu'un fond sur lequel se détache la figure humaine. Sans doute encore l'expression se déplace, elle va de la nature à l'homme. En sera-t-elle pour cela moins intense et moins émouvante? Nous qui sympathisons si volontiers avec l'âme des choses, nous mettrons-nous moins volontiers à l'unisson d'une âme humaine? Estimerons-nous que la présence de l'homme introduit forcément dans la nature un élément de vulgarité? Plus j'y pense, moins je puis admettre cette intransigeance de quelques artistes qui n'admettent que le paysage pur. Je trouve bien ombrageuse cette poésie qu'un bruit de pas effarouche, que la vue d'un être humain fait évanouir, et qui ne se sent à l'aise que dans l'absolue solitude. N'y a-t-il pas là comme un aveu d'impuissance? Le vrai poète n'a pas besoin, pour se sentir en dispositions lyriques, d'une mise en scène spéciale, de clairs de lune, de lacs, de rochers et de chants d'oiseaux. Son âme toujours vibrante sait faire jaillir de tous les objets que son regard rencontre, et même des plus vulgaires, le sentiment et la rêverie. Le pêcheur ne lui gâte pas la rivière, ni le bûcheron la forêt, ni le paysan la campagne. Partout il verra de la poésie, et partout il nous en fera voir, dans la glèbe du champ comme dans le pré fleuri, dans le plus triste paysage de banlieue comme dans le site le plus enchanteur.

III

FIGURE HUMAINE

Enfin nous arrivons aux œuvres dans lesquelles la figure humaine est représentée seule; et je dis que malgré les apparences c'est dans ces œuvres de pure humanité que l'expression poétique peut acquérir son maximum d'intensité. — Il en est dont le sujet est emprunté aux romanciers, aux poètes, à la mythologie, à la légende, et par là même ne peut manquer de parler à notre imagination, étant déjà comme imprégné de poésie. Voici par exemple la *Salammbô* d'Idrac. Pendant que je la regarde, la prose de Flaubert me revient à la mémoire : « Salammbô enroula le serpent autour de ses flancs, sous ses bras, entre ses genoux; puis le prenant à la mâchoire, elle approcha cette petite gueule triangulaire jusqu'au bord de ses dents, et, en fermant à demi les yeux, elle se renversait sous les rayons de la lune. » Toutes ces images, que l'artiste a su réveiller en moi, entrent dans ma contemplation; la statue ne m'apparaît plus que dans une sorte d'auréole poétique qui la transfigure. Et j'oublie que je n'ai devant moi qu'un marbre insensible. Je crois voir la fille d'Hamilcar, extasiée dans la clarté lunaire, s'enlaçant des replis du python sacré et portant à ses lèvres blanches la bouche froide du reptile, comme pour s'unir à lui dans un baiser mystique. — La seule image d'un être jeune et pur, d'une jeune fille dans sa grâce virginale, d'un adolescent qui semble s'éveiller à la vie et à l'amour, n'a-t-elle pas en elle-même un charme de poésie? — D'autres œuvres enfin seront poétiques par l'attrait de l'expression morale. Sera poétique l'expression de tous les sentiments calmes, graves, profonds et recueillis, bonheur intime, espérance, regret, mélancolie, qui ne se traduisent au dehors par aucune agitation, par aucun jeu de physionomie brusque et exagéré, et qui sont moins une secousse qu'un état permanent de l'âme. L'explosion d'une douleur physique excite en nous la pitié, le besoin d'assister l'être qui souffre, un sentiment de révolte contre l'iniquité de cette souffrance; mais la sensation même n'est pas partagée. Au contraire, une douleur morale résignée, intérieure, profonde, qui se traduit à peine au dehors, tout au plus par une larme qui lentement coule sur la joue, nous pénétrera de tristesse; c'est comme un accord douloureux et prolongé dont nous prenons l'unisson moral. Certains tableaux très réalistes en apparence, qui ne nous présentent que des personnages aux traits vulgaires dans un milieu presque trivial, nous donneront pourtant des émotions comparables à celles de la plus haute poésie. C'est que l'artiste a su donner à ces personnages une vie intérieure. Il a mis en eux quelqu'un de ces sentiments généraux et vraiment humains qui doivent trouver un écho dans tous les cœurs; il s'en est pénétré pour les mieux rendre, et nous les éprouvons nous-mêmes par sympathie. Devant de telles œuvres, je ne songe plus aux laideurs et aux trivialités de l'enveloppe corporelle, je vais au fond, c'est-à-dire à l'âme. Quand je lis un beau poème qui me transporte, est-ce que je fais seulement attention aux caractères imprimés que je parcours du regard? Je n'ai plus présentes à la conscience que les pensées et les images qui me sont suggérées. De même quand je contemple une œuvre de sentiment et de poésie. Plus ma contemplation se prolonge et devient absorbante, plus les images s'effacent pour ne laisser subsister en moi que le sentiment pur.

IV

LE DROIT A LA POÉSIE

On dira que nous compliquons un peu les choses, et que l'on pourrait regarder des statues et des tableaux plus simplement. Voici une œuvre. Je la regarde sans phrases. Je constate ce qu'elle représente, ce qui peut se faire sans s'halluciner. Je vérifie l'exactitude de la représentation, en m'assurant que cette figure est dessinée correctement, que les colorations en sont justes et naturelles : est-il nécessaire pour cela de perdre la tête? Si j'ai quelque compétence professionnelle, j'admirerai le métier de l'artiste : ici encore j'ai tout mon sang-froid. Quand j'aurai fait tout cela, n'aurai-je pas vu dans l'œuvre tout ce qu'il faut y voir? Ne l'aurai-je pas regardée en artiste? Dans l'appréciation des œuvres d'art, le public tient à peine compte des qualités techniques de l'exécution. Ce sont elles pourtant qui devraient être estimées par-dessus tout. L'essentiel, quand on s'avise de peindre, de sculpter, c'est d'apprendre son métier, et seuls les spécialistes sont compétents pour décider si l'on y a réussi. Un tableau est exposé : la foule l'admirera si le sujet est gracieux, sentimental ou poétique. Peu lui importe que ce soit ou non de bonne peinture : et pourtant, n'est-ce pas là toute la question? Puisque cette œuvre a la prétention d'être un tableau, ce n'est pas en littérateurs que nous devons l'admirer et pour des qualités littéraires, mais en peintres, et pour la manière dont elle est peinte. Avec les plus belles idées du monde, si l'on ne possède à fond son métier, on ne sera qu'un barbouilleur; d'un sujet quelconque, si l'on sait peindre, on pourra faire une œuvre de premier ordre. Gardons d'encourager, en nous prêtant à leur jeu, ces peintres intentionnistes, poètes fourvoyés dans l'art, qui lorsque nous leur demandons des tableaux détournent la conversation et nous parlent sentiment. L'art ne vit ni de beau langage, ni de hors-d'œuvre, ni de « soupe au myosotis », mais de bonne et solide peinture. Laissons donc là le jargon poétique, et regardons l'œuvre d'art pour ce qu'elle est, sans nous mettre devant elle en frais d'imagination, sans essayer de l'apercevoir à travers un prisme, mais tout simplement de nos yeux!

Sans doute certaines personnes regardent ainsi les œuvres d'art. Mais je dis que même dans cette façon de voir, si positive en apparence, l'imagination intervient encore. Comment n'obéirait-elle pas aux suggestions formelles qui lui sont adressées? Les lois de l'association agissent sur toutes les intelligences, même sur les plus positives. Ce n'est qu'une question de degré. Devant les œuvres d'art dont je viens de parler, on ne se laissera pas aller, puisqu'on s'y refuse, à la rêverie poétique; mais quoi qu'on fasse, on ne pourra s'empêcher de leur trouver un attrait spécial, qui tient au sujet même. Il faut donc reconnaître que dans cette contemplation l'on met au moins un minimum d'imagination.

Mais pourquoi n'en pas mettre davantage? Pourquoi n'en pas mettre le plus possible? Quand l'œuvre que nous avons devant les yeux se trouve ainsi enrichie d'images, de souvenirs et de rêves, le plaisir que nous avons à la contempler n'est-il pas autrement vif que lorsqu'elle nous apparaît décolorée et vide, réduite à ce que le plus pauvre d'esprit y pourrait voir au premier coup d'œil? L'homme positif et froid constate que l'œuvre d'art existe. Il est même capable d'apprécier quelques-uns de ses mérites à leur juste valeur. Mais elle ne lui dit rien : il la regarde, la juge, et passe.

Pour l'imaginatif, au contraire, elle aura un intérêt profond, un charme incomparable. Voyez de quel air d'extase cet enfant contemple une belle image dans son livre! Qu'a-t-il devant lui? Quelques traits noirs sur du papier blanc. Mais son œil visionnaire y voit bien d'autres choses : des paysages, des apparitions merveilleuses, des scènes dramatiques qu'il suit avec une curiosité passionnée. Le voilà parti pour le pays des songes, au point que si vous lui adressez la parole il ne vous entendra pas d'abord : ce n'est qu'après quelques secondes qu'il reviendra, avec une sorte de stupeur, à la réalité. C'est ainsi qu'il faut regarder l'œuvre d'art, avec des yeux d'enfant, pour qu'elle nous révèle son attrait. Je ne demande pas que devant elle on fasse un effort pour s'halluciner, qu'on se mette en frais de lyrisme poétique, qu'on se tourmente l'esprit à y voir des intentions profondes. Je demande seulement qu'on lui laisse le temps de produire son effet. Le premier coup d'œil est forcément superficiel. En général nous regardons trop vite. Les images que doit nous suggérer l'œuvre ne peuvent être si brusquement évoquées. Attendez un peu. Bientôt elles surgiront d'elles-mêmes. Le charme opérera; et l'œuvre nous apparaîtra enfin, telle que l'artiste a voulu nous la montrer.

Il faut le bien comprendre en effet. Cette évocation d'images, à laquelle nous trouvons tant de charmes, n'est pas une simple distraction, une façon d'occuper en pensant à autre chose le loisir intellectuel que nous laisse la contemplation, comme ces libres rêveries auxquelles nous nous abandonnons devant certains spectacles de la nature, rêveries dont l'objet que nous avons devant les yeux est seulement le point de départ, et qui vont où les mène notre fantaisie. Les suggestions de l'art sont au contraire déterminées. L'effet qu'il produit sur notre imagination est un effet voulu. Toute cette poésie qui s'en dégage, ce n'est pas nous qui l'ajoutons comme par grâce à l'œuvre du sculpteur ou du peintre. L'artiste entendait bien l'y mettre lui-même, il l'y a mise en effet, et nous ne faisons que l'y retrouver. Elle fait partie intégrante de son œuvre. Devant certaines toiles particulièrement suggestives et toutes chargées d'expression il nous arrive de perdre conscience de tout ce qui nous entoure. Voici par exemple un paysage décoratif fait d'éléments bien simples : sur un ciel orangé se détache en violet sombre la silhouette dentelée d'une colline; au premier plan, un tertre et un bouleau. Rien que cela. Aucun détail. Des teintes plates ou dégradées régulièrement. Et pourtant ce paysage me retient, me charme; je ne me lasse pas de le contempler. C'est qu'il réveille en moi des impressions maintes fois éprouvées à la fin du jour, quand le soleil se couchait ainsi derrière la colline; il me rappelle l'heure calme et grave, l'heure de silence où les êtres et les choses semblent se recueillir dans l'attente de la nuit; il me rend ces pensées du soir en si parfaite harmonie avec le ton du ciel qu'elles en prennent la couleur et lui donnent leur mélancolie. Mais pendant que je m'abandonne à ces rêveries, que devient l'image qui me les suggère? Je ne saurais trop dire. Elle n'a plus d'existence locale. Je la vois ailleurs, dans un autre monde; elle m'apparaît comme un songe, en dehors de toute réalité. Quoi donc? Ai-je rêvé? Je ne me savais pas à ce point poète. Non, je n'ai fait que retrouver dans cette œuvre les impressions dont l'artiste s'était pénétré en la composant. Devais-je écarter, comme étrangères à l'objet de ma contemplation, ces images qui d'elles-mêmes se sont présentées à mon esprit? En m'abandonnant à ces suggestions, je me suis conformé au contraire aux intentions de l'artiste. J'ai vu ce qu'il voulait me faire voir. Si je m'en étais tenu à ce qu'il a réellement figuré sur la toile, j'aurais perdu de son œuvre tout ce qui en fait l'attrait et la valeur d'art, tout ce qui la distingue des sèches et froides reproductions de la réalité. Pourrait-on dire que j'ai vraiment lu un poème, si je me suis contenté du sens strict des phrases, laissant de côté comme d'inutiles rêveries toutes les images que le poète voulait en même temps me suggérer? Pourrait-on dire que j'ai vraiment entendu un opéra, si j'ai fait seulement attention aux voix, m'efforçant, pour les mieux entendre, de les isoler du vain bruissement de l'orchestre? Ce qu'il me faut percevoir, c'est l'œuvre dans toute sa complexité, telle que le poète, telle que le musicien l'a conçue. De même pour une œuvre d'art. Si vous vous contentez de parcourir des yeux cette surface colorée, sans vous laisser aller aux visions, aux réminiscences de la nature, aux rêveries même que l'artiste voulait vous suggérer, vous n'aurez pas vraiment vu le tableau. — Mais si je m'abandonne à mon imagination, où m'entraînera-t-elle? Ne risquerai-je pas de prêter à l'artiste mille intentions qu'il n'a jamais eues, de voir dans son œuvre des choses dont il ne s'est jamais avisé? — Rassurez-vous! Ce n'est pas ici l'excès qui est à craindre. Jamais vous ne verrez assez de choses dans un chef-d'œuvre. Songez qu'un homme, autrement passionné que vous pour les choses de l'art, puisqu'il leur a donné sa vie, a conçu cette œuvre dans la fièvre; songez qu'il a vécu avec elle en tête à tête, pendant des mois; qu'il y a mis tout ce qu'il avait en lui d'expérience, d'observation patiente de la nature, d'imagination, de poésie : dites-vous cela, et vous ne craindrez pas, vous simple spectateur qui jetez en passant sur ce tableau ou cette statue un regard distrait, d'y voir trop de choses. Si loin que vous mène votre imagination, elle ne dépassera pas le rêve de l'artiste.

Reste à savoir si nous avons tort ou raison de tenir en plus haute estime les œuvres qui ont à un degré éminent cet attrait poétique. On nous dit que dans l'appréciation d'une œuvre d'art, le public ne tient pas suffisamment compte des qualités techniques de l'exécution. Par contre le professionnel a une tendance à les estimer beaucoup trop. J'admets qu'*avant tout* un peintre doit être rompu à la technique de son art. Mais qu'on ne s'y méprenne pas : cela veut dire que cette qualité de métier est le minimum exigible, nullement que c'est la qualité suprême. Qu'on y pense un instant, on verra la différence. L'art de peindre est, comme l'art d'écrire, un moyen d'expression : ce n'est pas un but. Il faut savoir s'exprimer, mais l'essentiel est d'avoir quelque chose à dire. Jamais je n'accorderai qu'un tableau, merveilleusement exécuté sur une donnée quelconque, soit une œuvre de tout premier ordre; ce n'est que d'excellente peinture. Mais il pourrait avoir d'autres qualités encore, qui par conséquent lui conféreraient une valeur plus grande. L'insignifiance du sujet, l'absence de toute idée, de tout sentiment noble ne sont-elles pas faites pour déprécier une œuvre? Quand en musique nous dédaignons la simple virtuosité, pourquoi la mettrions-nous au-dessus de tout dans les arts plastiques? C'est en faire des arts purement formels, et les discréditer singulièrement.

Aux poètes, dit-on, la poésie! Aux peintres la peinture! C'est encore là ce principe de la séparation des genres, au nom duquel on s'acharne à enfermer chacun dans sa spécialité. Que l'artiste au contraire cherche toujours à se mettre tout entier dans son œuvre, qu'il y emploie toutes ses facultés, qu'il se développe en tous sens! Il ne saurait être doué trop richement. Ce qu'il faudrait nous prouver, pour nous mettre en légitime défiance contre la poésie, c'est qu'elle tend à paralyser ou troubler les facultés d'exécution. Alors en effet on pourrait dire qu'il y a discordance entre ces aptitudes diverses, et l'artiste serait mis en demeure d'opter. Mais peut-on raisonnablement soutenir que lorsque l'imagination du peintre ou du sculpteur est émue, son talent fléchit? Tout au contraire. Ce sont les sentiments forts qui trouvent le mieux l'expression juste. Jamais l'artiste ne se sentira plus lucide, plus maître de ses procédés que dans ses moments de lyrisme. Si donc la poésie vient à lui, il peut lui ouvrir la porte toute grande : loin de le distraire de son œuvre, elle sera sa conseillère et son inspiratrice.

CHAPITRE IV

LE SYMBOLISME DES COULEURS

Nous entrons dans les régions inquiétantes. Le seul mot de symbolisme éveille des idées d'énigme et de mystère. Par quelle étrange alchimie l'artiste arrive-t-il à transmuer nos sensations, nous faisant percevoir les sons en images visuelles, les couleurs en images sonores? Comment retrouvons-nous l'idée qu'il veut nous suggérer dans les équivalents qu'il nous en donne? Comment l'image qui nous est présentée se transfigure-t-elle à nos yeux, devient-elle transparente pour nous laisser distinguer derrière elle d'autres images, derrière ces images encore de pures idées? Questions vraiment irritantes, car nous n'aimons pas à sentir que notre propre pensée nous échappe : nous nous prêterions plus volontiers à ce jeu, si nous y voyions un peu plus clair. Les artistes eux-mêmes, qui d'ordinaire ne s'inquiètent pas de prendre conscience des procédés intimes de leur imagination, trouveraient profit à cette recherche. Ils ne font d'ordinaire que du symbolisme d'instinct. Peut-être la psychologie enrichirait-elle leur répertoire de métaphores en leur fournissant des tables d'équivalents plus complètes que celles dont ils disposent, et des méthodes plus sûres pour les faire entrer dans les diverses combinaisons possibles.

Écartons d'abord les appréhensions, et peut-être aussi les secrètes espérances que le seul titre de cette étude a pu suggérer. Le symbolisme, au sens le plus large du mot, est simplement l'art de représenter une chose par une autre. Quand le peintre nous montre une femme serrant dans ses bras, avec une tendresse égale, deux petits enfants et nous dit que c'est la charité, l'image que nous avons devant les yeux ne doit plus être prise au sens propre, elle n'est là que pour représenter d'autres images trop légères pour être fixées sur la toile, trop idéales pour prendre une forme concrète et matérielle : il emploie un symbole. De même le musicien qui représente la chute de Phaéton dans l'espace par un écroulement de sons précipités du plus haut de la gamme jusqu'en ses profondeurs. De même le poète qui, dans la chouette clouée sur une porte, pauvre bête punie par les hommes du bien qu'elle leur a fait, nous fait voir, rapprochement hardi, le Juste crucifié. Le symbolisme ainsi entendu n'est plus le mot d'ordre d'une école particulière; c'est un procédé dont l'art s'est de tout temps servi, d'abord par besoin quand les moyens de représentation directe lui faisaient défaut, puis par jeu et par plaisir pour augmenter sa puissance d'expression. Tout cela peut être exposé en langage intelligible. Il est rare que les adeptes du symbolisme, quand ils exposent eux-mêmes leurs théories, résistent au plaisir d'être obscurs. Je voudrais au contraire être aussi clair que possible. Au besoin je restreindrai mon enquête pour la rendre plus précise. Je n'étudierai d'abord les jeux de l'imagination symbolique que dans le cas le plus élémentaire qu'il nous soit possible d'imaginer. Ainsi nous nous avancerons pas à pas, tâtant le terrain, nous arrêtant un instant aux passages dangereux pour éviter le vertige.

I

CORRESPONDANCE DES SENSATIONS

Que peut-on représenter avec la couleur, j'entends la couleur indépendamment de toute forme et de tout dessin, la couleur réduite à sa plus simple expression, la pure sensation colorée? Au premier abord la question semble de mince importance. Quand on verra quel parti le peintre peut tirer de ce symbolisme élémentaire, on craindra plutôt que le sujet ne soit trop vaste pour être traité à fond dans ces quelques pages [1].

Au moyen des sensations colorées, le peintre pourra nous suggérer des sensations de toute autre espèce.

Supposons un peintre qui n'aurait pas seulement l'œil juste et la main exercée, mais l'imagination impressionnable, le pouvoir de se représenter vivement les choses, le sentiment de la nature; ou, pour résumer d'un seul mot toutes ces qualités, un peintre qui serait quelque peu poète. Nous avons

1. Voir notre étude sur le *Symbolisme des couleurs*, Revue de Paris, 15 avril 1895.

vu que cela peut être suspect, mais n'est pas défendu. Quand un peintre ainsi doué s'installera devant son chevalet, sa palette en main, il ne se contentera pas de combiner à la dose voulue ses pâtes colorées pour les étaler soigneusement sur la toile. Non, il voudrait mettre autre chose dans son tableau : le toucher soyeux de cette étoffe, le velouté de ce fruit et jusqu'à sa saveur fondante, la chaleur torride de ce soleil qui calcine la route blanche, les senteurs saumâtres de l'Océan et le bruit de ses vagues déferlant sur la plage. Toutes ces sensations rentrent dans l'impression que nous recevons de la nature. Un poète descriptif ne manquerait pas de nous les rendre. Mais comment les peintres peuvent-ils y réussir?

Quelques-uns estiment qu'il est sage de ne pas le tenter. Mis en présence d'un objet qui frappe à la fois tous leurs sens, ils s'appliquent à le dépouiller, par une sorte d'abstraction, de ses diverses qualités sensibles, pour n'en recevoir qu'une impression visuelle. Que sont pour l'œil ces objets, que notre imagination s'obstine à nous présenter avec un si riche accompagnement de sensations diverses? De simples taches colorées. Ne peignons donc que la tache! Si ces images que nous ne pouvons dessiner ni peindre nous obsèdent trop, nous leur chercherons ailleurs un dérivatif : ainsi Fromentin prenant la plume pour se rendre à lui-même les impressions qu'il avait gardées de la nature, la sérénité d'une nuit d'Orient, la fraîcheur de la pure lumière dans laquelle son œil se baignait comme dans une eau profonde, ou ces sensations intimes et troublantes du passage des saisons dont il nous a laissé dans

Dominique la notation exquise. Il allait de la sorte d'un art à l'autre, prenant garde seulement, comme il disait, de ne jamais se tromper d'outil.

Cela est très bien. Mais voici qui vaut mieux encore. Au lieu de faire abstraction de ces sensations accessoires qui se mêlent à la contemplation de la nature ou de leur chercher une expression dans un art étranger, le peintre s'efforcera de les exprimer de quelque manière par la seule vertu de la couleur.

C'est ici que commence le symbolisme. Entre la couleur des objets que le peintre peut reproduire littéralement, et leurs diverses qualités sensibles qu'il veut représenter, il faut que nous trouvions une correspondance; et cette correspondance doit être naturelle, pour nous expliquer comment l'artiste peut nous faire spontanément passer de l'une à l'autre, ou en d'autres termes nous suggérer l'une par l'autre.

Les parfums, les couleurs et les sons se répondent.
Il est des parfums frais comme des chairs d'enfants,
Doux comme les hautbois, verts comme les prairies;
Et d'autres corrompus, riches et triomphants,
Ayant l'expansion des choses infinies,
Comme l'ambre, le musc, le benjoin et l'encens,
Qui chantent les transports de l'esprit et des sens.

Voilà la première formule, donnée par Baudelaire, de ces mystérieuses correspondances des sensations, dont l'art moderne a tiré des effets si originaux et parfois si poétiques.

Quels sont donc les divers rapports qui nous permettent d'établir entre deux sensations données une correspondance naturelle? On peut tous les ramener à deux : un rapport d'*association*, un rapport d'*ana-*

logie. Association, analogie, ces deux mots sont la double clef de toute transposition symbolique.

Grâce à l'association des idées il s'établit, entre les sensations qui se sont souvent rencontrées dans la conscience, une affinité telle que si l'une vient à nous être réellement rendue, l'image des autres ne manquera pas de se présenter plus ou moins nettement à notre esprit. C'est ainsi que la couleur d'une fleur me fait songer à son parfum; si je retrouve dans une autre fleur, dans un objet quelconque, une coloration identique, je serai tenté de lui attribuer un parfum analogue. Mais ce n'est pas encore assez dire. Quand deux sensations ont été fortement associées dans notre imagination, non seulement l'une nous fait penser à l'autre, mais nous avons une tendance à les fondre l'une dans l'autre; leur association devient une véritable combinaison. Ce phénomène est manifeste dans la rencontre des sensations colorées avec les sensations de l'odorat. Quand, par exemple, j'approche un bouquet de violettes de mes narines, les deux sensations que j'éprouve à la fois se marient si bien que je ne songe pas à les distinguer : je les retrouve l'une dans l'autre, la couleur dans le parfum, le parfum dans la couleur; j'ai comme la sensation résultante d'un parfum bleu foncé. De même je serai disposé à trouver que les fleurs de la série blanche, narcisse, tubéreuse, lis, oranger, ont quelque chose de blanc dans leur odeur, et à sentir comme du jaune dans le parfum des fleurs de la série jaune, genêt, jonquille, cytise, ajonc, mimosa. En continuant ces rapprochements de la couleur avec des impressions quelconques, nous verrions et nous expliquerions comment elle peut en prendre par association la qualité sensible. N'y a-t-il pas des couleurs savoureuses et des couleurs nauséabondes, par inconscient rappel des substances qui stimulent l'appétit ou provoquent le dégoût? Certains tons verts semblent acides; certain rouge groseille agacera les dents. Pourquoi les peintres parlent-ils de couleurs chaudes et de couleurs froides, sinon parce que les unes nous font penser aux objets chauds dans lesquels nous les avons remarquées, braise ardente, flamme, soleil, tandis que les autres évoqueront plutôt des images d'ombre, de feuillage, de fontaines, de glaciers, de neige et de figures transies? Sans doute il ne faut pas regarder de trop près à ces impressions. Toutes les phrases par lesquelles nous essaierions de les rendre seraient trop lourdes pour en exprimer la nature, tant elle est incertaine et légère. Cette couleur est-elle vraiment chaude? C'est trop dire; je pense seulement que, si elle avait une température, ce serait plutôt celle-là. La fusion des sensations se produit surtout dans les moments de rêverie, de contemplation oisive, où notre moi, fluide et flottant, se perd dans ses propres impressions. Guy de Maupassant nous décrit quelque part l'impression de la côte italienne entrevue dans une brume lumineuse, et d'un souffle de vent qui lui apportait des harmonies lointaines mêlées à un vague parfum de fleurs d'oranger. Est-ce le parfum qui était harmonieux, est-ce l'harmonie qui était embaumée, il n'aurait su le dire, tant les sons et les senteurs se fondaient dans cette brume. Il en est de même des impressions dont je parlais tout à l'heure; nos sensations ne se confondent ainsi que dans la brume de la conscience, et c'est ce qui fait le charme poétique de cette indécision.

On voit déjà quel parti le peintre peut tirer de ces correspondances pour exprimer, au moyen de la seule couleur, les diverses qualités sensibles des objets. Il ne se contentera pas de reproduire sur la toile la nuance exacte de l'objet qu'il a devant lui, s'en remettant à notre imagination du soin de nous représenter le reste. Non, il insistera sur les teintes qui sont spécialement caractéristiques de la sensation à rendre; il les mettra en évidence, il en exagérera l'intensité pour nous pénétrer davantage de leur expression. Il verdira encore le fruit vert, jusqu'à nous amener au goût quelque chose de sa saveur acide. S'agit-il de représenter la gelée blanche, il cherchera sur sa palette les tons les plus froids qu'il y puisse trouver, bleuira ses ombres jusqu'à les rendre glaciales. Supposons que, par gageure, un peintre essaie de nous rendre *les sensations* d'un jeune Flamand fumant sa première pipe. Il le représentera, cela va sans dire, tout pâle, accoudé à une table, soutenant sa tête de sa main. Mais ce ne sera pas assez encore. Il faudra que, par un artifice de composition, il étende sur la toile entière les teintes livides que nous aurons remarquées sur le visage de son fumeur; nous les retrouverons jusque sur les murailles de la salle, un peu gauchies pour accentuer l'impression de vertige; après quelques minutes de contemplation devant un tel tableau, nous nous sentirons comme pénétrés d'une odeur de tabagie, et pour peu que nous soyons impressionnables, la tête manquera de nous tourner (Voir *La première pipe*, du musée de Lille). D'une manière générale, étant donnée une impression à produire, on devra chercher dans l'objet les tons qui sont le plus capables de la suggérer par association, et accentuer ces tons de parti pris; à tout le moins devra-t-on se garder des nuances contraires, qui risqueraient d'égarer l'imagination du spectateur, ou de neutraliser, par des associations antagonistes, l'impression du sujet.

Voici maintenant de nouvelles correspondances qui peuvent s'établir entre les sensations, et qui vont nous faire entrer un peu plus avant dans le symbolisme. Ce sont les rapports d'analogie.

Entre deux sensations données, d'ordre tout à fait différent, nous pouvons découvrir parfois une certaine ressemblance, qui nous fera trouver leur rapprochement plus naturel. Soit par exemple la saveur de l'abricot, et sa couleur. Je trouve que les deux sensations s'accordent si bien, qu'elles forment une harmonie. Même jugement pour la grenade : je dirai qu'elle a bien le goût de sa couleur. D'où vient cette sorte d'équivalence que j'établis entre les deux sensations? Est-ce seulement de leur association, parce que je suis accoutumé à les percevoir ensemble? Je ne le pense pas, car je n'en dirais pas autant de la saveur et de la coloration du coing, du melon, de la viande, du sucre, qui pourtant sont aussi fortement associées. Le parfum de la fleur d'églantier et sa couleur me semblent en parfait accord. Par contre, je suis surpris que la mauve n'ait pas une fine senteur; que le muguet n'ait pas un parfum plus agreste, plus discret; que le réséda soit si embaumé, et que l'épine en fleurs sente le hanneton. Les couleurs et les parfums peuvent donc se répondre plus ou moins, parfois très bien, parfois très mal, quel que soit d'ailleurs leur rapport d'association. Reste à trouver la raison de ces analogies. Si différentes que soient les deux sensations que je compare, elles peuvent se ressembler pourtant en ce qu'elles me donnent une impression identique, agréable ou désagréable, vive ou légère; ou bien en ce qu'elles sont toutes deux expressives d'un même sentiment. Dans tous les cas on pourra trouver en elles un élément commun qui, perçu d'une manière plus ou moins consciente, me fera sentir entre elles une affinité; c'est ainsi que je sens une affinité de timbre entre deux sons qu'accompagnent les mêmes harmoniques. Pour que deux sensations nous paraissent analogues, il suffit que nous puissions leur donner une épithète commune; mais l'analogie, bien entendu, sera d'autant plus saisissante que cette épithète pourra être moins banale.

Parfois l'analogie se complique et devient une sorte de proportion géométrique. Ce que je compare dans ce cas, ce sont deux rapports. Je penserai, par exemple, que tel rapprochement de tons est aussi agréable que tel accord musical, ou bien aussi désagréable que telle dissonance. Cela semble former des équations assez compliquées. Avec quelle aisance cependant les artistes savent se reconnaître dans ces analogies, et nous les présenter de telle manière que nous-mêmes nous les saisissions du premier coup!

De la théorie passons aux applications. Le peintre s'inspirera de ces analogies de la sensation pour établir une harmonie entre la tonalité de son coloris et le caractère des objets représentés. Soit un tableau de fleurs que nous devons sentir légères, fraîches et parfumées. Il ne suffira pas que les nuances de ces fleurs soient exactement reproduites, et disposées sur un fond qui les fasse valoir; il faudra qu'il y ait quelque chose de léger, de frais et de suave dans tous les tons employés; en tout cas une toile où cette harmonie se rencontrera nous donnera une impression plus satisfaisante que celle où le peintre n'en aurait pas tenu compte. On se rappelle ces vieux tableaux où un bouquet bien clair se détachait sur un fond bien sombre. Ce vigoureux repoussoir faisait certainement ressortir on ne peut mieux le sujet principal; mais il alourdissait toute la composition. Faut-il tant d'appareil pour nous présenter quelques fleurs des champs? Un fond plus clair, plus riant d'aspect, quelques touches légères jetées comme en se jouant par la main de l'artiste doivent suffire, et seront mieux dans le sentiment du sujet. On conçoit encore quel contre-sens on commettrait, si l'on peignait dans la même gamme de couleurs le Matin s'avançant de son pied léger sur la prairie, ou la Peste enfonçant une porte que l'ange exterminateur lui montre du doigt. Toutes les qualités que nous pouvons attribuer même par métaphore à une couleur, transparence, opacité, mollesse, dureté, légèreté, lourdeur, etc., pourront servir à exprimer dans les objets représentés une qualité correspondante. Et c'est en effet par de véritables métaphores que le peintre s'exprime, quand par exemple il représente par des tons frais à l'œil un objet qui doit paraître frais au toucher, ou par des touches légèrement posées sur la toile la légèreté d'une vapeur flottant dans l'air.

II

SONS ET COULEURS

Dans cette revue des sensations diverses qui peuvent nous être suggérées par le symbolisme de la couleur, je n'ai pas dit encore un mot des sensations sonores. C'est qu'il y a là un cas très particulier qui mérite d'être étudié à part.

Entre les sensations visuelles et les sensations sonores on trouve de remarquables correspondances. A chaque instant les critiques d'art les rapprocheront dans leurs comparaisons. Pour nous décrire un tableau, ils emprunteront les termes du vocabulaire sonore ou musical; ils nous parleront de rouges ronflants, de verts criards, de bleus qui chantent, d'une note jaune qui fait tapage, d'harmonies et de dissonances chromatiques. Par compensation, pour nous décrire une symphonie, ils nous parleront peinture; ils nous donneront des phrases comme celles-ci, que je cite entre mille parce que je les trouve dans un excellent traité d'orchestration : « En passant par des sonorités diverses, la ligne mélodique se colore de teintes diverses, comme le rayon de soleil qui traverse obliquement un vitrail... Les trois couleurs sonores des instruments à vent de la région aiguë se superposent harmonieusement dans le sextuor : tout en haut l'azur lumineux des flûtes, au milieu le rouge vif des hautbois, en bas les teintes brunâtres et chaudes de la clarinette, l'élément cohésif de l'ensemble polychrome. »

N'avons-nous là qu'un rapprochement arbitraire de mots; ou bien serait-ce un cas morbide d'audition colorée? Ni l'un ni l'autre. Ce sont des métaphores naturelles qui sont venues d'elles-mêmes sous la plume de l'écrivain, que nous comprenons sans trop de peine, et qui, par conséquent, reposent sur une réelle correspondance de sensations. Les sensations visuelles vont si souvent ensemble dans la perception, qu'il n'est pas étonnant qu'elles aient une tendance à déteindre en quelque sorte l'une sur l'autre et à se fondre en une impression résultante où nous ne songeons plus à distinguer l'apport effectif de chaque sens. Les sons de la trompette prendront quelque chose de l'éclat et de la couleur du cuivre. Un carillon joyeux tintant dans le ciel clair nous donnera une impression de bleu transparent, comme si les sons eux-mêmes se coloraient de l'azur dans lequel ils passent. A ces associations s'ajouteront des analogies : analogie manifeste, quand par exemple nous comparons l'éclat d'un son à la splendeur de la lumière; analogie plus lointaine mais encore sensible, quand nous comparons le timbre caractéristique d'un instrument à une couleur donnée, par exemple le timbre de la clarinette dans le registre grave à une teinte brunâtre.

Telles étant les correspondances des sensations colorées et des sensations sonores, l'idée de peindre les sons, c'est-à-dire de leur chercher une expression dans l'emploi symbolique de la couleur, si paradoxale qu'elle semble, n'a rien de déraisonnable en soi.

Il ne faut pourtant pas se dissimuler la difficulté spéciale de cette représentation. L'aisance avec laquelle l'écrivain traduit les sons en équivalents colorés risquerait de nous tromper. Les ressources expressives dont dispose le peintre sont bien plus limitées. Quand un critique nous décrit une symphonie en termes empruntés à la peinture, sans doute il s'exprime par symboles, mais ces symboles sont transparents et nous n'avons pas de peine à les interpréter, parce qu'il nous en donne en même temps le commentaire. On remarquera en effet que dans toute phrase métaphorique, à côté des mots pris au sens figuré, il s'en trouve toujours quelques-uns présentés au sens direct, qui précisent l'idée. Dès lors l'écrivain pourra se permettre toutes les audaces symboliques, nous verrons clair dans ses métaphores. J'ajoute que les images visuelles ainsi jetées au courant de la phrase ont précisément le caractère léger, fuyant, mobile de l'image sonore qu'il s'agit d'évoquer. « Le royal carillon du Palais jette sans relâche de tous côtés des trilles resplendissants, sur lesquels tombent à temps égaux les lourdes coupetées du beffroi de Notre-Dame, qui les font étinceler comme l'enclume sous le marteau. Par intervalle vous voyez passer des sons de toute forme qui viennent de la triple volée de Saint-Germain-des-Prés; puis encore, de temps en temps, cette masse de bruits sublimes s'entr'ouvre et donne passage à la strette de l'*Ave Maria*, qui éclate et pétille comme une aigrette d'étoiles. » En lisant cette symphonie des cloches de Pâques, que Victor Hugo nous donne dans *Notre-Dame de Paris*, nous voyons bien passer devant nos yeux des images colorées, qui métaphoriquement expriment des images sonores. Mais essayez de transporter ces images colorées sur la toile, d'en faire un tableau : nous ne pourrons plus y voir qu'un feu d'artifice. La métaphore, pour être trop appuyée, sera devenue inintelligible. Qu'un peintre se contente d'étaler sur sa toile du bleu, du vert ou du rouge, sans autre indication, il est clair que rien ne nous invitera à prendre ces couleurs au sens symbolique, et à y chercher l'expression d'un timbre sonore. En effet, de ce que certains sons nous font penser immédiatement à des couleurs, il ne faudrait pas conclure qu'inversement la vue de ces couleurs doit évoquer dans notre esprit l'image des sons correspondants. Les symbolistes l'ont trop souvent oublié : toute association d'idées n'est pas réversible. L'audition d'un son évoquera presque toujours en nous des images colorées, parce que notre imagination visuelle est infiniment plus active, plus impressionnable que notre imagination auditive ; nous ne pouvons rester un instant sans nous figurer quelque chose. Il est d'ailleurs bien rare que nous écoutions un bruit sans tenir nos yeux fixés sur quelque objet ; de là des associations variées, bizarres, irrésistibles. Mais les perceptions visuelles, étant d'ordinaire isolées, se suffiront parfaitement à elles-mêmes, et n'évoqueront pas facilement dans notre esprit d'images sonores. En face d'une toile peinte mon imagination auditive, abandonnée à elle-même, resterait passive ; le jaune de cuivre le plus éclatant ne me fera pas penser au son du trombone ; je regarderais pendant une heure un fond de tableau du brun le plus chaud sans m'aviser d'y voir un son de clarinette.

Il faudra donc que l'artiste donne avant tout l'éveil à mon imagination auditive par la nature même des scènes qu'il me mettra devant les yeux : la mer démontée, une bataille, un pâtre jouant de la flûte, des musiciens accordant leurs instruments, des enfants de chœur la bouche ouverte, une jeune fille qui chante à l'orgue et emplit visiblement de sa voix le vide immense de la nef. Mieux encore, on nous présentera un personnage qui semble prêter l'oreille à quelque bruit, pour que nous écoutions avec lui : ainsi, dans le tableau de Millet, ces deux paysans en prière qui courbent la tête aux sons lointains de l'Angelus. Un tel appel à l'imagination du spectateur ne peut manquer d'être entendu. Je serai tout prêt à me représenter des sons, et le peintre n'aura plus qu'à colorer cette rêverie; de simples analogies suffiront pour donner à nos représentations sonores le ton voulu; les plus légères indications, sans presque se faire sentir, produiront leur effet. Pour exprimer le bruit, des touches brutales, heurtées, des tons extrêmes violemment rapprochés, un tumulte de couleurs, comme dans les *Convulsionnaires* de Delacroix; par opposition, pour rendre le silence ou les vagues rumeurs de la nature assoupie, des tons neutres, fondus, étalés en nappes paisibles comme dans la *Nuit* de Demont, le *Clair de lune sur la mer* de Cesbron [1] ou les crépuscules de Pointelin. Ici des couleurs claires, joyeuses, opposées par francs intervalles; là des nuances dégradées, atténuées; le

1. Je note dans son tableau intitulé *La lyre* un effort direct pour exprimer l'harmonie des sons en accords de couleurs. La tentative est hardie. Pourquoi l'effet produit est-il déconcertant? Sans doute parce que les images visuelles qui doivent éclaircir la métaphore ne sont pas celles que l'on attendrait. J'admets ces ailes d'azur vibrant aux flancs de l'instrument sonore. Mais pourquoi cette jonchée de fleurs?

dièze et le bémol de la couleur, et entre les deux tons extrêmes toutes les modulations intermédiaires : on voit de quel répertoire d'équivalents dispose le peintre pour caractériser une impression sonore ou une sensation musicale. Est-ce là un simple jeu auquel il peut se divertir? Dans certains cas, l'étroite observance de ces harmonies s'impose : je parle des cas où le son et la musique mêmes, représentés par quelque figure allégorique, sont le sujet principal du tableau. Si l'on veut représenter les *Voix du tocsin* s'élançant de leur tour et jetant dans l'air leurs appels lugubres ou sauvages, il faudra évidemment les peindre en tons plus orageux qu'un carillon flamand :

> Le carillon, c'est l'heure inattendue et folle
> Que l'œil croit voir, vêtue en danseuse espagnole,
> Apparaître soudain par le trou vif et clair
> Que ferait en s'ouvrant une porte de l'air,

et l'artiste qui voudrait le figurer tel que l'imagine le poète, secouant sur les toits « son tablier plein de notes magiques », ne manquerait pas de rendre par des éclats de couleur ses joyeux tintements. Il va de soi que le peintre devra éclaircir sa palette pour nous rendre les rêveries d'un Mozart, l'assombrir pour représenter celles d'un Beethoven, et qu'il montrerait bien peu d'intelligence symbolique, ayant à représenter la Muse de Berlioz, s'il la faisait aussi incolore que celle de Cherubini.

Faut-il que le spectateur, pour interpréter ces correspondances de la sensation, en ait conscience et en puisse vérifier la justesse? Non, sans doute. Elles peuvent frapper directement son imagination sans passer par son entendement. Il n'est même pas indispensable que l'artiste, pour manier ces symboles, en connaisse la théorie. A son insu même, les lois de l'association et de l'analogie le guideront dans l'invention symbolique, comme elles guident le spectateur dans l'interprétation. Elles agiront sur sa main, pour la mener vers les nuances qui correspondent le mieux à telle qualité sensible; elles agiront sur son œil, pour lui faire voir de préférence ces nuances dans l'objet. Quand nous sommes émus, en effet, notre vue a une sorte de sensibilité élective qui la rend particulièrement impressionnable à certaines couleurs. Selon qu'un objet nous donnera telle ou telle émotion, nous ne le regarderons pas du même œil et nous ne le verrons pas tout à fait du même ton. Demandez au peintre pourquoi, voulant représenter cette matinée d'hiver, il a fait ses ombres si bleues. Il vous répondra qu'il les a faites telles qu'il les a vues : oui, telles qu'il les a vues par cette matinée glaciale, et sous l'impression de froid qu'elles lui donnaient. Non seulement les artistes ne sauraient dire le plus souvent pourquoi ils ont traduit de telle manière une impression donnée; mais je suis persuadé que bien rarement ils se proposaient de traduire une impression quelconque; ils peignaient sous cette impression, voilà tout, et c'est l'instinct qui a fait le reste.

Il est bon cependant que l'attention soit attirée sur ces correspondances. Le goût est plus délicat quand il est averti. On dit quelquefois que l'analyse refroidit le sentiment esthétique : je ne vois pourtant pas que l'éducation musicale nous empêche de goûter un effet d'orchestration et d'en être émus. Un timbre nous semble-t-il moins expressif parce que notre oreille prévenue le décompose en ses éléments? Le sentiment n'y perd rien, et nous avons en outre le plaisir de savoir comment « cela est fait ». De même en peinture. Nous percevrons mieux les subtiles harmonies des sensations quand nous serons capables de les analyser; nous les goûterons davantage quand nous saurons comment elles ont été obtenues. A plus forte raison l'artiste gagnerait-il à s'assimiler pleinement la théorie des équivalences. Cela l'exposerait, il est vrai, à faire du symbolisme à froid, ce qui est désagréable. Mais cela le préserverait au moins de faire du symbolisme à faux, ce qui est pire.

III

NUANCES ET SENTIMENTS

N'hésitons donc plus à nous engager à fond dans la théorie. Voyons comment les couleurs peuvent prendre une expression sentimentale : correspondances plus lointaines, rapports abstraits qu'il nous eût été difficile d'aborder sans une sorte d'exercice préalable en matière plus concrète.

Dans l'expression sentimentale des couleurs, l'association des idées est prépondérante. Les couleurs claires nous rappellent la lumière des beaux jours, les parures de fête, les fleurs; elles se présentent donc à nous accompagnées de tout un cortège d'images gracieuses et souriantes, dont elles prennent le charme et la gaîté. Les couleurs foncées, nous faisant penser à la descente de la nuit, aux habits de deuil, nous paraîtront plutôt tristes. Alors même qu'elles ne seraient pas assez sombres pour évoquer directement de telles idées, elles les évoqueront par contraste : un moindre éclat dans les couleurs, c'est une gaîté qui se retire, par conséquent un regret. Est-il nécessaire d'entrer dans le détail des associations? On n'aura pas de peine à s'expliquer comment certains tons livides peuvent être expressifs de l'effroi ou de la jalousie; pourquoi le rose a quelque chose de sensuel, tandis que le bleu sera plutôt modeste et virginal; d'où vient que les gris ternes nous donnent des idées de misère, les ors et les pourpres des idées de richesse et de splendeur. La même couleur, par une très légère altération de nuance, pourra évoquer des images toutes différentes et par conséquent changer d'expression du tout au tout. Ainsi le vert frais peut sembler une couleur d'espérance (pour mon compte je verrais plutôt l'espérance en bleu), par souvenir des feuillages printaniers ou surtout des beaux tons limpides dont le ciel se teint vers le soir, après une journée pluvieuse; que ce vert s'aigrisse un peu, il prendra une expression équivoque et perfide par un vague rappel de saveurs acides, d'odeurs vireuses et de poisons. Les diverses nuances du rouge évoqueront des idées de joue vermeille, de honte, de lèvres fraîches, de sang répandu. En allant du clair au foncé, le jaune nous donnera successivement des visions de soleil d'Italie, d'or, de danseuse espagnole, de bête fauve, de nuée orageuse, de teint bilieux. Il ne faudra donc pas s'étonner de voir ces couleurs entrer dans les métaphores poétiques ou pittoresques avec les sens les plus divers; tout dépend de la nuance..

Après les associations, les équivalences. S'il est

des couleurs dont la vue nous laisse indifférents, il en est qui nous affectent de quelque manière, qui sont excitantes ou déprimantes, agréables ou désagréables : par là elles présentent une analogie avec les sentiments qui augmentent ou diminuent notre tonicité morale, qui sont doux au cœur ou de nature pénible. Ainsi les couleurs claires ne sont pas seulement associées dans notre esprit à des images joyeuses; elles correspondent vraiment, par la manière dont elles stimulent notre activité nerveuse, à l'excitation que produisent de telles images : elles nous mettent dans un état d'âme équivalent. Les couleurs pâles, effacées, incertaines, les teintes fanées et mourantes correspondront aux pensées mélancoliques, aux vagues regrets, aux tristesses sans cause d'une âme décadente et débile. Nous sommes tous plus ou moins sensibles à cette harmonie, et nous en jouissons quand elle se présente. La vue d'objets ternes et sombres nous déplaira particulièrement quand nous serons dans nos moments d'allégresse. Si nous sommes tristes, au contraire, nous serons choqués comme d'une discordance par la vue d'objets gaîment colorés; nous irons d'instinct aux couleurs sombres qui s'accorderont mieux avec notre état d'âme et sembleront même y répondre par une secrète sympathie. Chaque sentiment recherche ainsi et nous fait préférer la couleur qui est en harmonie avec lui.

Pour peu qu'on s'abandonne à ces associations, qu'on recherche ces correspondances, on pourra donner à toute couleur une nuance de sentiment déterminée; à tout sentiment, et même à toute idée capable d'agir sur le sentiment, on pourra trouver dans l'ordre des couleurs un équivalent. Dans les colorations fantasques d'une bulle de savon que gonfle un enfant, on pourra voir toute une vie sentimentale. Regardez! Ce n'est d'abord qu'une petite sphère incolore et insignifiante. Avec la couleur, le sentiment y apparaît. Voici que l'on entrevoit deux arcs, l'un vert d'eau, l'autre incarnat, premier espoir, pressentiment d'amour. Les couleurs deviennent plus riches, les sentiments s'exaltent : ce sont des nuées rouges qui passent en tourbillons, des violets profonds et passionnés, des tons fauves presque sinistres. Brusquement tout change, nous voici dans le jaune jonquille et le bleu d'azur, mais un jaune, un bleu féeriques, que ne pourrait rendre aucune couleur matérielle : c'est l'amour idéal au sortir des orages de la passion. Mais c'était trop beau. Déjà des points noirs paraissent dans notre ciel, regret obsédant ou présage lugubre. La bulle crève, et tout s'évanouit.

De ces analogies manifestes nous passerions sans trop de difficulté aux correspondances plus délicates que l'on peut établir comme par jeu entre un sentiment donné et une nuance de couleur très particulière. Quand nous aurons compris ce que c'est qu'une idée grise ou qu'une couleur d'âme en peine, nous comprendrons la différence qu'il peut y avoir entre des idées roses et des idées bleues; nous nous serons préparés à suivre les analogies que nous présentent les poètes jusque dans leurs apparentes bizarreries. Nous admettons qu'on parle d'une âme candide. Pourquoi Théophile Gautier, précisant la comparaison, ne nous parlerait-il pas d'âmes couleur de lait? Qu'un poète symboliste vienne nous dire que son âme est « verte, verte, combien verte! » nous pouvons sourire, mais nous devons comprendre. On nous demanderait de quelle nuance nous voyons le vendredi : il est probable que pour caractériser le sentiment particulier qui est comme le ton propre de ce jour de la semaine, nous chercherions dans les gris. Maintenant de quelle couleur est le dimanche? Rodenbach nous le dira :

> Il se remontre à moi tel qu'il s'étiolait
> Naguère, ô jour pensif qui pour mes yeux d'enfance
> Apparaissait sous la forme d'une nuance :
> Je le voyais d'un pâle et triste violet,
> Le violet du demi-deuil et des évêques,
> Le violet des chasubles du temps pascal.
> Dimanches d'autrefois! Ennui dominical!

Toutes ces correspondances que nous exprime le poète, le peintre pourra les exprimer tout aussi bien dans un tableau, et même nous les faire sentir avec plus de force encore, parce qu'il peut nous retenir davantage sur une même image, sur une même impression.

Dans les scènes expressives, le peintre coloriste ne manquera pas d'établir une harmonie entre le sentiment exprimé et le ton général de son tableau. Il égaiera sa couleur pour peindre des scènes joyeuses, l'assombrira pour représenter la douleur ou la misère. Ce n'est qu'un artifice toujours, car dans la réalité le soleil impartial brille aussi bien sur nos tristesses que sur nos joies, sur les haillons que sur les velours; mais, grâce à cette concordance, l'expression du tableau sera augmentée de toute l'expression de la couleur, et prendra une intensité singulière. Gœthe remarquait que, quand nous regardons à travers un verre coloré, nous nous

8

identifions en quelque sorte à la couleur, parce que notre esprit et notre œil se mettent à l'unisson. Il en est de même quand nous regardons un tableau dont la coloration générale est expressive : cette couleur diffuse que nous ne rapportons à aucun objet déterminé, simple sensation colorée qui peu à peu nous pénètre, se mêle et s'ajoute à l'émotion que nous donne la scène représentée ; là encore notre esprit et notre œil se mettent à l'unisson. On trouverait de beaux exemples de cette correspondance dans l'œuvre de Delacroix. Selon une juste remarque de Ch. Blanc, il ne manque presque jamais d'assortir sa couleur au ton de son sujet, de telle sorte que le premier aspect du tableau fasse déjà pressentir l'émotion qu'on va en recevoir : bien-être physique dans sa *Noce juive au Maroc*, mélancolie dans son *Hamlet*, terreur et désespoir dans son *Naufrage de don Juan*. « Avant même de connaître la pensée du peintre, on est préparé à la comprendre par une sorte de mélodie qui s'en dégage comme un prélude, mélodie grave ou légère, mélancolique ou triomphante, douce ou tragique ». Et c'est en cela vraiment qu'il est grand coloriste, pour avoir profondément senti l'harmonie de la couleur et du sentiment, plutôt que pour avoir obtenu quelques combinaisons chromatiques originales.

Dans un simple portrait, la couleur pourra traduire d'une certaine manière le caractère du personnage représenté. La nuance de nos vêtements, quand elle n'est pas adoptée par mode, mais par goût personnel, n'est-elle pas déjà un trait de caractère ? Selon qu'elle sera choisie dans des teintes voyantes ou discrètes, modestes ou prétentieuses, originales ou banales, elle aura une valeur d'indication. Il est des personnes qu'on ne se représente pas habillées en rouge hardi, d'autres qu'on ne voit pas en rose pâle : ce n'est pas question de teint, mais de caractère. C'est aux peintres, si leur modèle n'a pas le sentiment de cette harmonie, à la rétablir; s'ils la trouvent toute faite, à l'accentuer. Voyez le *François Ier* de Titien, aux traits si puissamment sensuels, au costume somptueux; à côté, le *Jeune homme au gant*, à la physionomie pensive, au vêtement sombre. Quelle harmonie dans chacun de ces portraits, et comme l'expression du visage se continue bien dans la couleur du vêtement! Faites un échange entre les deux personnages, essayez de vous représenter l'un revêtu du costume de l'autre, ce sera une discordance intolérable.

Quelquefois l'expression de la couleur devient franchement métaphorique : le peintre ne nous suggère plus directement le sentiment, il l'exprime par une image. Dans le *Philosophe en méditation* de Rembrandt, que signifie ce rayon qui descend sur le vieillard pensif, l'entoure comme d'une auréole, et éclaire de ses vagues lueurs les recoins obscurs de la salle? On y peut voir un simple effet de clair-obscur curieusement observé, fidèlement rendu. J'y vois plus volontiers le symbole de l'Idée se faisant jour dans une méditation obscure. Pourquoi, dans son portrait de la reine Victoria, Benjamin Constant a-t-il fait descendre sur la souveraine ce jaune rayon de vitrail, si ce n'est pour nous la montrer dans l'auréole des traditions séculaires? N'y a-t-il pas dans cette lumière d'or quelque chose de solennel et d'un peu triste, qui donne une impression d'antique splendeur, de très vénérable passé? — Veut-on un exemple de spirituelle métaphore? Dans une charmante composition bien connue, Chaplin nous montre une jeune fille qui tient une bulle de savon suspendue à un chalumeau : cette bulle légère, prête à s'envoler, cette bulle fragile aux couleurs de rêve qu'elle regarde en souriant, c'est sa rêverie même; et pour que nous ne puissions nous méprendre à ce symbole, les couleurs de la bulle sont reproduites, cette fois au figuré, sur le fond même de la toile, semblant envelopper la jeune fille, la faisant entrer tout entière dans leur allégorie.

Il ne faudrait évidemment pas voir du symbolisme partout, et faire dire aux peintres des choses dont ils ne se sont jamais avisés. La couleur, telle qu'ils l'emploient, n'a pas nécessairement un sens symbolique; cela doit être bien entendu, pour éviter toute exagération de doctrine. On peut même dire qu'elle ne prend une telle valeur que par exception. D'ordinaire le peintre se propose uniquement de nous mettre devant les yeux l'image d'objets visibles, reproduits dans leur vérité ou leur vraisemblance. Il leur donne une couleur parce que dans la nature ils sont colorés, ne s'inquiétant que de nous rendre leur nuance exacte. S'il est spécialement coloriste, c'est-à-dire doué d'un sentiment délicat de l'harmonie des tons, il s'efforcera de les assortir de la manière la plus agréable, quand il devrait sacrifier aux exigences de l'œil et modifier d'une manière systématique la teinte des objets. De là des partis pris de coloration, à la signification desquels on pourrait se méprendre. Pourquoi jeter sur les épaules de ce personnage un manteau d'un rouge si flamboyant? Pourquoi cette ombre étrangement verdâtre sur sa figure? Au centre de ce tableau de bataille, voici un cavalier qui vient droit vers le spectateur, monté sur un cheval jaune. Ce jaune n'est pas naturel, on serait tenté de soupçonner qu'il y a de la symbolique là-dedans. Il n'y a pourtant là que des artifices de composition chromatique. Il fallait rétablir un accord, sauver une dissonance, rapprocher ou éloigner deux tons. Si subtiles que soient les raisons qui ont déterminé le choix du peintre, le symbole n'y est pour rien. La couleur ainsi employée n'est pas même procédé d'expression : elle est là comme couleur, pour son compte, au sens le plus direct. Ceci est du rouge, cela du vert, cela du jaune, rien de plus. — Veut-on savoir dans quels tableaux on est en droit de chercher un symbolisme de couleur? Dans ceux qui certainement sont faits en grande partie d'imagination. Cela se reconnaît au premier coup d'œil. Si vous avez devant les yeux un paysage, un portrait, une scène anecdotique, une toile quelconque faite d'après nature ou directement inspirée de la réalité, vous pouvez passer, ce n'est pas pour le moment votre affaire. Mais si le tableau vous présente quelque personnage allégorique, la Guerre secouant sa torche, l'Espérance levant sa palme, une Hélène à la pose hiératique se profilant sur un ciel de sang, des Filles Saintes diaphanes et comme volatilisées dans une vapeur d'encens, alors prenez garde. Vous êtes au pays du symbole. La nature du sujet, l'aspect irréel des figures, la fantaisie des colorations, somptueuses à l'invraisemblable ou pâlies à l'excès, tout doit vous avertir que vous avez affaire à un peintre poète, dédaigneux de la simple réalité, épris de l'imaginaire. Il serait invraisemblable qu'un tel artiste ne fût pas sensible aux correspondances de la couleur et du sentiment, et n'y cherchât pas un surcroît d'expression.

CHAPITRE V

LES FIGURES SYMBOLIQUES

De ce symbolisme des couleurs, subtil mais simple en somme et dont il n'était pas trop difficile de dégager la théorie, nous arrivons au symbolisme des images. Ici notre enquête devient plus difficile. Nous aurons à déchiffrer quelques énigmes. Volontiers les symbolistes enveloppent leur pensée dans un nuage, s'enfoncent dans de mystérieuses profondeurs où le vulgaire a peine à les suivre. Essayons cependant. Procédons comme nous l'avons fait tout à l'heure, en commençant par les cas les plus simples pour finir par les plus complexes. Quand on explore une caverne, il n'y faut pas pénétrer trop vite, on serait ébloui par ces brusques ténèbres. Mieux vaut avancer pas à pas dans la lueur décroissante, laissant les yeux s'habituer à l'obscurité; ainsi l'on finira par discerner quelque chose dans les régions profondes où tout d'abord on ne voyait que du noir.

Supposons un homme qui ne saurait ni parler, ni écrire, ni faire de gestes, mais dessiner seulement; très intelligent d'ailleurs, très prompt à discerner entre les choses les plus subtils rapports, et doué, pour comble, d'une imagination exceptionnelle. Maintenant assistons à ses efforts pour exprimer, avec son crayon seul, toutes les pensées que nous exprimons si aisément par la parole. Ses tentatives nous représenteront assez bien la genèse du symbolisme; car telle est précisément la situation de l'artiste qui veut se servir de son art non plus simplement comme procédé d'imitation, pour reproduire l'apparence des choses, mais comme procédé d'expression, pour traduire des idées.

Il n'aura évidemment aucune difficulté à se faire comprendre, quand il s'agira d'objets visibles ou tout au moins imaginables, comme un animal, une maison, un arbre, un site donné, un centaure ou un griffon; ce sont là des choses qui ont forme et couleur, et dont par conséquent un artiste n'aura pas de peine à donner l'idée. Il est ici dans son élément. Il lui suffira de marquer en quelques coups de crayon la silhouette de l'objet auquel il veut nous faire penser; la figure la plus sommaire suffira, pourvu que nous puissions y mettre le nom de la chose. Les signes les plus simples et les plus conventionnels seront même ici préférables de toute façon à un dessin exact et détaillé. Ils seront plus vite tracés, plus vite reconnus. Ils auront surtout l'avantage de se donner pour ce qu'ils sont, pour des signes idéographiques qu'il s'agit d'interpréter; nous ne serons pas tentés de les regarder simplement, sans arrière-pensée, comme un dessin ordinaire. Nous avons déjà signalé ce fait, que l'art symboliste a sa facture spéciale, ultra-conventionnelle, qui suffirait pour le faire reconnaître au premier coup d'œil; il n'est pas symboliste par le fond seulement, mais aussi par la forme. Nous nous expliquons ce besoin de pousser la convention jusqu'à ses dernières limites. Une figuration plus réaliste nous déconcerterait; nous serions tentés de prendre l'œuvre au sens littéral : il faut bien que ce qui est symbolique ait l'air d'un symbole et par conséquent se différencie nettement de la réalité. Il y a là une règle de convenance que l'artiste, s'il ne l'applique pas de propos délibéré, respectera d'instinct. Dans l'exécution de son œuvre, il s'arrêtera au moment où il jugera sa pensée pleinement rendue; et si par mégarde il allait un peu trop loin, si son œuvre, emblématique d'intention, devenait trop naturelle d'aspect, il sera averti de cette discordance par un sourd malaise, protestation inconsciente du goût : sans savoir pourquoi, il sentira que « cela se gâte ». Au contraire, quand il s'en tiendra au degré voulu, il aura le sentiment d'une harmonie entre l'aspect irréel des figures et la nature abstraite des idées qu'elles doivent rendre. C'est ainsi que par instinct ou par raison, du premier coup ou bien après quelques tâtonnements, il s'arrêtera à cette loi, que toute œuvre doit être d'autant plus conventionnelle d'exécution qu'elle est plus symbolique.

Mais comment notre dessinateur pourra-t-il nous donner, avec son crayon, l'idée de choses qui n'ont ni forme ni couleur, qui ne sont ni visibles ni même imaginables : une pensée générale, une qualité morale, un pur sentiment? Ne pouvant les exprimer directement, il faudra qu'il s'ingénie à leur trouver une expression indirecte. Il leur cherchera, dans l'ordre des choses visibles, un équivalent. Comme fait le poète, il devra convertir les idées en images, mais en images plus concrètes, plus matérielles encore, puisqu'elles doivent nous être mises réellement sous les yeux.

Les procédés usités dans l'art pour exprimer en images visibles les idées générales ou abstraites sont d'une variété indéfinie. Nous ne saurions songer à les mentionner tous. Une telle étude, si intéressante qu'elle soit, nous mènerait trop loin. Nous nous contenterons de signaler les plus significatifs, ceux dont on tire les effets les plus esthétiques, et qui mettent le mieux en évidence la fonction de l'imagination symbolique.

I

SYMBOLISME PAR EXEMPLE TYPIQUE

Le symbolisme le plus intelligible est celui qui représente toute une catégorie d'images par un *exemple typique.* Un sculpteur, par exemple, se proposera de figurer le Travail. Cette idée générale évoque confusément dans son esprit l'image d'innombrables travailleurs occupés, ceux-ci dans leur atelier, ceux-là aux champs, à leur tâche du jour. De ces images il en choisit une qui lui semble plus que les autres caractéristique du labeur humain, et il nous mettra sous les yeux par exemple un forgeron martelant le fer. Cette œuvre est symbolique, parce qu'elle est représentative d'un grand nombre d'images qui n'y sont pas figurées en réalité, mais seulement suggérées. De même on pourra symboliser la Guerre par quelque épisode qui mette en évidence le caractère soit de barbarie, soit d'héroïsme qu'on entend lui attribuer. Mais il ne suffit pas, bien entendu, de peindre ou de modeler une figure quelconque, et de la désigner d'un nom général avec une belle majuscule, pour créer un symbole : ce serait trop commode en vérité. Ne l'oublions jamais : l'art n'a d'action que s'il est sincère. Je le répéterai encore, par aucune ruse l'artiste n'arrivera à nous donner des émotions qu'il n'aurait pas éprouvées lui-même, à nous suggérer des images qu'il n'aurait pas conçues d'abord. Nous ne verrons dans son œuvre que ce qu'il y aura mis réellement. L'image particulière qu'il nous place devant les yeux ne fera donc fonction de symbole que si vraiment il a eu d'abord une idée générale, trop large pour entrer dans le cadre étroit qui lui était imposé. Il faut qu'il se soit efforcé d'en perdre le moins possible, de la condenser tout entière dans cette simple figure, désespéré de n'avoir pas pour la traduire des moyens d'expression plus amples, obsédé d'images qui lui réclamaient une place dans sa composition. Son œuvre ne serait pas vraiment symbolique, s'il pouvait la croire achevée. Interrogez un artiste qui ait le sens du symbole ; demandez-lui de vous faire lui-même le commentaire de son œuvre : vous serez surpris de l'abondance de sa glose. Que de choses il voulait dire ! A-t-il réussi à les exprimer toutes bien clairement ? Non, sans doute, puisque nous n'y avions pas pensé. Le meilleur peut-être en est perdu. La réalité ne vaut jamais nos rêves. Tout poète nous dira que ses plus beaux poèmes n'ont jamais été écrits. Mais peut-on dire pour cela qu'ils aient été conçus en vain ? Quelque chose en reste dans l'œuvre définitive; si peu que ce soit, cela suffit pour la rendre plus évocatrice qu'une autre : nous la sentons incomplète, et nous avons une tendance à la compléter. Ce n'est pas une énigme que nous nous appliquons à résoudre. Nous n'essayons pas de deviner ce que l'artiste a voulu dire : nous laissons se développer les images latentes incluses dans son œuvre, et elles s'en dégagent avec d'autant plus d'abondance, avec une force d'expansion d'autant plus grande qu'elles y avaient été plus condensées.

On conçoit quelle valeur esthétique peut prendre une œuvre d'art grâce à ce symbolisme. Sa force d'expression en est accrue d'une manière remarquable. On trouve, sculptés dans un certain nombre de cathédrales, de petits médaillons où est figurée la série des mois, avec leurs travaux caractéristiques. A Amiens, par exemple, Mars est représenté par un paysan qui, d'un effort obstiné, bêche et retourne la terre; Juillet fait tomber le blé sous sa faucille; Septembre récolte les fruits; Novembre sème. C'est peu de chose en soi; ces figurines sont d'un art un peu fruste et sommaire; mais elles ont une valeur de symboles, et ce symbolisme les élargit. Comme le remarque Émile Mâle[1], cette œuvre est de vraie poésie : « dans ces petits tableaux, l'homme fait des gestes éternels. Sans doute, c'est le paysan de France que l'artiste a voulu représenter, mais c'est aussi l'homme de tous les temps courbé vers la terre, l'immortel Adam. » Ainsi l'image qui nous est présentée, si élémentaire qu'elle soit, se complète de

1. Émile Mâle, *Art religieux du XIIIe siècle en France*. Leroux, 1898, p. 91.

tous les souvenirs qu'elle évoque, et grâce à cette sorte de résonance mentale prend dans notre imagination une singulière ampleur, comme dans un violon le petit son grêle de la corde, qui par lui-même serait à peine perceptible, s'amplifie aux échos de la caisse sonore et devient cette voix pleine, vibrante, richement timbrée, où l'oreille distingue toute une harmonie.

Comme production de l'art moderne, je citerai le sombre et beau monument que Bartholomé a dédié aux morts. Les images réelles qu'il nous présente, par leur beauté sculpturale et leur expression, produisent une impression première qui est déjà très forte. Ces groupes lamentables, ces bras qui se tendent, ce geste d'adieu de la jeune fille qui se retourne vers la vie, ces mourants, peut-être ces morts qui se soutiennent l'un l'autre, qui s'aident à franchir le seuil lugubre, démenti vraiment sublime à la dure parole qui veut que l'on meure seul, tout cela est bien fait pour frapper l'imagination. Mais bientôt, entraînée par une suggestion irrésistible, notre pensée va plus loin encore. L'œuvre va prendre un sens nouveau, plus large que le premier. Nous comprendrons que ces images ne sont pas la représentation d'un fait particulier, mais d'une loi, d'une loi terrible. Ces figures deviendront le symbole de notre destinée à tous. Cet homme, cette femme qui la main sur l'épaule entrent d'un pas égal dans la sombre crypte, ce sont les couples humains qui se rejoignent au tombeau. Ce triste cortège, ce sont nos angoisses, nos regrets, nos résignations et nos désespoirs devant la mort. Ainsi derrière l'image qui nous est présentée nous croyons entrevoir dans une perspective illimitée de nouvelles images à l'infini; dans ces douleurs nous sentons quelque chose de toute la douleur humaine. De là l'émotion profonde qui ne peut manquer de nous pénétrer.

D'autres œuvres symboliseront la joie, l'espérance, l'amour, les ivresses du printemps de la vie, la sérénité d'une belle vieillesse; et de tels symboles, malgré leur air d'abstraction, seront poétiques par l'écho sympathique que de tels sentiments ne peuvent manquer d'avoir dans tous les cœurs, si l'œuvre en a été pénétrée elle-même. L'artiste n'est d'ailleurs pas voué aux redites. Il a le droit d'être original. Selon qu'il les caractérisera par telle ou telle image, il pourra nous dire ce qu'il pense de la religion, de la justice telle que nous l'entendons, de la charité telle qu'elle devrait être, du luxe, de la misère, de la lutte des classes. Il pourra mettre dans son œuvre toute une morale, toute une philosophie. Ce n'est pas nous qui l'en blâmerons. Nous avons résolûment rompu avec cette critique étroite qui n'a souci que des qualités de métier. Nous estimons plus belle l'œuvre d'art à laquelle ont été employées des facultés plus hautes. Qu'elle ait le mérite de l'exécution, c'est bien déjà; mais qu'elle mette l'imagination en mouvement par sa poésie, qu'elle touche le cœur par son expression, c'est mieux encore; et si par surcroît elle nous apporte une pensée, n'est-ce pas alors que l'émotion esthétique doit être portée à sa plénitude et à son maximum d'intensité? Ce sera l'âme entière qui entrera en vibration.

II

SYMBOLISME PAR PERSONNIFICATION

D'autres symboles représentent les choses par une *personnification*. Reprenons un des exemples que nous citions tout à l'heure. Il s'agit de figurer la guerre. Au lieu de nous en présenter un épisode caractéristique, on nous montrera, comme l'a fait Gérôme, une femme casquée, au visage farouche, la bouche distendue dans un effort d'horrible clameur.

Très souvent il arrive que les deux formes de symbolisme sont réunies dans une même composition. C'est ce qu'a fait Rude dans son groupe de l'Arc de Triomphe. Tandis que les hommes armés qui vont le glaive haut d'un si bel élan représentent par exemple typique le départ pour la frontière, la figure volante qui plane au-dessus d'eux représente en le personnifiant l'appel aux armes, le cri de guerre, le chant héroïque qui entraîne tout un peuple au combat. Dans le tableau de Prudhon, le Crime est représenté par un assassin qui fuit, tandis que la Justice et la Vengeance divine sont personnifiées. Dans une composition décorative de Prouvé, *La Nuit qui passe* est personnifiée par une tête de femme qui semble glisser dans l'espace, indifférente, les yeux clos, tandis que dans sa sombre chevelure elle entraîne, représentés en images saisissantes, le crime, la souffrance, le sommeil et l'amour.

Ces personnifications sont d'une grande ressource dans la composition décorative. Elles nous donnent par leur contraste avec les images de la vie réelle l'impression du merveilleux; elles nous mettent sous les yeux des figures vivantes, animées, qui par leur mimique expressive peuvent traduire clairement les symboles les plus compliqués. Il ne faudrait pas mettre un sculpteur au défi de nous représenter en images plastiques cette idée, assez peu sculpturale au premier abord, que « nous avons mis bien du temps à reconnaître le génie de Delacroix, mais qu'il a fini par s'imposer à l'admiration de la postérité ». N'est-ce que cela? Sur un haut piédestal nous placerons le buste de l'artiste. Une jeune femme, soulevée par un vieillard, tendra une palme vers le buste; un jeune homme, tournant la tête, regardera en faisant le geste d'applaudir; et ce sera, si vous le voulez bien, le Temps élevant enfin la Renommée de l'artiste à la hauteur de son génie, aux applaudissements de la Postérité. C'est à peu près sur ce thème que Dalou a composé son monument à Delacroix. La valeur d'art de ces figures est grande; leur groupement fournit une ligne harmonieuse, qui de la base du monument jusqu'au buste qui le couronne conduit par degrés le regard et ramène l'attention vers la figure principale. Mais la formule même sur laquelle est établie cette composition allégorique est assez accessible; je ne suppose pas que pour imaginer ce symbole le sculpteur ait eu besoin de se mettre l'esprit à la torture, pas plus que nous n'avons besoin d'une sagacité exceptionnelle pour l'interpréter. En général les symboles de ce genre se composent d'eux-mêmes et se lisent couramment.

Est-ce à dire qu'ils soient en eux-mêmes quelque chose de très simple? Bien au contraire. Entre ce vieillard qui soulève dans ses bras une jeune femme, et cette idée abstraite que le renom d'un artiste grandit avec le temps, il y a des analogies sans doute, mais étrangement lointaines; et c'est une chose vraiment surprenante que nous puissions effectuer avec cette aisance le rapprochement voulu. Seule une imagination rompue à la pratique du symbolisme devrait, semble-t-il, être capable d'un tel tour de force. Mais c'est justement notre cas. Tous tant que nous sommes, dès notre enfance nous nous sommes exercés à manier des symboles; la plupart de ces représentations figurées nous sont tellement familières que nous les reconnaissons du premier coup; dans les plus originales il y a toujours une part de convention, qui nous aide à deviner le reste. Enfin et surtout cette façon d'exprimer les idées est d'un emploi constant dans le langage. On l'a remarqué depuis longtemps : nous sommes incapables d'abstraction pure; toute langue est faite de métaphores; nous ne saurions parler autrement qu'en style figuré. Toute phrase que nous prononçons, si abstraite qu'elle soit, fait appel à l'imagination mythique, car le sujet en est toujours plus ou moins personnifié. Voilà d'où nous vient surtout notre expérience des symboles. Les plus étranges personnifications artistiques ne sauraient nous surprendre; à chaque instant nous en trouvons dans le parler courant de bien plus bizarres, que l'artiste ne se risquerait même pas à traduire en images plastiques. Il se contente des plus simples. On peut en faire l'expérience, on s'assurera que, dans ses symboles les plus hardis, l'art ne fait d'ordinaire que développer les images latentes contenues dans quelque assez banale métaphore du langage le plus usuel. Et c'est pour cela que nous les interprétons, comme ils ont été conçus, avec tant d'aisance.

On entrevoit le danger. Ce symbolisme est trop facile. On l'a prodigué jusqu'à la satiété dans l'art. Nous sommes vraiment obsédés de ces figures conventionnelles qui, pour avoir été trop souvent reproduites, ont perdu toute vertu suggestive, comme ces phrases toutes faites auxquelles on n'attache plus aucun sens à force de les répéter. Que disent à notre imagination ces innombrables effigies qui nous représentent l'Amour, la Sagesse, l'Inspiration poétique, le Génie du commerce, l'Aurore, l'Écho, l'Océan, les Fleuves, les Sources; ou si l'on préfère des images plus modernes, la Physique, la Chimie, l'Archéologie, la République, la Ville de Paris? Toute cette mythologie n'est-elle pas bien banale, bien usée, et d'une insupportable monotonie? Ce ne sont même pas des symboles. Ce sont des figures d'homme et de femme, correctes de forme peut-être, mais tellement impersonnelles, tellement dénuées d'expression symbolique que pour les distinguer les unes des autres et leur donner un nom il faut faire attention à l'emblème convenu, trident, caducée ou balance, dont elles sont marquées comme d'une estampille.

L'artiste sans doute ne peut renoncer aux personnifications. Sans elles il ne saurait exprimer certaines pensées. Mais il doit se garder de les puiser dans le répertoire traditionnel; il faut qu'il écarte ces images toutes faites qui se présentent les premières à l'esprit, et se mette un peu en frais d'imagination. Libre à lui de revenir à l'antique mythologie; mais que ce ne soit pas pour reproduire ces froides allégories dans lesquelles elle s'est figée ; que ce soit pour leur rendre la vie et l'expression. Qu'il réagisse surtout contre cette tendance au pur anthropomorphisme, à laquelle l'art hellénique lui-même n'a pas su résister, et qui n'est au fond que paresse d'imagination. Personnifier les choses, ce ne doit pas être seulement les humaniser. Voyez par exemple l'Apollon Pythien. Il est beau, il est vainqueur. Vous admirez l'élégance de ses formes, la sérénité de son triomphe. Mais que vous représente-t-il? Rien de la nature. Rien de la puissance qu'il eût dû personnifier. C'est une image tout humaine, qui ne saurait avoir qu'une expression toute morale. Maintenant regardez par contraste, dans la galerie d'Apollon, le plafond de Delacroix! Quelle flamme, quel rayonnement dans ce terrible archer qui, l'arc tendu, darde sur le monstre qu'il va percer un regard étincelant! Du premier coup nous l'avons reconnu : c'est le dieu solaire, le rayonnant, le purificateur, qui chasse devant lui les monstres impurs, nés de la fange et des ténèbres. Il nous apparaît avec une forme humaine, mais dans un éclat lumineux qui le transfigure; les forces de la nature sont en lui, et nous comprenons qu'on l'ait adoré comme un Tout-Puissant.

Si l'artiste a une imagination de poète, il pourra rajeunir le symbole le plus usé. Personnifier la brise du soir en un petit génie ailé, c'est là une idée qui a pu être gracieuse au temps jadis, mais dont l'art a tellement usé qu'il semble bien difficile d'en rien tirer de nouveau. Prudhon a pu pourtant revenir à ce motif banal et lui rendre toute sa fraîcheur d'expression dans ce zéphir souriant et léger qui, se balançant au-dessus d'un ruisseau, l'effleure de son pied, œuvre de grâce exquise et de pure poésie. Il n'est pas difficile de personnifier le Silence en une figure quelconque qui se met le doigt sur la bouche. Mais comment rendre à ce symbole connu sa vertu suggestive? Sous un ciel immense criblé d'étoiles, au bord d'une grève blanchie par la lune et semée de roches noires, Lévy-Dhurmer nous montrera une femme qui se scelle la bouche de ses deux doigts, muette et mystérieuse dans ses longs voiles qui retombent en plis de suaire; et cette image, qu'E. Poë eût aimée, nous parle du grand silence de la solitude : « Et la lune cessa de faire péniblement sa route dans le ciel — et les eaux redescendirent dans leur lit et y restèrent — et les nénuphars ne soupirèrent plus — et il ne s'éleva plus de leur foule le moindre murmure, ni l'ombre d'un son dans tout le vaste désert sans limites ».

Dans une simple personnification on peut mettre une pensée énigmatique, inquiétante et profonde. Pour symboliser la mélancolie, Albert Dürer nous montre une femme assise, les yeux fixes, dans une attitude d'accablement; sa main pendante laisse tomber un compas; autour d'elle, en désordre, des attributs de science. Par la fenêtre ouverte, on voit au loin la mer; dans le ciel brille un astre étrange, comète, étoile filante, monde qui va s'éteindre. D'où vient à cette femme une telle désespérance? En descendant au fond de la science, qu'a-t-elle vu, qui lui donne ce regard fixe, regard de sphinx qu'épouvanterait sa propre énigme? Quoi donc? Le dernier mot de toutes choses serait-il néant? Malgré nous, toujours nous revenons à ces yeux d'angoisse et de mystère. Dans cette composition saisissante, Albert Dürer n'a pas mis seulement des images, il a mis un effort de pensée philosophique.

III

SYMBOLISME PAR TRANSPOSITION

Enfin voici le symbolisme par *transposition*, le plus hardi de tous, celui dans lequel on nous représente la chose à laquelle on veut nous faire penser par une image d'ordre tout différent.

Toute figure symbolique de ce genre est à double sens. Soit par exemple l'épervier aux ailes déployées qui figure sur les monuments funéraires de l'antique Égypte. Au sens propre et littéral, c'est l'image d'un oiseau. Au sens figuré, c'est l'image de la chose ailée et légère par excellence, de l'âme délivrée du poids du corps et planant au-dessus du monde matériel. Cette figure a donc deux significations superposées; elle représente une chose qui en représente une autre; sa vertu suggestive est ainsi élevée à la deuxième puissance. Dans tout symbole par transposition on trouverait de même ces deux significations, l'une positive, l'autre figurée, reliées entre elles de telle manière que nous puissions passer sans trop d'effort de l'une à l'autre.

A la rigueur toute chose, par convention préalable, pourrait en représenter une autre. Il serait même assez facile de combiner une écriture figurée dans laquelle les idées, au lieu d'être désignées par des mots, le seraient par des images choisies arbitrairement une fois pour toutes. On conviendrait par exemple qu'une rose représentera l'action de marcher, un palmier la fièvre, un marteau la pluie, et ainsi de suite. Ce langage symbolique, indéchiffrable pour le vulgaire, aurait pour les initiés un sens précis. Je n'oserais affirmer que ce procédé n'a jamais été employé dans les représentations symboliques; mais certainement on en trouverait peu d'exemples. Il est trop peu subtil, et tout symbole veut être ingénieux. Je crois qu'à la longue les symboles peuvent devenir absolument conventionnels, leur forme primitive finissant par se dénaturer au point de devenir méconnaissable, mais qu'à l'origine ils ne le sont jamais. En cherchant bien, on trouverait toujours entre l'objet qui nous est mis devant les yeux et l'idée qu'il doit suggérer quelque rapport naturel. Dans tous les cas il faut que ce rapport existe et soit perçu pour que le symbole produise un effet esthétique; car à cette condition seule nous sentirons entre ses deux significations une harmonie.

Ici encore, comme dans toute transposition symbolique, nous allons trouver des rapports d'association et des rapports d'analogie.

Le symbolisme par association consistera à nous présenter, en lieu et place de la chose à laquelle on veut nous faire penser, un objet qui nous la rappelle. Ce sera par exemple, comme dans les hiéroglyphes égyptiens, un bras pour signifier la force agissante, deux jambes pour signifier la marche. L'outil ne pourra manquer de faire songer à celui qui le manie, ou à la profession : le marteau au forgeron, la rame au navigateur, une panoplie au métier des armes, une lyre à la musique; ainsi par quelques emblèmes très simples on pourra évoquer, sans les figurer positivement, des images très complexes. L'insigne rappellera la dignité. Une simple croix désignera le Christ; un calice avec une hostie sera représentatif de toutes les idées qu'il peut évoquer, sacrifice de la messe, incarnation, rédemption, foi catholique. Dans tout monument destiné au culte, on prodiguera les ornements religieux ou liturgiques, comme pour y rendre la divinité plus présente : partout où se porteront les yeux, une image se présentera qui ramènera l'esprit du fidèle à l'objet du culte. Dans un panneau décoratif ayant pour sujet principal une figure allégorique, l'artiste introduira presque toujours, pour équilibrer sa composition, quelques emblèmes; et il les choisira dans l'ordre des choses qui peuvent désigner le plus clairement, en le symbolisant par association, le sujet de cette allégorie. La Paix se reconnaîtra à son rameau d'olivier; l'Été aura pour emblème un épi de blé, une faucille; l'Automne une fleur d'arrière-saison, un pampre qui se pare de ses plus riches couleurs avant de se flétrir. L'essentiel sera toujours que l'emblème soit choisi parmi les images typiques, point de départ d'innombrables associations, qui peuvent le mieux évoquer le souvenir de la chose représentée. Au reste l'artiste n'a pas grand effort à faire pour les trouver, car d'ordinaire ce sont celles qui spontanément se présenteront à son esprit dans le travail de la composition. Quelles images nous feront le mieux penser au Printemps? Précisément celles que ce mot évoque tout d'abord. Ici comme toujours, le procédé le plus sûr pour arriver à l'expression juste et forte est de laisser là toutes les formules de convention, et de commencer par se pénétrer à fond de l'idée que l'on veut rendre.

Quand depuis longtemps un emblème a servi d'attribut distinctif pour désigner une chose, l'idée de l'emblème et l'idée de la chose désignée s'associent si bien dans notre esprit, qu'elles tendent à se confondre; aussi ne nous étonnerons-nous pas que dans certaines compositions symboliques l'emblème soit employé non seulement pour désigner, mais vraiment pour représenter la chose. Un personnage historique, une ville, un peuple sera figuré par ses armoiries. Louis XII sera représenté par son porc-épic, Anne de Bretagne par son hermine, François Ier par sa salamandre, Louis XIV par son soleil, Napoléon par son aigle, Venise par son lion ailé, l'Angleterre par son léopard. Toute guerre suscite des tableaux symboliques dans lesquels on voit aux prises, non les nations ou les souverains, mais les animaux qui leur servent d'armoiries. D'association en association, le sens d'un emblème arrive parfois à se transposer d'une manière étonnante, et il est curieux de retrouver les étapes de cette métamorphose : ainsi la chouette représentera la sagesse parce que d'une manière ou de l'autre elle est devenue l'attribut distinctif de Pallas.

Le symbolisme par analogie consistera à nous présenter, au lieu de l'objet auquel on veut nous faire penser, un autre objet qui lui soit de quelque manière comparable. C'est à proprement parler une métaphore : des deux termes de la comparaison que l'on présente à l'esprit, on exprime positivement l'un et l'on sous-entend l'autre. Quelquefois les deux termes de la comparaison sont de même ordre, comme lorsque l'on représente le soleil par une roue. Mais le plus souvent, car c'est en ce cas seulement que le symbolisme a toute sa raison d'être, une idée d'ordre intellectuel ou moral sera représentée par une image sensible : ainsi l'Esprit saint par une colombe, la Trinité par un triangle, l'éternité par un serpent qui se mord la queue, la mort par une torche éteinte ou une colonne brisée, le temps par un sablier ailé. Sur certains vases chinois on trouvera la représentation d'une poire comme emblème de longévité : idéal bien chinois de vieillesse béate, fondante et dodue. On exprimera volontiers une qualité morale par l'image d'un animal qui ait à un degré éminent cette qualité : le coq sera l'emblème de la vigilance, le chien de la fidélité, le lion du courage. La flore aussi fournira un riche répertoire d'emblèmes symboliques : chaque fleur, par son attitude, par sa couleur, par son parfum éveille en nous des sentiments spéciaux que notre imagination a une tendance à lui attribuer à elle-même; elle prend ainsi une expression morale qui la rend propre à servir d'emblème. Dans le langage des fleurs, la violette signifiera modestie, le lis pureté, le souci jalousie, etc.

Je ne cite ici que les symboles traditionnels; mais il va sans dire que l'artiste ne s'en tiendra pas à ceux-là, qu'il les dédaignera au contraire comme un poète dédaigne les métaphores rebattues, et concevra entre les choses de plus subtiles analogies. Le vrai symboliste doit être capable de suivre une même idée à travers toutes les transpositions, de retrouver l'équivalent d'une chose dans tous les ordres de la nature, d'imaginer toutes les métempsychoses.

... J'ai d'abord été dans les vieux âges,
Une haute montagne emplissant l'horizon;
Puis, âme encore aveugle et brisant ma prison,
Je montai d'un degré dans l'échelle des êtres,
Je fus un chêne, et j'eus des autels et des prêtres,
Et je jetai des bruits étranges dans les airs;
Puis je fus un lion rêvant dans les déserts,
Parlant à la nuit sombre avec sa voix grondante;
Maintenant je suis homme, et je m'appelle Dante [1].

Voilà comment, dans des images d'ordre tout différent, l'imagination peut retrouver une même idée, un même sentiment, un même caractère, et grâce à ces correspondances varier à l'infini son mode d'expression.

Ce symbolisme par métaphore est dans l'art décoratif une véritable obligation. Le décorateur cherchera toujours à établir une certaine analogie entre les figures dont il orne un objet et les idées ou les sentiments que cet objet nous suggère par sa forme, par son usage et sa destination. Cherchez par exemple un motif de reliure pour la *Mer* de Richepin, pour les *Émaux et Camées* de Th. Gautier, pour le *Règne du Silence* de Rodenbach, pour l'*Éthique* de Spinosa. Il va de soi que pour traduire en langage plastique les vers de Richepin vous évoquerez plutôt des images un peu grasses et sensuelles, et ne craindrez pas l'outrance des personnifications. Th. Gautier vous indique lui-même dans quel ordre d'idées vous devez chercher des emblèmes pour sa poésie : ce sera nécessairement quelque chose de fin, de précieux, de coloré, des figures aux teintes nettes et vives, cernées d'un trait précis.

1. V. Hugo, *Contemplations*, écrit sur un exemplaire de la *Divine Comédie*.

Sur la couverture du poëme de Rodenbach, ce seront des tons de mélancolie; des fleurs retombantes, ou bien entrevues dans une brume; quelques images indécises et tristes, vagues impressions de crépuscule. Enfin, vous montreriez que vous êtes privé à un degré surprenant du sens du symbole, si pour relier votre Spinosa vous pensiez à quoi que ce soit d'imagé et de coloré : seul un décor abstrait et d'une rigide géométrie pourra convenir à l'austère penseur. Pour les détails, votre imagination peut se donner carrière; mais toujours le ton général du décor est rigoureusement déterminé d'avance par des raisons de convenance et d'analogie.

Compliquez encore la métaphore, mettez-la en action, et vous aurez l'allégorie. Dans la langue des signes figurés, si l'emblème est le mot, l'allégorie est la phrase. Une composition allégorique qui nous montre quelque figure agissante est vraiment une proposition complète, qui a son sujet, son verbe, et son complément. Le sujet, c'est la figure principale; le verbe, c'est l'action qu'elle accomplit; le complément, ce sont les figures accessoires sur lesquelles se porte son action. Vous pourriez même, si vous le vouliez, trouver dans de telles compositions l'équivalent de l'épithète poétique : ce seront les emblèmes significatifs dont on entoure une figure pour la qualifier. Ce rapprochement vous semble-t-il un peu forcé? Plus vous y réfléchirez au contraire, plus vous trouverez d'analogies entre ces deux procédés d'expression. Étudiez une composition allégorique, vous serez surpris de l'aisance avec laquelle elle se formule en phrases dans votre pensée; elle semble entrer d'elle-même dans les moules de la proposition verbale. Cette harmonie s'explique : presque toujours l'artiste, en même temps qu'il compose ses figures symboliques, se les traduit à lui-même par la parole intérieure. Il ne les imagine pas seulement, il les pense; il pense aussi aux idées qu'il veut rendre; et ce mouvement d'idées a forcément une influence sur le cours de sa rêverie. Les images qui lui apparaissent ne peuvent manquer de prendre dans une certaine mesure les allures et le rythme de la pensée logique qui les accompagne. Les phrases que nous trouverons pour les décrire seront souvent celles-là mêmes dont il s'était servi, le thème verbal sur lequel il a composé son œuvre; ce dont on peut s'assurer quand il nous en donne lui-même la glose sommaire. On ne saurait d'ailleurs nier l'existence de ce courant souterrain de pensée logique, quand on le voit affleurer dans plus d'une composition symbolique. De là ces inscriptions marquées sur les personnages mêmes pour nous apprendre leur nom, et ces paroles qui leur sortent de la bouche, procédé naïf pour souligner par une indication verbale le sens du symbole. De là, chez nos décorateurs les plus raffinés, ces devises symboliques que l'on ne doit pas trop s'étonner de voir ainsi figurer au milieu même de la composition. Ce vers que l'artiste a gravé sur le bois ou le cristal et qu'il a entouré d'emblèmes, il l'avait présent à l'esprit au moment de la création; il se le chantait à lui-même, et prenait plaisir à en traduire la couleur et la sonorité même dans les images qu'évoquait sa fantaisie; quand il n'y eût pas fait attention, d'elles-mêmes, par instinct d'harmonie, ses visions eussent pris le ton de cette chanson intérieure et en eussent fait la contre-partie. Tel était son état d'âme. Pourquoi donc ne nous le rendrait-il pas intégralement? Le vers peut entrer en toutes lettres dans le décor. Il y fera bonne figure. Il nous donnera le plaisir délicat de voir la même idée figurée à la fois sous deux formes, l'une poétique, l'autre pittoresque, avec de mystérieuses et délicieuses correspondances entre les deux.

On a critiqué ces devises dont nos symbolistes ornent si volontiers leurs compositions décoratives; on les a trouvées prétentieuses et déplacées; on a dit que ce mélange d'art et de littérature était de l'incohérence. C'est parler en profane. Les mots ne sont pas déplacés au milieu de figures emblématiques. Ne sont-ils pas, eux aussi, des images et des symboles? Ils sont un prétexte à beaux linéaments. Ils prennent, par association d'idées, l'éclat, la coloration, la sonorité des objets qu'ils représentent, le caractère moral des sentiments qu'ils expriment. Ils ont leur poésie, qu'ils communiquent à l'objet sur lequel ils sont gravés. Ils ont la véritable beauté décorative, cette beauté rayonnante qui ne garde pas pour elle-même son éclat, mais le répand sur les choses qui l'entourent. Parlant un jour du décor symbolique, E. Gallé disait que l'emblème est *meublant*, parce qu'il fait l'effet d'un point plus lumineux qui attire l'attention sur l'objet. On peut en dire autant du mot. Une belle et fière devise, dans une vaste salle, fait l'effet d'un flambeau qui l'illumine tout entière. — Mais ici je crois bien que nous sommes arrivés aux dernières limites, celles où le symbolisme, à force de vouloir se faire expressif, se confond avec la littérature, et dans son suprême effort pour traduire l'Idée, ne trouve plus que des mots pour la rendre.

Il est impossible de méconnaître la haute valeur esthétique de ce symbolisme par transposition. Il est à l'art ce que le style figuré est à la poésie. Par les correspondances qu'il établit entre le sens littéral de l'emblème et son sens figuré, il produit une impression d'harmonie. Il fait passer devant nos yeux des images déjà poétiques, derrière lesquelles notre esprit en voit apparaître d'autres, plus idéales encore. Il nous fait trouver je ne sais quel charme aux sentiments les plus tristes, en leur donnant une sorte de résonance dans l'imagination. Enfin la dernière chose qu'on puisse lui reprocher, c'est à coup sûr d'être banal.

On l'accuserait plutôt d'être bizarre et énigmatique. Le reproche, il faut l'avouer, est trop souvent mérité. Les symbolistes sont souvent obscurs. Ils le sont même parfois à un degré si surprenant, qu'il est évident qu'ils le font exprès. Prétention à la profondeur; dédain des façons de parler accessibles au vulgaire; orgueil d'être seul avec quelques rares initiés à connaître le mot d'une énigme; instinct de cachotterie qui fait que l'on aime à posséder un tiroir secret, un coffret à combinaisons mystérieuses, quand bien même on n'aurait rien de très précieux à mettre dedans; attrait un peu morbide de l'étrange : on pourrait trouver de tout cela dans le parti pris d'obscurité de quelques symbolistes. Mais ne lui cherchons pas de trop mesquines raisons. Il faut y voir avant tout un principe d'art, exagération d'une idée juste. Sensibles à l'attrait du style figuré et comprenant qu'il a une réelle valeur esthétique, certains artistes s'y enfoncent à plaisir. S'il est intéressant de donner à un emblème, outre sa signification littérale, un sens figuré, pourquoi ne pas aller plus loin, et ne pas imaginer des figures qui pourraient recevoir plusieurs interprétations équivalentes? Selon Origène, il y a dans l'Écriture trois sens, le littéral, le moral et le mystique. Au XIIe siècle, il fut reçu que chacun des Quatre Animaux avait une triple signification; on admit qu'ils symbolisaient à la fois les mystères de la vie du Christ, les Évangélistes et les vertus des Élus. L'Homme, c'était l'Incarnation, ou saint Mathieu, ou la Raison; le Veau représentait la Passion, ou saint Luc, ou l'Abnégation, etc. Ou bien, pourquoi ne pas élever la vertu représentative du symbole à la troisième, à la quatrième, à la n^e puissance, en convenant que les images qu'il nous suggère représenteront elles-mêmes par métaphore d'autres images, celles-là d'autres encore, et ainsi de suite? Si invraisemblable que semble ce système, il a souvent été proposé dans l'interprétation des œuvres symboliques; et qui pis est, il a été parfois pratiqué dans leur composition. On s'évertue par exemple à trouver le sens véritable de mainte figure allégorique de la *Divine Comédie*. Que signifie ce lion que le poète rencontre au sortir de la forêt obscure, et qui semble vouloir lui barrer le chemin? Est-ce Florence, ou l'Orgueil, ou autre chose? Qu'est-ce surtout que cette Béatrix qui le mène au terme de sa dure épreuve? Est-ce le souvenir de la femme aimée, ou son âme, ou l'amour humain exalté et transposé en amour divin, ou l'aspiration vers l'idéal, ou la théologie? Chaque commentateur apporte son interprétation. Je crois que toutes se valent, car si l'on eût consulté le poète, sans doute il eût répondu qu'il les admettait toutes : telles sont bien les idées que simultanément ou successivement il a entendu exprimer dans ce même symbole. Nul doute que certains artistes ne mettent de semblables profondeurs dans le commentaire qu'ils se donnent à eux-mêmes de leurs œuvres.

Souvent aussi les symbolistes sont obscurs sans le vouloir. Ils peuvent avoir une imagination exceptionnelle, qui dépasse la nôtre au point qu'il nous est impossible de les suivre ; ces transpositions, qui ne sont pour eux qu'un jeu, peuvent nous déconcerter par leur hardiesse. Dans ce cas, pourrait-on dire, si nous ne comprenons pas, c'est par notre faute : la phrase la plus claire est toujours obscure pour quelqu'un. Mais c'est aussi par la faute des artistes. Ils sont victimes d'une illusion : ayant bien présentes à l'esprit les idées qu'ils veulent exprimer, ils les retrouvent sans peine dans le symbole par lequel ils les représentent ; ils vont par une pente toute naturelle de l'idée à l'image. Mais il n'en est pas de même pour le spectateur, qui doit remonter de l'image à l'idée. Il faudrait lui fournir quelques discrètes indications, le mettre sur la voie, le guider sans en avoir l'air. C'est un art délicat. N'est pas symboliste qui veut. Si l'on me montre seulement l'envers de l'étoffe en me chargeant de deviner l'endroit, je resterai perplexe. Le danger du symbolisme, c'est de tourner au rébus, à l'énigme, au cryptogramme, et d'exiger de l'intelligence un effort d'interprétation parfois excessif, quand il devrait s'adresser avant tout à l'imagination pour la frapper directement. Certaines allégories semblent faites pour exercer la sagacité de l'Œdipe du café de l'Univers, plutôt que pour donner une sensation d'art. Déconcerté, le spectateur contemple ces figures cabalistiques, étrange grimoire dont il cherche en vain la clef. Figurez-vous que, lisant un poème très riche en comparaisons et en métaphores, vous dessiniez rapidement sur une feuille de papier les images que cette lecture vous suggère : vous obtiendrez ainsi une sorte d'illustration bizarre, qui représenterait assez bien, en images visuelles, la pensée du poète. Maintenant montrez votre feuille à qui n'aurait pas le texte sous les yeux. Certaines visions, qui produisaient le plus charmant effet quand elles ne faisaient que passer dans le poème, évoquées un instant par le jeu subtil des métaphores, sembleront presque monstrueuses quand on les verra ainsi étalées et comme solidifiées. Elles ne choqueront pas seulement, elles sembleront inintelligibles; le fil qui nous aurait permis de nous retrouver dans ce labyrinthe a été coupé. Dans une étude sur le symbolisme littéraire, J. Lemaître, après avoir cité quelques pièces particulièrement énigmatiques, constate que ce sont là des séries de mots comme on en forme en rêve : « Vous avez dû le remarquer. Quelquefois, en dormant, l'on compose et l'on récite des vers que l'on comprend, et que l'on trouve admirables. Quand, d'aventure, on se les rappelle encor au réveil, plus rien, l'idée s'est évanouie. C'est que, dans le sommeil, on attachait à ces mots des significations particulières qu'on ne retrouve plus; on les unissait par des rapports qu'on ne ressaisit pas davantage. Et, si l'on s'y applique trop longtemps, on en peut souffrir jusqu'à l'angoisse la plus douloureuse[1]. » Telle est bien l'impression que produisent, il faut le reconnaître, certaines compositions et décorations symbolistes. Ont-elles été imaginées en rêve? Ou bien faut-il croire que l'artiste n'avait pas toute sa lucidité au moment où il les a conçues? Non, il était de sang-froid. Pour lui, ces emblèmes avaient un sens très raisonnable; mais faute d'indications qui nous mettent sur la voie, nous ne pouvons savoir ce que cela veut dire. Prise au sens littéral et considérée comme un tableau ordinaire, l'œuvre ne nous offre que des images absurdes; nous nous rejetons alors sur l'interprétation figurée, qui nous échappe. De sorte que nous n'y comprenons plus rien. Qu'on la regarde à l'endroit, qu'on la retourne pour la regarder à l'envers, la composition n'a aucun sens.

Il est bon de signaler cette fâcheuse tendance à la bizarrerie et à l'obscurité; non certes pour dissuader l'artiste de se lancer dans le symbolisme, autant vaudrait prier le poète de renoncer à l'emploi du style figuré; mais pour lui indiquer l'écueil, et chercher avec lui comment on pourrait l'éviter.

L'idéal serait que l'œuvre, à ne la prendre qu'au sens propre, eût un sens complet. Celui-là seul est vraiment créateur de symboles qui saura rendre ses idées en images si plastiques et vivantes que, considérées en elles-mêmes, et quand elles ne devraient avoir aucune signification emblématique, elles produiraient déjà une impression d'art et de beauté. Quand alors nous y découvrirons par surcroît un

1. Jules Lemaître, *Les Contemporains*, 4ᵉ série.

sens profond, sans rien perdre de sa beauté formelle l'œuvre prendra un caractère idéal qui portera notre admiration à son comble. Nous ne resterons pas suspendus, anxieux, dans l'attente du mot révélateur qui donnerait enfin à la scène représentée un sens quelconque; nous nous avancerons à loisir et en toute sécurité dans notre interprétation, aussi loin qu'il nous plaira, parce que dès le premier moment nous avons trouvé à l'œuvre un sens plein et solide. — Dans l'image qu'il nous a présentée de la *Création de l'homme*, Michel-Ange, à n'en pas douter, s'est montré symboliste, et de grande envergure. La manière dont le Créateur, en passant devant notre terre, communique la vie à sa créature en la touchant seulement du doigt; les esprits célestes qui le soutiennent dans l'espace et sont aussi emportés par lui, germes de vie, âmes futures dont il peuplera le monde; le regard d'étonnement, presque d'effroi que l'un d'eux, le plus beau de tous, jette sur le premier homme; et par-dessus tout le grand geste lassé dont Adam reçoit l'étincelle divine, comme si déjà il sentait en lui le poids de l'existence et de tout le labeur humain : autant de symboles sur lesquels l'esprit pourrait méditer lontemps. Mais en même temps les yeux ont un objet de contemplation d'une beauté parfaite sur lequel ils peuvent se reposer. Au seul point de vue esthétique, l'Adam est admirable. Jamais le génie plastique n'a conçu de la forme humaine une plus grande et plus belle image, jamais il n'a mis dans une attitude plus d'harmonie et de majesté.

Que l'image première qui nous est présentée soit donc belle par elle-même : sur ce point nous devons être intransigeants. Qu'elle soit belle, et simple aussi, et vraisemblable autant que possible. Mais les droits de l'art ainsi réservés, nous pourrons être d'une complète tolérance sur la nature des suggestions secondaires. Que l'artiste soit aussi profond, aussi métaphorique qu'il voudra; qu'il donne à ses emblèmes, outre leur sens propre et leur sens figuré, un sens mystique que seuls comprendront les initiés, et s'il le veut encore un dernier sens dont lui seul aura la clef, nous ne saurions le lui reprocher. Son œuvre ne sera pas pour cela obscure, puisque même sans cela elle a un sens.

Je dirai plus. Sous cette réserve toujours que les emblèmes aient par eux-mêmes une beauté, non seulement nous n'exigerons pas qu'ils aient une signification très précise, mais nous préférerons même qu'ils en aient une un peu incertaine et flottante. Ne l'oublions pas, nous ne parlons ici que du symbolisme d'art, de celui qui doit produire une impression esthétique. Un symbolisme trop exact ne donne aucun essor à l'imagination. Il est sec; il est prosaïque. Dire exactement ce que l'on veut dire et ne rien laisser entendre de plus, n'est-ce pas justement la définition de la prose? Mieux vaut la poésie, qui met l'imagination en mouvement puis l'abandonne à ses libres rêveries. Nous risquerons de ne pas retrouver exactement dans l'œuvre les sentiments et les idées que l'artiste a voulu y mettre? Qu'importe, nous en retrouverons au moins l'équivalent, en sentiments et idées de même ordre. Condamnerons-nous la musique parce que jamais elle n'a donné à l'auditeur la nuance précise d'émotion que le compositeur entendait exprimer? Ce chant nous émeut, c'est l'essentiel; il nous donne des émotions analogues à celles qui l'ont inspiré : que pouvons-nous demander de plus? Il en est de même dans l'art symbolique. Devant une œuvre composée par un artiste qui a vraiment le sens du symbole, notre imagination entrera en jeu; et les images qui se présenteront spontanément à nous, les impressions que nous ressentirons seront de l'ordre voulu. Dans le papier peint qu'il intitule *Corona vitæ*, Walter Crane entend représenter symboliquement « une vie pleine, ample et riche, avec ses changements et ses contrastes, mais aussi avec sa fécondité de floraison et de jouissance. Tandis que les lions aux ailes florales, supportant la couronne de vie, signifient les triomphes matériels, les sphinx qui se trouvent de chaque côté de l'arbre figurent le mystère et ces problèmes sans réponse qu'offre à l'humanité le fruit de l'Arbre de la Science. Dans la frise, les bons génies de la maison portent en triomphe la couronne avec les fleurs et les fruits de l'année heureuse ». Il est probable que les impressions d'aucun spectateur ne correspondront parfaitement à cette glose. Mais une telle composition ne manquera pas d'émouvoir l'imagination plus que ne le feraient de simples figures calligraphiques. On sent qu'il y a quelque chose là. Pendant que les yeux parcourent ce décor, on doit sentir passer en soi comme une onde de sentiment, ici d'inquiétude et de vague angoisse, là de joie et d'orgueil. Ces sentiments prendront en chacun de nous, selon la force et la nature de notre imagination, une intensité particulière, un caractère spécial. L'artiste ne peut nous faire tous vibrer de la même manière; mais il frappe en nous les mêmes cordes. Refusons-nous de nous prêter à ces suggestions? Libre à nous de regarder ces figures au sens littéral, comme un simple décor de convention : elles seront intéressantes encore. — Prenons un autre exemple. Voici la grande composition décorative qu'a peinte Albert Besnard pour l'amphithéâtre de chimie de la Sorbonne. C'est un immense triptyque. Au centre, effet de jaune éblouissant. Un soleil fulgurant, aux cruelles irradiations, illumine jusqu'à l'embraser une scène étrange : un grand cadavre de femme à la peau livide, aux cheveux ardents, est étendu à la renverse, la tête et les bras pendants, sur une pente fleurie; à l'une de ses mamelles est attaché un gros enfant rose, qui semble gorgé de sève et de vie; de l'autre sort un filet de lait qui bientôt grossit et descend vers le spectateur en flots bleuâtres et violets; un serpent, remontant la pente, rampe vers la femme. A droite, les yeux se reposent dans la verdure et la fraîcheur; un grand arbre étend sa riche ramure; le flot de lait est devenu un fleuve, ondulant dans la prairie; vers ses bords descend un homme nu, portant dans ses bras une femme; la femme se retourne et étend le bras vers des fruits qui pendent à l'arbre. A gauche, un enfer; des feux de Bengale, bleus et rouges; un torrent de lave roulant des membres épars; une colonne de fumée tourbillonnante. Que peut vouloir dire tout cela? L'auteur a pris la précaution de nous donner lui-même la clef de ce symbole. Cet enfant attaché au sein d'un cadavre, c'est la vie naissant de la mort. Ce serpent, c'est l'emblème du mystère de la génération. Cet homme, cette femme, c'est le couple humain, suprême production de la nature. Ce flot bleuâtre, c'est le fleuve de vie qui se répand au travers de la matière terrestre, la féconde, en fait sortir les êtres animés, puis les reprend et les roule vers un gouffre de feu, « creuset d'où sortira la vie et qui achève de symboliser les quatre grandes puissances de la nature à savoir : l'Air, la Terre, l'Eau et le Feu, principes de la chimie organique qui ont créé la Plante, l'Animal et l'Homme sous l'action du Soleil ». A remarquer l'emploi des majuscules, destiné dans toute glose symboliste à magnifier le sens des mots et à généraliser les images particulières. Maintenant quelle peut être, en présence de cette composition, l'impression du spectateur? Le premier mouvement est de résistance. La logique proteste. Et cela nous avertit que l'artiste est allé un peu loin. Il ne nous est pas loisible de voir dans ces figures un simple décor de convention : elles forment trop tableau pour cela, il faut que nous leur trouvions un sens. Même après explication, l'œuvre garde quelque temps un caractère incohérent et énigmatique. Si elle veut symboliser la science chimique, on devra dire qu'il lui manque l'esprit même de la science, c'est-à-dire la précision : ces images éclatantes mais confuses représenteraient plutôt le rêve d'un illuminé, les songes de l'Alchimie. Si l'on veut nous montrer les transformations incessantes de la matière animée, le cycle de la vie et de la mort, je remarquerai qu'ici le cycle n'est pas fermé, qu'on ne voit pas le fleuve revenir à sa source, la matière sortir refondue du creuset. Mais laissons passer ces réflexions. Attendons que l'esprit critique se soit engourdi en nous par une contemplation prolongée.

Restons en tête à tête avec l'œuvre. Notre imagination va s'éveiller. Elle trouvera plaisir à ces images qui l'avaient effarouchée d'abord; elle s'absorbera dans ces visions comme dans une méditation profonde. Ces lignes ondoyantes lui donneront l'impression du perpétuel devenir, du tourbillon vital dans lequel sont entraînés les êtres et les choses.

Il n'est pas jusqu'aux couleurs employées qui par leur violence n'ébranlent l'imagination : nous voyons passer devant nos yeux des flammes; nous entendons la matière en fusion frémir dans le creuset; nous sentons des odeurs sulfureuses. Si le peintre ne nous a rien rendu de ce qui, dans la chimie, parle à l'intelligence abstraite, il nous a rendu tout ce qui frappe les sens et l'imagination. N'est-ce pas justement cela qu'il y avait vu? Notre pensée se trouve donc à l'unisson de la sienne. Le symbole a rempli son office de symbole : nous y retrouvons les idées que son auteur y avait mises. Que ces idées soient vagues et nuageuses, peu importe, si elles sont poétiques. N'essayons pas de les comprendre. Elles ne s'adressent pas à la raison. Toute tentative que nous ferions pour les formuler nettement serait vaine. Les symboles de la peinture, comme ceux de la musique, sont faits pour nous suggérer les images, les idées, les sentiments qui échappent, par leur indécision même, aux précisions du langage. Œuvre de rêve, ils n'ont tout leur sens que pour les rêveurs. Et j'ai comme un remords, au moment de terminer cette étude, d'avoir voulu ramener ces jeux charmants de l'imagination symbolique à des formules trop précises. L'art ne peut-il s'affranchir dans une certaine mesure des exigences de la pensée logique? Si parfois les symbolistes perdent pied et s'en vont dans les nuages, ne les rappelons pas trop sévèrement à la réalité. Il n'y a pas de véritable poésie sans un peu de trouble et de vertige.

TROISIÈME PARTIE

L'IMAGINATION INVENTIVE

CHAPITRE I

L'OBJECTION RÉALISTE

Nous n'avons pas eu trop de peine à établir que l'artiste devait être doué au 'us haut degré de l'imagination représentative. Reconnaîtra-t-on aussi volontiers qu'il doit être éminemment doué de la faculté d'invention? Ici il faut s'attendre à quelques résistances.

La faculté de se représenter vivement et nettement les choses est à ce point indispensable à l'œuvre artistique, que nul artiste, même médiocre, ne peut en être dépourvu. Sans le don de vision mentale, le peintre, nous l'avons reconnu, serait vraiment aveugle, et incapable de tracer correctement une ligne. Le seul fait de prendre plaisir à dessiner ou modeler dénote une aptitude innée à se représenter idéalement les formes; et cette faculté, étant mise à chaque instant en jeu par le métier même, ne peut manquer de se fortifier encore par l'exercice; en sorte que chez tout artiste elle doit acquérir un développement vraiment exceptionnel. Aussi, quand nous venions affirmer que cette aptitude est le don essentiel de l'artiste, nous étions sûrs de n'inquiéter aucun amour-propre ; ce que nous avancions, chacun était tout disposé à nous l'accorder.

Mais la faculté d'invention n'est pas aussi libéralement répartie entre les artistes; dans certains genres, elle a peu d'occasions de s'exercer. Il est clair que les artistes qui en seront jusqu'à un certain point dépourvus n'aimeront pas l'entendre trop vanter : ce serait reconnaître que quelque chose d'essentiel leur manque, ou que le genre auquel ils s'adonnent est un genre inférieur. En laissant même de côté ces résistances d'amour-propre, qui partent de sentiments un peu étroits et mesquins dont nous pourrions faire bon marché, nous devons reconnaître que notre nouvelle thèse est faite pour choquer certaines opinions reçues. On nous opposera des idées sincères, désintéressées, des principes d'art qui ont été soutenus par des critiques éminents et dont se sont inspirés des artistes de grande valeur. Si vraiment le but suprême de l'art est de reproduire avec le plus de justesse possible l'image des choses, non seulement l'artiste est dispensé de tout effort d'invention, mais l'imagination devient une faculté dangereuse, une mauvaise conseillère dont il doit se garder. Moins il inventera, mieux il remplira sa fonction.

Cette objection vaut qu'on y réfléchisse. C'est l'objection réaliste. Nous n'avons pas le droit de l'écarter dédaigneusement. C'est même pour nous un devoir de commencer par l'exposer autant que possible dans toute sa force, avec un effort sincère pour nous pénétrer de ces idées; car elles contiennent certainement une part de vérité bonne à recueillir. Quand bien même nous reconnaîtrions, après examen, que décidément la faculté d'invention est indispensable à l'artiste, il n'en sera pas moins utile d'avoir constaté que cette faculté a ses dangers et ne peut être abandonnée sans inconvénient à tous ses caprices.

Inventer, nous dira-t-on? A quoi bon? L'artiste manque-t-il de sujets? Le monde réel est là, source intarissable de beauté, qui doit amplement suffire aux exigences de l'art le plus fécond. Ornemanistes, vous vous tourmentez à combiner des formes décoratives? N'est-ce pas folie, quand la nature incessamment en crée devant vous avec une prodigalité folle, avec une inépuisable fécondité d'invention plastique? Fleurs, insectes, oiseaux, reptiles, poissons, quadrupèdes et l'homme même, tous les êtres animés peuvent entrer dans votre œuvre, vous n'avez qu'à puiser à pleines mains dans ce prodigieux répertoire. Descendez seulement dans votre jardin et jetez les yeux autour de vous : dans cette flore réduite, dans ce coin de nature vous trouverez autant de formes ornementales que vous en pouvez désirer. L'iris vous fournira les belles lignes hardiment lancées de ses feuilles et le superbe épanouissement de sa fleur héraldique; la fougère, l'élégante spirale de ses crosses velues; le volubilis, ses gracieux enroulements; la marguerite, ses étoiles; le dahlia, sa fastueuse rosace. D'une humble feuille d'artichaut on peut faire un ornement magnifique. Contentez-vous de copier les choses telles que vous les voyez, la nature invente pour vous. — Sculpteurs, vous cherchez des poses plus ou moins plastiques, vous vous prenez la tête à deux mains pour en faire sortir par un laborieux enfantement une image de beauté : commencez par reproduire les êtres animés dans la perfection de leurs formes et l'harmonie de leurs attitudes. — Peintres, vous vous absorbez en une profonde méditation devant votre toile vierge, ou suivez d'un œil halluciné, dans la fumée de votre cigarette, des formes vagues et mobiles dont vous composez des tableaux imaginaires. Laissez là ces rêveries. Allez aux réalités. Fixez d'abord sur la toile ce jeu magnifique de lignes et de couleurs, d'ombres et de lumières que vous fournissent les objets visibles. Peignez tout ce que vous pouvez voir dans la nature d'intéressant; puis, quand vous aurez fait cela, si vraiment la réalité ne vous suffit pas, si vous en avez fait le tour, s'il ne reste plus aucune belle chose au monde dont vous n'ayez reproduit l'image à satiété et tiré toutes les sensations d'art qu'on en peut exprimer, alors, mais seulement alors, vous pourrez vous ingénier à tirer de votre esprit des sujets nouveaux!

Non seulement la réalité suffit amplement à tous les besoins de l'art; mais sans même l'explorer tout entière, l'artiste aura toujours à sa portée, devant les yeux et pour ainsi dire sous la main, des sujets excellents. On se met fort en peine pour en trouver. Les artistes s'en vont bien loin, leur boîte sur le dos, à la recherche de sites extraordinaires; pour mieux frapper l'imagination, ils ont recours à l'exotisme, qui nous donne dans la réalité même l'impression du fantastique et du fabuleux. Ils pourraient s'épargner le voyage. Les sujets les plus simples, les plus prochains sont les meilleurs. Ce sont ceux que l'artiste peut s'assimiler le plus profondément, et qui peuvent nous donner les émotions les plus pénétrantes.

La représentation d'un objet qui nous serait de tous points nouveau ne saurait en aucune façon nous intéresser. Elle ne pourrait en effet évoquer en nous aucun souvenir, aucune association d'idées et de sentiments, et par conséquent aucune émotion esthétique. N'y trouvant rien que nous puissions reconnaître, n'ayant aucun terme de comparaison qui nous permette de vérifier l'exactitude de la copie, nous ne saurions non plus lui attribuer aucune valeur artistique. En fait, si nous prenons plaisir à contempler en peinture ou en sculpture l'image de choses que nous n'avons jamais vues, c'est qu'elles ne nous sont pas absolument nouvelles. Nous avons vu des objets de forme analogue, pareils effets de couleur ou de lumière; et c'est précisément par ce qu'elles ont de *déjà vu* qu'elles nous plaisent; c'est pour la justesse avec laquelle l'œuvre nous rend ces formes ou ces effets que nous l'admirons. C'est donc dans la représentation des objets les plus familiers que l'art doit obtenir son maximum d'effet.

Le premier objet venu, alors? Le plus vulgaire, le plus trivial? N'exagérons rien. Nous avons le droit de choisir dans la nature. Qui dit réalisme ne dit pas trivialité. Si quelques artistes nouvellement convertis à la théorie l'ont compromise par des ardeurs de néophytes, et ont exposé par bravade des œuvres d'une trivialité voulue, le réalisme même n'en est pas responsable. Il ne nous dispense pas d'avoir du goût, du tact, de la délicatesse. Restons sensibles à la beauté. Dans la nature, reproduisons de préférence les spectacles qui sont les plus féconds en impressions esthétiques. Faisons-nous même une loi de ne représenter que ce que nous estimons beau en soi, et digne qu'on en fixe à jamais l'image. Mais nos goûts ne seront pas étroits et exclusifs. Par cela même que nous aurons le culte de la nature, nous la suivrons toujours dans son œuvre d'un regard de sympathie; nous aurons l'âme ouverte à toutes ses beautés. Plus notre éducation esthétique sera avancée, plus nous trouverons dans le monde de choses à admirer. Dans l'objet que le vulgaire dédaigne nous saurons voir un charme de poésie, une beauté de lignes ou de couleurs, un jeu de lumière intéressant et qui vaut d'être noté. Les anciens philosophes disaient que rien n'est vil dans la demeure de Jupiter. Autant en doit dire le véritable artiste.

Dans la nature est toute beauté. En dehors d'elle, que pouvons-nous imaginer qui ne soit discordant, banal et faux?

Si nous comprenions bien quelle perfection elle donne à toutes ses œuvres, il serait pour nous évident que nous ne pouvons y changer quoi que ce soit sans tout gâter. Toutes les transformations que l'imagination d'un artiste peut faire subir à la forme des objets réels sont des profanations. Je ne parle même pas de ces monstres bizarres qui semblent conçus dans un délire; ni de ces étranges manipulations qui consistent, sous prétexte d'interpréter la nature, à la simplifier, à la généraliser, à la styliser, à l'ornemaniser, en un mot à la déformer de mille façons. Mais n'est-il pas vraiment sacrilège, quand on y réfléchit, de penser seulement à corriger la nature, pour la mettre en conformité avec un idéal préconçu? Chaque être est ce qu'il doit être, un équilibre, une harmonie. Dans tout organisme, une loi impérieuse de corrélation règle le développement de toutes les parties. Si vous y changez un détail quelconque, rien ne s'y tient plus d'ensemble. L'être ainsi modifié devient contradictoire, il ne serait pas viable. La nature entière s'oppose à ce qu'il existe; et en ce sens on peut redire avec Pascal que « le nez de Cléopâtre, s'il eût été plus court, toute la face de la terre aurait changé ». Ces images soi-disant perfectionnées que l'art idéaliste nous met devant les yeux comme type exemplaire de beauté sont en réalité aussi incohérentes, aussi disparates, aussi absurdes que des centaures ou des chimères; si notre éducation esthétique était plus avancée, si nous avions plus que nous ne l'avons le sens des harmonies physiologiques, nous ne saurions les considérer sans une sorte de répugnance : ce sont des monstres.

On invente dans l'intention de renouveler son répertoire d'images. Le plus grave inconvénient de la méthode imaginative, c'est justement sa tendance à retomber dans les routines. Ceci n'est point un paradoxe. Rien n'est banal au fond comme la fantaisie. On l'a mainte fois constaté en littérature. Il est impossible de créer de toutes pièces des types vivants et originaux. Les romanciers, les dramaturges qui négligent de se mettre en contact direct avec la réalité, qui ont la prétention de tirer d'eux-mêmes la substance de leur art, retombent malgré eux dans les formules connues. Les personnages qu'ils mettent en scène sont de simples fantoches, des êtres de convention, tout en surface, dont au premier mot nous pénétrons à fond le caractère; ils nous font tous l'effet de vieilles connaissances; et l'action dans laquelle on les engage se réduit toujours à un jeu de situations très monotone. La littérature de pure imagination est la plus creuse de toutes et la moins variée. Il en est de même pour l'art. Dès qu'il perd de vue la nature, il devient banal, monotone et insipide. Essayez de composer de tête des paysages, vous en arriverez à toujours refaire le même paysage. Essayez d'imaginer des attitudes, des jeux de physionomie, vous retomberez constamment sur les mêmes types. Revenez à la nature, elle vous rendra la variété de formes, l'accent individuel que l'imagination était impuissante à vous fournir!

Qu'une esquisse, qu'une pochade, qu'une vignette sans importance soit faite de fantaisie, il n'y a pas grand mal à cela; ce n'est qu'un jeu. Mais toute composition un peu sérieuse et qui a quelque prétention à l'art doit être faite d'après nature. Pas un instant on ne doit perdre de vue le modèle.

Cette règle n'est-elle pas un peu sévère, nous demandera-t-on? Que l'objet représenté ait existé ou non, peu nous importe au fond, pourvu qu'il soit vrai, c'est-à-dire conforme aux lois de la nature. — Nous ne sommes pas de cet avis. Il ne nous est nullement indifférent de penser qu'une œuvre a été faite sur nature, ou de fantaisie. Soit par exemple la représentation d'un visage humain. L'idée que cette image est un portrait n'en augmente-t-elle pas singulièrement la valeur? Ce que vous avez devant vous, ce n'est pas seulement une toile peinte, c'est une personne qui a vécu, pensé, senti; voilà les yeux qu'elle avait; voilà quelle était sa physionomie; et vous la regardez comme le peintre l'a regardée lui-même, cherchant à la pénétrer jusqu'à l'âme, à la comprendre, à saisir en elle ce je ne sais quoi d'intime et de profond, ce principe d'individualité qui fait que l'on est Soi et non un autre. Vous éprouvez cette sensation que nous décrit Edgar Poë dans son *Portrait ovale*, d'avoir devant vous la vie elle-même, quelque chose de la vie du modèle, que le peintre lui aurait retiré peu à peu dans sa contemplation absorbante pour le faire passer sur la toile. On vous avertit qu'il y a méprise. Ce que vous preniez pour un portrait n'est qu'une tête de fantaisie. Aussitôt tout intérêt s'évanouit; l'image devient impersonnelle et insignifiante. N'en sera-t-il pas de même pour toute œuvre d'art que nous ne sentirons pas directement inspirée de la nature? Nous ne saurions nous intéresser à des objets fictifs, à des êtres de conventions comme nous le ferions à la réalité. — Mais si l'artiste a su leur donner un accent de vérité suffisante, vous ne vous apercevrez même pas qu'ils sont inventés. — On s'en aperçoit toujours. Qu'on nous montre un simple croquis, nous aurons vite discerné s'il est fait *de chic* ou d'après nature. Dans une étude faite d'après le modèle, nous distinguerons encore ce que l'artiste a consciencieusement étudié sur le vif de ce qu'il a fait de pratique et par routine. Entre la fiction et la réalité il y a toujours une différence perceptible; et cela même suffit à prouver que dans toute fiction il doit y avoir quelque chose de faux. C'est l'illusion commune des imaginatifs, de se figurer qu'ils peuvent évoquer par un simple effort de vision mentale l'image intégrale des choses. Il ne faudrait pas regarder de trop près à l'exactitude de ces images. Je suis persuadé qu'en étudiant avec soin une toile quelconque, faite d'imagination ou même de souvenir, on y découvrirait bien des inexactitudes et des invraisemblances. Quelle que soit la somme d'observations dont on dispose, jamais on ne connaîtra la nature assez à fond pour pouvoir continuer son œuvre et faire les choses comme elle les ferait. Sortir du réel, c'est en même temps sortir du vrai. Nous maintiendrons donc en toute rigueur notre règle de ne rien représenter que d'après nature, puisque l'artiste ne saurait s'en écarter sans inconvénient. Ne doit-il pas s'interdire à lui-même d'une façon absolue tout ce qui diminuerait, si peu que ce soit, la valeur et l'intérêt de son œuvre?

Au réalisme du sujet doit correspondre le réalisme de l'exécution. Quelques enfants perdus du réalisme ne l'ont pas compris, et sont arrivés ainsi à nous présenter des images assez incohérentes, que l'on a fort admirées dans certains cénacles, mais que le bon sens esthétique de la foule n'a jamais admises : je veux parler des impressionnistes. Que l'on examine une de leurs toiles. On sera frappé de leur parti pris de choisir leurs sujets dans la réalité la plus familière et même la plus triviale, comme de leur mépris pour tous les artifices de la composition. Peu leur importe la façon dont le cadre coupe les figures, ou le grossissement démesuré que prennent certaines images quand l'objet est trop rapproché de l'œil : il semble que le système soit d'ouvrir les yeux au hasard et de peindre ce que l'on aura vu. C'est un parti qui peut s'admettre à la rigueur; mais au moins faudrait-il le suivre jusqu'au bout, et peindre comme on les voit les choses que l'on voit. Les impressionnistes ne s'en sont pas avisés. Ils semblent au contraire s'être appliqués à compenser le réalisme du sujet par l'extrême fantaisie de l'exécution. Aussi le spectateur est-il déconcerté devant cette image d'objets très réels représentés sous un aspect tellement surnaturel qu'on serait tenté, pour achever la confusion, d'y voir des intentions symboliques. Le réalisme sérieux n'a pas de ces incohérences. — Qu'on se garde surtout de les excuser en disant que les artistes ont bien le droit de nous apporter leur vision personnelle de la nature. Quoi donc? Voient-ils les choses autrement que nous? Sont-ils daltoniens pour intervertir ainsi les couleurs? Ou bien ont-ils, comme les insectes, des yeux à facettes qui voient les choses en pointillé? Il serait temps de renoncer à cette plaisanterie. Il ne s'agit évidemment pas là d'une façon de voir la nature, mais d'une façon de la rendre. Or il n'y en a qu'une qui soit recommandable, celle qui nous donne de la réalité l'équivalent le plus approché. Quel que soit le procédé dont l'artiste dispose et la matière qu'il met en œuvre, toujours il doit chercher à se rapprocher de l'imitation littérale autant que le comporte ce procédé ou cette matière. Gardez-vous d'interpréter! Serrez la réalité d'aussi près que possible! Votre seul souci doit être d'en reproduire le plus fidèlement possible les apparences. Les procédés les moins conventionnels sont les meilleurs. Un visage ne nous apparaît ni comme zébré de hachures, ni comme pointillé de petites taches, ni comme lavé de teintes plates, ni comme cerné d'un trait noir. Donc ces diverses façons de représenter un visage sont fausses, et de telles conventions sont défectueuses.

Le trompe-l'œil alors? — Et pourquoi pas? Étrange appréhension, quand on imite, de craindre d'aller trop loin dans l'imitation. Arriver jusqu'au trompe-l'œil, c'est simplement éliminer jusqu'aux dernières différences qui séparaient la copie du modèle. L'illusion tend alors à se produire. Sans doute elle n'a rien de précieux en elle-même; rien n'est plus facile que d'abuser les yeux par quelque artifice d'éclairage ou de perspective, comme dans les dioramas; mais quand elle est obtenue sans aucun artifice, par les seules ressources de la peinture, par l'exactitude parfaite du rendu, alors elle est un véritable tour de force, un miracle de virtuosité, et l'on est en droit de l'estimer très haut, comme la meilleure preuve que l'artiste est arrivé aux dernières limites de son art. — Mais je voudrais mettre dans mon œuvre quelque chose de personnel! — Qu'est-ce que cette personnalité encombrante qui veut à toute force se faire une place dans l'œuvre d'art? Quel est ce besoin de l'artiste, de s'interposer entre la nature et moi, et de me faire constamment sentir sa présence? Qu'il me la fasse oublier, au contraire; qu'il me cache son art, qu'il soit aussi objectif, aussi impersonnel que possible. Je ne devrai reconnaître ses œuvres qu'à leur perfection.

Pour décider les artistes à renoncer immédiatement à la méthode imaginative, il ne reste plus à leur montrer qu'une chose, c'est que cette méthode n'a devant elle aucun avenir. On a dit quelquefois que le réalisme était l'enfance de l'art. On estime donc qu'avant d'imaginer les choses l'artiste a dû commencer par les figurer telles qu'il les voyait, et que l'art d'invention a dû succéder au réalisme comme un raffinement artistique. Singulière méprise!

C'est le contraire qui est vrai. En tout pays les arts du dessin, à leur début, n'ont guère été qu'un jeu d'imagination. L'enfant, le primitif, ne songent guère à copier les objets qu'ils ont sous les yeux. Ils dessinent pour se donner un plaisir de représentation, pour s'aider eux-mêmes à mieux se figurer des scènes de fantaisie, des choses passées, lointaines ou irréelles; et ils les représentent telles qu'ils se les figurent, avec les simplifications inhérentes au souvenir, avec les exagérations du sentiment, avec les déformations de la fantaisie. Que leur dessin soit incomplet, incorrect, peu leur importe, pourvu qu'il leur donne l'idée de la chose. Le souci d'art est nul encore. Il leur serait d'ailleurs trop difficile de dessiner d'après nature. S'ils l'essaient parfois, rebutés de cette tentative malheureuse, ils y renonceront bien vite. Il y a dans la réalité tant de détails que le crayon ne peut rendre, et dont pourtant le regard ne peut faire abstraction! Entre l'objet que l'on perçoit et la naïve silhouette qu'en peut tracer une main novice, la différence est si criante! Voyez un enfant qui s'essaie à dessiner d'après nature. Il s'y applique d'abord avec une extrême contention d'esprit. Sa tête s'incline. Sa langue suit les mouvements de son crayon. Mais bientôt cet effort le fatigue. Il s'aperçoit que sa copie ne ressemble guère à l'original. Alors c'est fini. Par dépit ou par jeu, il achève son dessin en le faisant tourner au grotesque. Demandez-lui ce qu'il voulait dessiner! Rien, vous répondra-t-il : c'est de la fantaisie. Telle est l'histoire de l'art imaginatif. Il invente par impuissance et par paresse, faute de pouvoir imiter. N'est-ce pas en effet plus commode? On ne s'astreint à aucune tâche définie d'avance. Quoi que l'on fasse, on peut dire que c'est précisément cela que l'on voulait faire. Le contrôle est impossible. Mais que vaut cet art de moindre effort? Ce n'est qu'un jeu d'enfant. Plus tard seulement, quand la main se sera exercée et sera devenue capable d'exactitude, on pourra prendre plaisir à l'imitation littérale. C'est alors seulement qu'on en sentira le prix. Loin de les porter du réalisme à la convention, l'affinement du sens esthétique fait évoluer les arts du dessin de la convention au réalisme.

Ce progrès, bien entendu, ne se fait pas par ascension constante, par élimination continue de l'élément conventionnel. Il est des époques stagnantes, où l'art n'avance plus, et se corrompt. Après s'être porté, d'un effort puissant et énergique, vers la nature, il semble la perdre de vue, ferme les yeux, et s'endort dans les routines. On serait tenté de dire que c'est par fatigue. Je ne le crois pas. Ce sont les maîtres qui ont fait effort; pourquoi les disciples seraient-ils fatigués? J'expliquerais plutôt cette torpeur par l'admiration même qu'ont excitée les œuvres de progrès. La perfection des résultats obtenus voue l'art à sa décadence en lui faisant croire qu'il a trouvé ses formules définitives [1]. L'œuvre se poursuit, mais anonyme, impersonnelle, industrielle. La période de floraison est passée. La flamme vivifiante s'est éteinte. On décalque à perpétuité de vieux poncifs, œuvre méprisable si jamais il en fut; on copie des copies; et les procédés mêmes vont s'altérant dans un métier sans sincérité, sans élan et sans foi. C'est l'histoire de l'académisme, qui si longtemps a imposé à la peinture et à la sculpture des types surannés. Plus près de nous, c'est l'histoire de ces écoles qui veulent nous imposer certains procédés d'expression artificiels, certaines poses convenues, certaines figures d'un prétentieux symbolisme : art de mode et de snobisme, moins naturel encore que l'académisme, et qui par conséquent ne s'imposera pas, nous l'espérons bien, aussi longtemps. Quand les conventions en sont tombées là, de leur excès même sort le remède. Dégoûté de sa propre banalité, l'art revient brusquement au vrai. De nouveaux artistes viennent, qui s'avisent de représenter les choses comme ils les voient; et ces œuvres, exécutées gauchement mais en toute sincérité, sont bien plus intéressantes à tous les points de vue et nous donnent bien plus la sensation de l'art que la composition la plus habile faite de pratique : on y sent l'effort naïf de l'artiste, libéré de toute convention, pour se mettre

1. Voir dans Georges Perrot, *Histoire de l'art dans l'antiquité*, et notamment t. I, p. 82, l'éloquent exposé de cette dégradation de l'art par l'abus des conventions. L'auteur incline même à penser que les artistes, une fois emportés par le courant, ne sauraient d'eux-mêmes le remonter. Une société, dit-il, ne réussit à s'affranchir, dans une certaine mesure, de la tyrannie des conventions, que lorsqu'elle est profondément renouvelée par l'infusion d'un sang étranger ou par de grands mouvements philosophiques et religieux.

en contact direct avec la vie. On découvre à nouveau, avec un plaisir infini, le monde réel. C'est une crise de réalisme, crise salutaire dont l'art sort rajeuni, retrempé aux sources fraîches de la nature.

Ces leçons ne devraient pas être perdues pour nous. Restons dans la réalité, puisque tôt ou tard il nous faudrait y revenir! Adoptons franchement, résolûment le réalisme! Cette doctrine est simple et franche. Elle fournit au goût un sûr critérium pour juger de la valeur des œuvres. Elle assigne aux artistes, comme terme de leur effort, un but bien défini, et digne de cet effort. Seule elle peut et doit nous satisfaire pleinement.

Ainsi de proche en proche toutes les tentatives de l'imagination pour intervenir sous un prétexte quelconque dans la composition de l'œuvre d'art se trouvent déjouées. Arrière cette faculté menteuse, qui transfigure la réalité et veut nous la faire voir à travers ses prismes! L'artiste en somme est un témoin. Il nous doit la vérité sur la nature; non peut-être toute la vérité; mais rien que la vérité. Moins il sera imaginatif, mieux il remplira sa mission.

CHAPITRE II

LES DROITS DE L'IMAGINATION

Telle est l'objection réaliste. Je ne crois pas en avoir atténué la force. Il faut répondre.

Je ne veux dire aucun mal du réalisme. Nous pourrions nous donner le plaisir facile, pendant que nous avons la parole et qu'il ne peut répliquer, de l'accabler de nos ironies. Ce serait intolérance et injustice. Il procède de deux sentiments éminemment respectables, le souci de la vérité et l'admiration de la nature. Il a inspiré des œuvres de tout premier ordre. S'il est un réalisme froid et indifférent, qui copie les choses réelles par impuissance à rien inventer, et les reflète passivement comme le ferait un miroir, il est un réalisme ardent, passionné, qui se voue à reproduire les images de la nature parce qu'il y voit la suprême beauté, qui contemple les choses d'un regard avide pour en absorber l'essence et la faire passer dans son œuvre, qui poursuit avec un acharnement désespéré, comme un idéal inaccessible, son rêve d'imitation intégrale. Il sait ce qu'il veut : c'est une force. La tâche qu'il entreprend est vraiment belle. S'étant proposé comme fin l'imitation, ce qui est son droit, il est logique en essayant de la porter jusqu'à l'exactitude absolue. Je ne comprends guère qu'un artiste s'attache pendant des mois à reproduire avec une patience infinie les moindres détails d'un objet vulgaire, sur lesquels les yeux s'attacheraient à peine un instant dans la réalité. Mais plus l'objet a de valeur propre et de dignité, plus il est digne qu'on le représente exactement. Il est dans le monde des choses si belles et qui nous tiennent tant au cœur, que nous voudrions en avoir toujours l'image devant les yeux, l'image fidèle, intégrale, absolue. C'est à ce désir que répond l'art réaliste.

Il est utile, il est indispensable encore comme étude, pour obliger l'artiste à se rendre maître de son métier. L'imagination est complaisante, elle se prête aux caprices de l'exécution; si le pinceau ou l'ébauchoir ne rend pas exactement son idée, elle en prend trop facilement son parti. Le réalisme au contraire est une école sévère. Il est bon que le peintre, que le sculpteur s'exerce à reproduire son modèle sans tricherie, sans compromis, en toute rigueur. — Il est indubitable enfin que ces brusques retours au réalisme, dont on parlait tout à l'heure, sont parfois nécessaires pour rompre avec des conventions fâcheuses. L'art s'en allait à la dérive, il faut qu'il reprenne pied dans la ferme réalité.

Nous admettons donc pleinement l'art réaliste. Ce que nous ne saurions accorder à ses partisans, c'est qu'il soit le seul art possible et recommandable. Courbet est un véritable artiste; mais tout l'art n'est pas dans Courbet.

Pourquoi notre seul souci devrait-il être d'imiter? Quelle obligation supérieure nous voue à la tâche de fixer sur la toile l'image des objets, d'en reproduire la forme dans l'argile? Sans doute nous le faisons parce que cela nous fait plaisir. Nous avons une faculté dont la fonction est de nous représenter les choses, et qui veut s'exercer. Mais si cette faculté, de par son activité propre, tend aussi à modifier les images, à les faire entrer sans cesse dans des combinaisons nouvelles, à inventer en un mot, pourquoi lui refuserions-nous cette satisfaction? Si j'ai de l'imagination inventive, que veut-on que j'en fasse? L'art d'invention a les mêmes droits, la même raison d'être, il existe absolument au même titre que l'art d'imitation. On n'invente ni par pénurie de sujets réels, ni par impuissance à imiter, ni par dédain de la nature, mais par fécondité, par besoin et par joie de créer, par exubérance d'imagination.

Gardez-vous, nous dit-on, de toucher à la nature, vous la gâteriez! On a mille fois raison. Nous ne troublerons donc pas l'harmonie des choses; nous ne taillerons pas les arbres, nous ne déformerons pas les corps, nous ne ferons pas de monstres. Mais l'oublierait-on par hasard? L'artiste imaginatif n'a jamais songé à rien faire de tel. Quand il se livre à ses plus étranges fantaisies, dérange-t-il la nature dans son œuvre? Il la laisse chez elle et reste chez lui. Ce qu'il prend plaisir à modifier et transfigurer, ce ne sont pas les objets réels : c'est la simple représentation de ces objets. Des peupliers se reflètent dans un étang : s'il me plaît d'agiter l'eau pour voir onduler et vaciller leur image, dira-t-on que je déforme la nature? Je ne trouble qu'un reflet. Ainsi de l'artiste. Il ne déforme que son œuvre : qu'il en fasse donc ce qu'il veut. Que cet effort de l'imagination pour transformer l'image des choses réelles soit aventureux; qu'il expose l'artiste à tomber dans le bizarre et l'incohérent, cela est possible. N'importe, nous avons le droit de courir cette aventure.

Mais ce que vous ferez ne vaudra jamais ce que fait la nature? — Chacun fait ce qu'il peut et produit selon ses aptitudes. La pâquerette ne vaut pas la rose : est-ce une raison pour que la pâquerette se décourage de fleurir? Quand mon art n'égalerait pas en perfection plastique les œuvres de la nature, serait-ce une raison pour renoncer à mon art? Si médiocre que soit la valeur des images créées par l'artiste, au moins il a le mérite de les avoir créées. Et pourquoi ces images seraient-elles sans valeur? Pourquoi même n'atteindraient-elles pas à la perfection des œuvres de la nature? L'homme est dans la nature, après tout. Les mêmes lois profondes qui président à la formation des êtres dans le monde organique président dans l'esprit de l'artiste et du poète à la formation spontanée des images. On ne voit pas pourquoi le résultat serait forcément plus défectueux. Ne soyons pas modestes à l'excès. Ne nous effaçons pas trop humblement, nous les êtres intelligents et conscients, dans le grand concert. Tout n'est pas adorable au même degré dans le monde. Le hasard y joue un certain rôle, et ses combinaisons ne sont pas toujours heureuses. Tout n'est pas méprisable dans l'art humain. Pourquoi notre goût, qui est bon pour juger des choses, ne le serait-il pas pour diriger le travail de l'invention? En fait, certaines lignes, tracées de la main d'un artiste, ont dans leur fantaisie une grâce incomparable; certaines harmonies de couleurs trouvées par nos décorateurs valent bien celles que nous admirons sur les ailes des papillons, sur les plumes des oiseaux et sur les pétales des fleurs; certaines statues sont plus parfaites de forme que ne l'était le modèle consulté par l'artiste; certaines figures, imaginées par nos peintres, ont une beauté saisissante que nous n'avons jamais perçue dans un visage humain. L'idée que la nature dépasse infiniment l'art humain repose sur un malentendu. On estime qu'elle nous est de tous points supérieure, parce que nous sommes impuissants à l'imiter exactement. Nous ne saurions en effet faire aussi bien qu'elle les mêmes choses; elle a ses procédés dont nous ne disposons pas. Mais elle non plus ne saurait faire ce que nous faisons; et c'est précisément dans les œuvres où nous cherchons le moins à l'imiter que nous rivalisons le mieux avec elle. — Nous avons donc le droit d'inventer, et ces inventions ont leur beauté, leur valeur d'art.

Reste cette prééminence que l'on essaie d'attribuer à l'art réaliste. Ses partisans, tout en nous concédant qu'il n'est pas le seul art possible, affirmeront encore qu'il est le comble de l'art. Cette prétendue supériorité est bien contestable. Dira-t-on que les genres qui ont plutôt une tendance au réalisme, comme la nature morte, le paysage, le portrait, sont en soi supérieurs à tous les autres? Qu'ils exigent un plus riche ensemble de dons artistiques? Qu'ils peuvent plus que les autres nous donner l'impression du grand art? Cela ne se soutient pas. Dans ces genres même, estimerons-nous davantage les œuvres qui se rapprochent davantage de l'art réaliste, c'est-à-dire celles que l'artiste aura le moins marquées de son empreinte personnelle? Cela peut se discuter. En somme, le réalisme a son domaine à part, dans lequel il est maître; mais ce domaine est un peu étroit. Les œuvres vraiment réalistes, c'est-à-dire celles qui le sont par l'exécution autant que par le sujet, n'absorbent qu'une infime partie de l'activité artistique.

L'artiste qui serait tout à fait dépourvu d'imagination inventive sera étrangement timoré. Il posera sur une table un objet quelconque, un vieux bouquin, une bourriche d'huîtres, ou le classique hareng-saur, et le reproduira avec soin. Ou bien il s'en ira aux champs, cherchera quelque site pittoresque qui fasse de lui-même tableau, et en fera passer le plus exactement possible l'image sur la toile. Il peindra des portraits. Dans ses audaces, il se risquera jusqu'au tableau de genre, bien que cela commence à devenir gênant pour lui. Il ne se sent en sécurité que lorsqu'il a devant lui un modèle, animé ou inanimé, qui tienne la pose et qu'il puisse copier à loisir. Il a conscience de ce qui manque à son organisation artistique : il sent bien que certains genres lui sont à tout jamais fermés. Je parle des sincères, des modestes. Les autres sauvegarderont leur amour-propre en déclarant que ces genres n'existent pas, et qu'en dehors de l'imitation littérale il n'y a pas d'art possible.

Alors même qu'il se trouvera en présence du modèle, l'artiste de peu d'imagination sera très circonspect. Son dessin se fera maigre, étriqué, resserré. Il n'osera rien changer à son modèle. Tandis que les imaginatifs prennent plaisir à repétrir puissamment et largement les formes, il se croira tenu de les reproduire servilement. Dans la technique de l'exécution, il sera bien obligé de s'en tenir aux procédés connus, que d'autres ont inventés pour lui. On peut supposer un peintre ou un sculpteur qui serait tout à fait dénué d'invention; il en est certainement dans ce cas, et qui peuvent arriver à des résultats assez satisfaisants. Ce sont plus que d'honnêtes médiocrités. Ils peignent, ils sculptent parfois aussi bien que le maître. Toute la différence est qu'ils ne font rien que le maître n'ait fait avant eux. Ne pouvant qu'imiter, ils sont nés disciples. Quand leurs œuvres seraient irréprochables, elles comptent à peine dans l'histoire de l'art, puisqu'elles ne peuvent nous apporter aucun élément nouveau.

S'il fallait choisir entre un art absolument réaliste, où l'imagination inventive ne tiendrait aucune place, et un art absolument fantaisiste, qui ne s'inspirerait en aucune façon de la réalité, je comprendrais qu'on hésitât. J'accorderais même que mieux vaut encore le réalisme. Mais telle n'est pas l'alternative qui se pose. Dans les œuvres d'imagination, l'imitation a aussi une place. L'aptitude à inventer n'exclut pas le sens du réel. Dans les compositions du peintre ou du sculpteur le plus imaginatif, vous trouverez des morceaux qui ont été exécutés d'après nature, étudiés sur le modèle, ou qui sont à tout le moins une réminiscence de la réalité. Ainsi l'art d'imagination peut concilier le réalisme avec l'invention. Il est plus complexe que le réalisme pur. Il suppose des dons plus riches. C'est donc à lui que nous accorderons plutôt la suprématie.

Dirai-je toute ma pensée? Je crois que le réalisme, loin de pouvoir être regardé comme l'art de l'avenir, est destiné à perdre de jour en jour du terrain. Ce qui fait actuellement sa valeur, c'est sa très réelle difficulté. Avec les procédés d'art dont nous disposons, pour reproduire avec une suffisante exactitude une figure humaine, un paysage, il faut beaucoup de talent. Mais on peut le remarquer : déjà ce talent devient de moins en moins rare. Nos maîtres nous ont appris à voir la nature; ils nous ont donné des formules et des procédés pour en traduire les divers aspects. Leurs secrets sont tombés dans le domaine commun. Le simple savoir-faire, en devenant accessible à tous, a perdu de son prix. Chaque année, quand s'ouvrent nos Salons de peinture, écoutez nos critiques d'art; tous commencent par se lamenter : nous sommes débordés, s'écrient-ils, la médiocrité nous envahit, tout le monde a du talent! Il faut aussi compter avec les procédés techniques qui vont se perfectionnant de jour en jour. Qui sait ce que nous réserve la science? Déjà nous avons la photographie, qui est autrement exacte que le dessin le plus scrupuleux; que demain le problème de la photographie des couleurs soit pleinement résolu, et la peinture strictement réaliste aura vécu. On ne s'obstinera plus à faire laborieusement et imparfaitement par le procédé artistique ce que l'on pourrait faire sans peine et infailliblement par le procédé industriel. Quant à l'art personnel, inventif, imaginatif, il n'a rien à craindre des progrès de la science; aucun appareil ne pourra se substituer à lui dans sa fonction propre. C'est à lui qu'est l'avenir : à jamais il gardera son prix.

Il était nécessaire, avant de continuer notre étude, d'écarter ce préjugé réaliste qui nous barrait la route. Maintenant étudions le rôle de l'imagination inventive dans l'art, non plus avec défiance, en essayant de nous en dissimuler l'importance à nous-mêmes, mais avec sympathie. Nous arriverons ainsi à nous convaincre que cette faculté intervient presque constamment dans l'élaboration de l'œuvre d'art. Ce n'est donc pas une faculté de luxe dont on pourrait se passer à la rigueur, mais une faculté essentielle, sans laquelle il n'y a pas d'artiste complet.

CHAPITRE III

L'INVENTION TECHNIQUE

I

MOYENS D'EXPRESSION

L'imitation artistique n'est jamais littérale. Elle ne peut pas l'être. Sur la toile ni dans le marbre on ne saurait rendre avec une exactitude absolue la forme des objets, leur coloration, leur luminosité, leur mouvement, en un mot leur apparence visible. Voici par exemple une prairie parsemée de fleurs légères qui ondulent au vent. Si j'essayais de reproduire tous les détails que mon œil y perçoit, ma vie n'y suffirait pas. Et comment copier un objet mobile? Comment traduire, en une image fixe, son mouvement même? Il faudra donc que j'use d'artifice, que je traduise, que j'interprète. Je peindrai la prairie en teintes plates; quelques taches colorées posées à propos donneront l'impression de ces ombelles délicates, de ces graminées légères que leur mouvement rend comme vaporeuses; par la direction des touches, par l'allure même du pinceau je m'ingénierai à rendre le sens de ce mouvement. Un autre peintre trouverait d'autres équivalents. Quand après avoir regardé de loin un tableau qui rend admirablement certains effets de nature on s'approche pour voir comment ce résultat a été obtenu, on est souvent surpris de l'ingénieuse simplicité du procédé; parfois ce ne seront que des taches informes et bizarres; et l'on a peine à comprendre par quelle *anamorphose* elles peuvent produire de loin semblable effet. — Soit encore un arbre à représenter. Il est tout à fait impossible de peindre le feuillage d'un arbre tel qu'on le voit, en copiant les feuilles une à une. On n'en donnera jamais qu'une image conventionnelle. Chaque paysagiste a son procédé. Celui-ci se contentera de poser les masses. Celui-là donnera quelques détails, et laissera à l'imagination le soin de concevoir le reste. Celui-là nous fera voir dans un arbre comme une pluie de feuilles. — S'agit-il d'un buste, d'une statue? Il faudra de même trouver quelque moyen plus ou moins ingénieux pour rendre ce que nous ne pouvons matériellement représenter, une fine et souple chevelure de femme, une barbe floconneuse ou hérissée, la couleur des yeux, l'expression du regard.

La nécessité de l'invention technique est particulièrement évidente dans le dessin proprement dit. Le procédé étant plus artificiel, il est plus difficile à l'artiste de trouver des équivalents aux effets qu'il veut rendre, et il lui est nécessaire de s'ingénier davantage pour y réussir. Il marquera par exemple le contour des objets par un trait. Ceci est déjà une invention; la ligne n'est pas dans la nature : ce n'est qu'un procédé expéditif pour découper sur le papier la silhouette des objets et en établir la masse. Il indiquera le relief par des traits enveloppants; mais si ces traits sont expressifs de la forme et à ce titre peuvent être employés, ils sont plus artificiels encore qu'une ligne de contour. Il rendra les ombres par des hachures visibles, ou par un pointillé, ou par quelques traits parallèles; mais ceci est une façon d'exprimer que telle partie de l'objet est privée de lumière, plutôt qu'une imitation de la teinte qu'elle prend dans l'ombre. Il s'efforcera enfin de rendre avec son crayon la couleur même. Cela semble difficile. Le dessinateur n'emploie qu'une gamme de tons très restreinte, qui va du blanc de son papier au noir de son crayon. A vrai dire il ne dispose même, pour faire impression sur notre œil, que d'un agent sensible, la lumière plus ou moins amortie. La couleur au sens propre du mot lui semble interdite. Aussi a-t-elle pour lui un attrait irrésistible. Que peut-il donc faire pour nous en rendre l'impression? Il maniera son blanc et son noir comme il manierait des couleurs, les rabattant pour les assourdir, les dissociant pour les faire vibrer, ici les opposant par larges contrastes, là les fondant en nuances intermédiaires. Il s'en servira pour nous faire sentir, non seulement que tel objet est dans l'ombre ou la lumière, en retrait ou en relief, mais qu'il est gris, blanc ou noir, uni ou tacheté, clair ou foncé, ce qui est déjà une sorte de coloration. Reste à nous donner l'impression que l'objet est bleu ou rose, rouge ou vert, violet ou orangé. Il va sans dire que par aucun artifice le dessin ne saurait nous suggérer de telles représentations, si nous n'avions déjà une certaine connaissance de l'objet, et si notre imagination n'était toute prête, sur la moindre sollicitation, à lui rendre ses couleurs. Encore faut-il nous inviter à faire cet effort, en nous parlant couleur, au moins à demi-mot. Aux couleurs vives de la nature on fera correspondre sur le papier des clairs bien tranchés, aux nuances dégradées des gris délicats, aux tons saturés des noirs profonds. Mais si l'on a affaire à deux couleurs de valeur identique, bien que de ton différent, comme à un bleu et à un rose aussi pâles l'un que l'autre? Il faudra que l'on s'ingénie. Cette différence de ton, on la représentera par des hachures plus ou moins serrées, par des noirs autrement granulés, que sais-je, enfin par une différence quelconque, pour que l'œil soit averti qu'il ne doit pas voir ces deux surfaces de la même couleur. — Il n'est pas jusqu'à la direction des tailles en gravure qui ne puisse être expressive de la couleur. On ne conçoit pas à première vue comment il peut s'établir une analogie quelconque entre des traits parallèles tracés dans tel ou tel sens et du vert ou de l'orangé. Pourtant des traits horizontaux, qui s'accordent mieux que les autres avec le mouvement habituel des yeux, ont quelque chose de plus doux qui les rend propres à exprimer les teintes neutres. Des traits verticaux au contraire, ayant quelque chose de plus contrariant pour le regard, d'anormal et de voyant, exprimeront plutôt des couleurs vives et tranchées. Pourquoi, dans les gravures de blason, le rouge est-il précisément figuré par des raies verticales et le bleu par des raies horizontales? En tout cas les différences de couleur seront toujours indiquées par une différence de direction. Quand il n'y aurait eu aucune raison déterminante pour adopter tel parti plutôt que tel autre dans le rendu d'une couleur, le seul fait de s'être arrêté à ce parti déterminera l'artiste à adopter pour la couleur contrastante un parti inverse. Que d'ingéniosité dépensée dans ces procédés d'expression[1] !

Sans doute ils sont connus pour la plupart. Tout artiste les a en main, pour peu qu'il ait passé par un atelier. A chaque œuvre nouvelle, on n'est pas obligé d'inventer à nouveau le dessin, la peinture ou la sculpture. Mais le plus banal de ces procédés, quelqu'un l'a inventé. Il a été, à son heure, une innovation. C'est à force de recherches, d'expériences, de tâtonnements qu'on a trouvé cette façon de rendre tel ou tel effet de la nature. Le moyen a surpris d'abord et peut-être a fait scandale, jusqu'à ce qu'il se soit imposé, et soit devenu de pratique courante. Ce sera par exemple la méthode de dissociation des tons, destinée à faire vibrer davantage les couleurs et à produire l'effet d'une extraordinaire luminosité. Ce procédé d'expression est évidemment d'invention pure, rien n'étant plus éloigné de l'imitation littérale. Examinez de près un tableau de Claude Monet, vous vous assurerez qu'aucun des tons posés sur la toile ne correspond à celui qu'a réellement l'objet. Même en tenant compte du mélange optique qui s'opère à distance, il restera toujours quelque différence; la toile gardera un aspect papillotant qui n'existe pas dans la nature: il serait d'ailleurs surprenant que des surfaces colorées, réellement aussi différentes, produisissent sur

1. Pour plus de détails, voir notre *Suggestion dans l'art*, de la couleur dans le dessin, p. 150.

la rétine une impression identique. La dissociation des tons est donc une trouvaille de coloriste, un artifice imaginé pour donner à l'œil des sensations inédites. Les premiers peintres qui ont systématiquement employé cette méthode ont semblé bien audacieux. Puis ils ont fait école, et maintenant l'invention est tombée dans le domaine public. De même pour tous les procédés traditionnels que l'artiste s'assimile dans ses années d'apprentissage. Ils représentent une somme considérable de découvertes de détail, un long et patient travail d'invention. Et ce travail n'est pas achevé. On cherche toujours. Certains peintres font sur les couleurs de véritables expériences de laboratoire, conçues et exécutées suivant la méthode scientifique. Chaque artiste, dans sa période de vitalité intellectuelle, travaille à renouveler constamment ses procédés d'expression.

Admettons que l'artiste se soit arrêté, comme on dit, à une *manière*, c'est-à-dire à un ensemble de procédés qui correspondent à sa conception personnelle de l'art : il ne faut pas croire qu'en lui la source d'invention soit pour cela tarie. S'il en était ainsi, il ferait mieux de renoncer à son art. A quoi bon s'acharner sur des œuvres où il ne pourrait plus rien mettre de nouveau ? L'invention se retrouve et doit toujours se retrouver dans le détail. On a beau s'être assimilé de son art tout ce qui en est assimilable, s'être rompu par la pratique à toutes les difficultés, s'être fait une méthode à soi dont on n'entend plus se départir, quand on se trouvera en présence du modèle on sera toujours pris au dépourvu. Pour rendre chacune des particularités de l'objet que l'on a devant les yeux, il faudra s'improviser un procédé d'expression; car la nature, nous avons eu l'occasion de le faire remarquer, ne se répète pas. On ne trouvera pas deux hommes qui aient les mêmes traits et le même teint, deux chênes qui aient leurs branches disposées de même, deux feuilles qui soient identiques de forme et de couleur. A chaque instant ce sont de nouveaux effets à rendre, pour lesquels on n'a pas de recette toute prête; et selon qu'on sera bien ou mal disposé, plus ou moins attentif, l'exécution sera neuve ou banale, lourde ou spirituelle, exacte ou approximative. Pas une seconde on n'a le droit de se laisser aller à une routine; dès que l'exécution devient machinale, elle perd toute saveur et toute sincérité. La main dévie de la ligne vraie, les tons cessent d'être justes, on commence à parler pour ne rien dire. Dès que l'artiste sent que sa pensée s'en va de ce qu'il fait, il faut que d'un effort il se reprenne. C'est pour cela que l'exécution de l'œuvre d'art est absorbante à ce point : elle exige un travail d'invention perpétuel. Il en est ici de l'art comme de la littérature. L'écrivain qui a fait ses classes connaît sa langue; il a dans l'esprit un riche répertoire d'expressions, et des figures de style d'un effet infaillible, des tournures, des mouvements de phrase, des cadres tout préparés. Cela représente son acquis. Mais il ne peut s'en contenter. Dans toute phrase qu'il doit écrire, un problème se pose : c'est une idée nouvelle à rendre, une nouvelle impression à produire. Si la phrase n'apportait rien de nouveau comme sens ni comme expression, vaudrait-elle la peine d'être écrite? Il faut donc qu'il surveille sa plume, qu'il la tionne sous le contrôle, qu'il l'empêche de se laisser aller aux formules toutes faites. Lui aussi il doit constamment inventer.

C'est cette nécessité de transposer constamment la nature et de lui trouver des équivalents par approximation qui fait la principale difficulté de l'exécution artistique. S'il ne s'agissait que de copier, cela demanderait peu de peine. Étant donné une ligne tracée sur le papier, rien de plus facile que de tracer sur une autre feuille une ligne identique. Étant donné un ton posé sur une toile, pour peu que l'on sache son métier on en aura bien vite retrouvé la formule, et l'on sera capable de le reproduire exactement. La plus fidèle reproduction du tableau le plus remarquable de facture est tenue en très médiocre estime. C'est qu'elle n'a exigé aucun effort d'interprétation, aucune transposition; on a pu se contenter de reproduire exactement ce qu'on avait devant les yeux : œuvre de simple praticien, non d'artiste. Nous attribuons au contraire sa pleine valeur à l'original, bien qu'il ait été fait lui aussi d'après un modèle; mais ce modèle, c'était la nature, qu'on ne peut copier servilement; il a fallu l'interpréter : c'est par là que l'œuvre est artistique. Le talent de l'expression, poussé à un degré extraordinaire, donnera l'impression du grand art, parce qu'il exige en effet une faculté d'invention surprenante.

L'imitation la plus littérale, celle à laquelle pourrait se vouer le peintre le plus inféodé aux doctrines réalistes, suppose donc déjà une certaine originalité d'esprit. Pour un artiste un peu imaginatif, cette nécessité de s'ingénier, de se créer constamment de nouveaux procédés d'expression, n'a rien de pénible;

elle lui donne au contraire l'occasion d'exercer une de ses facultés actives; et il le fait avec joie. Supposez maintenant qu'il ne soit asservi à aucune théorie, mais se laisse simplement aller à ses goûts, ce qui est après tout un principe d'art aussi bon qu'un autre : son imagination s'émancipera. Il inventera pour le plaisir d'inventer. Il se fera des procédés très artificiels, très conventionnels. Il interprétera la nature en toute liberté.

On veut l'astreindre à reproduire le plus exactement possible la coloration naturelle des objets? Dans bien des cas il se reconnaîtra le droit de simplifier, d'unifier les nuances, de remplacer les teintes changeantes et indéfiniment variées de la nature par quelques tons francs, fermement posés, ou dégradés suivant une loi régulière. On peut trouver de bons exemples de cette *stylisation* de la couleur dans les compositions de Puvis de Chavannes, où les colorations ont exactement la même tenue, la même simplicité un peu abstraite que les lignes, et se combinent avec elles en parfaites harmonies. Les peintres spécialement coloristes auront une tendance à monter de plusieurs tons, dans l'échelle chromatique, la coloration des objets, et souvent à remplacer leur teinte naturelle par quelque teinte tout à fait conventionnelle, pour obtenir quelque effet que la nature ne leur fournissait pas. Quel est celui qui résisterait à l'envie de placer dans son tableau, sous un prétexte ou un autre, un ton nouveau, obtenu par quelque ingénieux artifice de fusion à distance ou de contraste, qu'il a découvert après mainte expérience d'atelier, et qui est une véritable invention artistique?

Dans les arts décoratifs, le réalisme serait d'ordinaire impossible. Maniant des matières rebelles qui ne se prêtent pas facilement aux exigences de l'imitation littérale; ne disposant, comme le peintre sur faïence ou le mosaïste, que d'une palette assez restreinte, le décorateur doit se contenter de simples approximations de coloris. Ayant d'abord altéré les tons par nécessité, bientôt il le fera par goût, pour la saveur spéciale qu'il trouve à ces fantaisies d'interprétation. La nature même ne nous invite-t-elle pas à regarder les colorations comme un simple jeu d'apparences, plutôt que comme une qualité inhérente aux choses? Un reflet, une lueur incidente, un peu de brume qui s'interpose, le seul effet de l'éloignement suffit pour les modifier du tout au tout. Les couleurs, étant chose variable et relative, se prêtent avec complaisance à toutes les modifications; notre fantaisie peut s'en jouer sans que la nature lui oppose pour ainsi dire de résistance. La pratique des arts du dessin achève de nous rendre assez indifférents à leur justesse. Qu'une figure soit dessinée sur papier blanc ou bleu; qu'une statue soit modelée en argile, taillée en marbre ou coulée en bronze, cela ne nous inquiète guère. Quelle que soit la teinte réelle de la matière employée, comme elle est arbitraire et n'a aucune signification, nous l'acceptons sans presque la remarquer. Nous sommes donc habitués à dissocier le tout naturel que forment le contour et la couleur, à regarder l'un comme essentiel et caractéristique de l'objet, l'autre comme accidentelle et de pur ornement. De là notre tolérance pour les plus surprenantes inventions chromatiques. Quand dans un ornement on nous montre, à côté de roses bleues, des iris rouges et des œillets verts, notre regard, bien que dérangé dans ses habitudes, n'en est pas choqué. Ces teintes paradoxales s'écartent trop franchement du ton réel pour faire l'effet de fausses notes. Nous comprenons qu'elles sont de caprice. Pourvu qu'elles soient vives, gaies, harmonieuses surtout et faites pour réjouir les yeux, cela nous suffit, nous les tenons quittes de l'exactitude et même de la vraisemblance. On admet bien qu'une composition entière soit établie sur une teinte conventionnelle, comme dans la peinture en camaïeu : nous en coûtera-t-il beaucoup plus d'admettre que dans la même composition on puisse passer du réalisme à la convention, et d'une convention à une autre? Je sais bien que dans ce cas l'artifice est plus sensible. Mais est-il si désagréable de se sentir en pleine convention? Comme on se divertit à regarder les arbres d'un parc à travers un vitrail coloré, nous prenons plaisir à reconnaître la nature sous ces teintes arbitraires qui lui donnent une beauté bizarre et fantastique.

II

PROCÉDÉS D'EXÉCUTION

L'ingéniosité de l'artiste pourra se manifester encore dans les procédés matériels d'exécution. Chaque peintre a les siens. Ce sera une certaine façon de faire sa palette, de préparer sa toile, de triturer ses couleurs, d'éclairer son modèle, de le regarder. Le graveur aura sa façon d'attaquer le bois ou le cuivre, de faire mordre l'acide, d'encrer et de faire le tirage. Callot, dans la préparation de ses planches, s'est évertué à remplacer le vernis mou, usité avant lui, par un vernis dur qui devait lui fournir un travail plus net et plus ferme. De même dans tous les genres. Prise en elle-même, chacune de ces menues recettes est peu de chose; ce n'est qu'un artifice, un procédé, une *ficelle*, dira-t-on dédaigneusement. Mais toutes ensemble elles constituent, à vrai dire, le savoir-faire de l'artiste; elles contribuent à lui faire une originalité. Aussi les gardera-t-il parfois avec un soin jaloux. Ne le regardez pas trop travailler, il vous dira que cela le gêne. Certains ont leur atelier secret où ils s'enferment, tels les anciens alchimistes dans leur laboratoire, pour se livrer à de mystérieuses manipulations.

Ces tentatives ne sont pas toujours heureuses. Dans le feu de la composition, on s'improvise des procédés dont on attend merveille; et puis quand on revient, l'esprit rassis, à son travail, on s'aperçoit qu'on a gâché son œuvre. Galland raconte à ce sujet, dans son journal, une anecdote instructive : peignant le décor d'un dessus de porte, où des fleurs et des fruits devaient s'enlever sur un champ de marbre, il crut s'apercevoir que ce marbre était ébauché dans des tons trop chauds, trop vigoureux. Pour les atténuer, il a l'idée de les frotter avec des demi-pâtes grises : « ce qui me fait, écrit-il, un joli travail ». Le lendemain, il veut reprendre ses sujets : il trouve ses fonds lourds et embus. Pour parer à ce mécompte, il s'avise d'un subterfuge qu'il note tout de suite sur un carnet pour être sûr de ne pas perdre une si belle idée : « En finissant les contours violacés de mes fleurs et de mes fruits, j'ai frotté avec un glacis de momie, qui m'a donné un ton charmant à travers lequel on voyait le ton de frottaille, ce qui produit un effet transparent et profond. » Du coup il est ravi; mais sa satisfaction devait être de courte durée. Le soir, il va contempler son œuvre à la lampe, et revient découragé : « En quittant mon travail, écrit-il, je m'aperçois que tous ces procédés ne valent pas la simplicité avec laquelle j'ai ébauché sur papier ces mêmes dessus de porte. Les procédés nous préoccupent, nous absorbent, nous font oublier la simplicité et la poésie des choses[1] ! » Il fallut tout recommencer.

Un artiste doué d'ingéniosité ne pourra se contenter des procédés connus, quand bien même ils seraient excellents. Il faudra qu'il s'en fasse d'originaux. De là des mécomptes. Léonard de Vinci avait à un degré éminent cette faculté d'invention qui demande de toutes manières à s'exercer. Combinaisons de la peinture à l'huile avec la fresque, essais de peinture à l'encaustique, vernis de sa composition, il a multiplié les essais pour trouver une expression aux mystérieuses images qui le hantaient; et il était arrivé à rendre ainsi ce délicieux modelé des chairs, ce *sfumato* qui était pour lui l'art suprême. Mais le temps s'est vite attaqué à son œuvre. On sait comme ses compositions ont souffert de ces imprudentes expériences. — Quelques tableaux de Charles Sellier ont tellement noirci en quelques années, qu'à peine aujourd'hui peut-on en discerner le sujet. Épris, lui aussi, des mystères du clair-obscur, il aimait à reprendre ses compositions le soir, dans

1. Cité par Henry Havard, *L'œuvre de P.-V. Galland*, p. 71.

l'atelier assombri, comme le musicien qui revient plus volontiers à certaines mélodies quand la nuit tombe; et il achevait ainsi de fondre ses tableaux dans l'accord sourd des bruns, des rouges et des noirs. Dès le lendemain il lui fallait raviver sa peinture, déjà embue, par des frottis d'huile et des vernissages. Que de belles œuvres perdues de la sorte dans l'entraînement des manipulations!

Cela est très fâcheux certainement. Mais il faut bien qu'il y ait des artistes ingénieux qui s'efforcent de se faire une technique nouvelle, à leurs risques et périls. Si personne ne cherchait, qui donc trouverait? C'est à force de tâtonnements et d'essais bizarres que se font toutes les inventions. Parmi toutes les idées qui passent incessamment dans l'esprit des chercheurs, s'il s'en trouve une qui soit pratique, elle demeure, et la technique de l'art progresse.

Il ne faut d'ailleurs pas, quand on parle de l'œuvre artistique, penser trop exclusivement aux tableaux et aux statues. Il y a encore les arts décoratifs et ce que l'on appelle les industries d'art.

Nous ne nous attarderons pas à démontrer que l'art n'abdique pas en s'appliquant à l'utile. Poursuivre l'inintelligence, la vulgarité, le mauvais goût partout où ils se réfugient; ouvrir les yeux aux laideurs que l'accoutumance nous empêche de percevoir; réagir contre les partis pris de la routine et contre les caprices de la mode, plus irrationnels encore; donner à tous les objets qui nous entourent des formes à la fois plus élégantes et mieux adaptées à leur destination, des couleurs mieux assorties, une décoration mieux entendue, voilà certes une généreuse entreprise. Comme l'a compris et montré un William Morris, elle assigne aux artisans du décor une véritable fonction sociale. Elle est faite pour tenter les plus nobles artistes. La difficulté même de concilier l'utile avec le beau ajoutera au mérite de l'œuvre; ce conflit apparent se résoudra en nouvelles harmonies. Tout cela est acquis. Qu'on se rassure, je ne viens pas enfoncer des portes ouvertes. L'art décoratif n'a plus besoin d'être réhabilité.

Nous ne défendrons pas non plus les arts industriels du préjugé qui attribuait à certains procédés d'expression une indignité spéciale, à d'autres le privilège d'élever l'œuvre d'art à un niveau supérieur : idée si étrange, que nous avons peine à comprendre comment elle a pu si longtemps s'imposer à la critique. Justice en est faite aujourd'hui. Que l'artiste se serve de la peinture à l'huile, de l'aquarelle, de la gouache, du pastel, des émaux colorés, de la laine ou de la soie; qu'il lui plaise de travailler le marbre, le bronze, l'ivoire, le bois, le verre ou le cuivre, peu importe : le choix de telle ou telle matière n'a rien à faire avec l'estime dans laquelle nous devons tenir son œuvre. Tout ce que nous lui demandons, c'est de se rendre compte des ressources propres de la matière dont il dispose, et pour rendre une idée donnée de choisir le procédé le plus capable de l'exprimer dans sa plénitude.

Dans ces arts divers la technique a plus d'importance encore qu'elle n'en a dans la peinture ou la sculpture, et requiert plus d'ingéniosité. Pour tourner de ses doigts un pot d'argile, pour appliquer une anse sur un carafon de verre, pour forger une grille, pour assembler une table, moins que cela, pour donner correctement un coup de lime ou un trait de scie, il faut des années d'apprentissage. Ce sont pourtant là des besognes que le décorateur n'a pas le droit de dédaigner et d'abandonner à de simples praticiens. Il faut qu'il se fasse potier, verrier, serrurier, menuisier, et se charge lui-même de l'exécution technique de l'objet à décorer, s'il veut nous présenter des œuvres homogènes qui soient conçues tout entières, forme et décor, dans le même esprit. Il faut qu'il se rende absolument maître des procédés de son art, pour arriver à l'exécution impeccable. Mais comment se fait cet apprentissage? Comment s'obtient cette habileté technique? Ce n'est pas une routine à prendre; ce sont des méthodes à découvrir. Il faut s'ingénier continuellement à trouver la meilleure façon de pousser l'outil, le tour de main qui abrège la tâche, les artifices par lesquels on déjoue le mauvais vouloir de la matière. Tout cela est trop minutieux pour pouvoir être enseigné, il faut qu'on l'imagine de soi-même, au cours de l'exécution; et l'on n'y arrivera qu'à force d'essais, par une expérimentation continuelle. L'adresse du bon ouvrier n'est pas dans ses mains, elle est dans sa tête.

Voilà donc un champ largement ouvert à l'ingéniosité des artistes. Ils manipuleront eux-mêmes les matières diverses. Ils s'assimileront le métier qui les met en œuvre. Mais ce ne sera pas assez. Ils voudront le perfectionner. Eux qui ont l'imagination, le goût, la culture intellectuelle, d'ordinaire de plus larges ressources, vont-ils se contenter de suivre l'ouvrier dans sa routine industrielle? Non, ils mettront leur amour-propre à inventer de nouveaux procédés, pour en tirer des effets esthétiques nouveaux. La tentation est irrésistible, surtout dans ces arts du feu, où l'imprévu tient tant de place, qui continuellement stimulent l'imagination en la mettant aux prises avec le hasard. De nos jours un certain nombre de chercheurs se sont fait un nom autant par l'originalité de leur technique que par l'emploi éminemment artistique qu'ils ont su faire de leurs procédés : ainsi Delaherche, Lachenal, Bigot, Dalpayrat, le docteur Delbet pour la céramique; Gallé, Léveillé, Daum, Tiffany pour l'art du verre. Parfois la lutte contre la matière rétive devient passionnée et vraiment dramatique. Pendant qu'on fondait son *Persée*, Benvenuto Cellini, malade d'émotion, grelottant de fièvre, apprend tout à coup que l'opération va échouer; brusquement il saute de son lit, court au fourneau, pousse du bois dans le brasier grondant, jette dans le bronze à demi liquéfié toute sa vaisselle d'étain, et enfin, avec un cri de triomphe, voit le métal en fusion couler dans la rigole et emplir le moule. La vie de certains artistes est une vie d'inventeurs; de ce qui se passe autour d'eux ils ne voient plus rien; toutes les énergies de leur être sont tendues vers un but unique, absorbées par leur rêve. C'est Bernard Palissy, hâve, décharné, misérable, se consumant à la recherche de son émail blanc, père des émaux. C'est Jean Carriès, à Saint-Amand-en-Puisaye, acharné pendant des mois à la découverte de l'émail mat dont il veut recouvrir ses grès, déconcertant les ouvriers qu'il emploie par son dédain des méthodes reçues et son frémissant appel aux suggestions du hasard, luttant avec les génies du feu pour leur arracher leur secret. Mais quel délire, quel sursaut d'orgueil quand le grès prend enfin le ton voulu, quand l'émail blanc recouvre enfin la terre opaque de son vernis translucide! Heureux qui peut trouver un art nouveau!

On hésitera peut-être à admettre que pour faire de telles découvertes techniques l'artiste ait besoin d'une grande fécondité d'imagination. L'essentiel, semble-t-il, n'est pas de trouver quantité de procédés, mais d'en trouver un seul qui ait sur les autres une supériorité quelconque. Une seule idée peut faire la gloire d'un artiste, pourvu qu'elle soit bonne; et l'on n'est pas un grand imaginatif pour avoir eu dans sa vie une bonne idée. — Sans doute c'est la qualité du travail imaginatif qui importe en art, non son intensité ou sa quantité. Mais on peut dire que l'une ne va guère sans l'autre. Ce n'est d'ordinaire qu'après d'innombrables essais que l'on obtient un résultat. Ce n'est que dans les esprits toujours actifs, toujours en travail qu'a chance d'apparaître enfin l'idée neuve qui fera révolution dans la science ou dans l'art. Il n'y a guère d'exemples d'invention remarquable faite par un homme qui n'ait jamais eu d'autre idée que celle-là. Pour trouver quoi que ce soit, il faut avoir le tempérament de l'inventeur, c'est-à-dire le besoin de s'ingénier, de créer incessamment, qui fait qu'on ne se complaît que dans le nouveau. L'homme de peu d'imagination se contente des procédés connus.

Mais est-il bien nécessaire d'insister sur la nécessité de l'invention technique, en un temps où la recherche du procédé absorbe trop exclusivement peut-être l'attention des artistes? Manifestement l'art traverse de nos jours une période de crise; il multiplie les essais; il veut être original à tout prix. On ne peut s'empêcher d'être frappé de ce qu'il y a de tourmenté, de fébrile dans ces efforts d'innovation. On voit se former des écoles qui pour tout principe d'art apportent une nouvelle manière de peindre, un peu plus artificielle que les précédentes, un peu plus éloignée de la nature. C'est ainsi que nous avons assisté à une véritable crise de préciosité artistique, coïncidant avec cette crise de stylisme et d'*écriture artiste* qui a sévi sur notre littérature. Des deux côtés c'était la même erreur : souci exagéré de la forme et du procédé. Après avoir montré quelle place tient dans l'art l'invention technique, il ne sera pas inutile, pour terminer, de reconnaître qu'elle n'est pas tout l'art, et que s'il est indispensable de se rendre maître de ses procédés d'expression, à cela ne peut se borner l'ambition de l'artiste. Si originale qu'elle soit, l'exécution de l'œuvre d'art ne requiert après tout que de l'ingéniosité : c'est dans sa composition même que l'on peut montrer du génie.

CHAPITRE IV

L'INVENTION PLASTIQUE

Voyons donc l'imagination inventive au travail dans la composition de l'œuvre d'art.

Il est évident que certains artistes ont de l'imagination dans le même sens et au même degré que les poètes comiques ou tragiques et que les romanciers. Ils savent créer des types psychologiques, inventer une intrigue, mettre en présence un certain nombre de personnages animés de sentiments divers, les engager dans une action dramatique. Ils écrivent des histoires sans paroles. Cette faculté d'invention dramatique n'est nullement à dédaigner. L'art lui doit des œuvres émouvantes. Dans certains genres nous avons vu qu'elle est tout à fait indispensable. Mais nous nous contenterons d'en signaler ici la valeur. Nous ne l'étudierons pas en détail, justement parce qu'elle n'est pas particulière aux sculpteurs et aux peintres; elle est aussi littéraire qu'artistique.

Nous laisserons également de côté, si intéressant qu'il soit en lui-même, tout ce travail imaginatif auquel l'artiste, une fois son sujet arrêté, doit se livrer pour disposer de la façon la plus heureuse les personnages ou les objets qu'il fait entrer dans sa composition. On sait ce qu'il en coûte d'efforts, de tâtonnements, de combinaisons de toute sorte pour arrêter le scenario d'une pièce ou le plan d'un roman. Toutes les idées sont présentes dans l'esprit de l'écrivain, toutes voudraient à la fois trouver place dans l'œuvre, mais il faut les introduire l'une après l'autre, les mettre à leur rang, briser souvent leurs associations spontanées pour leur imposer un ordre de succession nouveau. C'est la période laborieuse et souvent même exaspérante de l'invention littéraire : l'effort de l'écrivain pour débrouiller, casser et renouer ces innombrables fils qui s'entre-croisent dans sa tête peut aller jusqu'à une réelle souffrance. Ce labeur et cette angoisse ne sont pas épargnés à l'artiste quand il combine le plan de son œuvre future. Mais nous ne voyons encore là rien qui suppose une aptitude spéciale et exige une tournure d'imagination particulière.

Il est une autre sorte d'invention, spéciale à l'artiste, et que nous devons étudier de très près : c'est l'*invention plastique*, par laquelle il transforme les images de la nature.

Dans ce travail de transformation nous distinguerons divers degrés, qui nous fourniront une sorte de progression, depuis les cas où l'activité propre de l'imagination est moins manifeste jusqu'à ceux où elle est mise en pleine évidence et devient presque excessive.

Au premier degré, l'imagination s'écarte peu de la nature; elle en modifie l'aspect, mais sans lui enlever son caractère; elle dispose en combinaisons nouvelles les éléments qu'elle lui a empruntés, mais si prudemment, avec un tel souci des vraisemblances, qu'à peine peut-on s'apercevoir du changement : c'est l'invention dans le *mode réaliste.*

Plus hardie, elle ne craindra pas de modifier visiblement, pour leur donner plus de beauté, l'image des choses. Ce sera l'invention dans le *mode idéal.*

Enfin nous entrerons en plein arbitraire. Nous verrons l'imagination abandonnée à elle-même, pliant la nature à ses convenances propres, se faisant de l'invention plastique un jeu. Et ce sera la pure *fantaisie.*

CHAPITRE V

DANS LE RÉEL

Nous nous sommes convaincus, en étudiant quelques œuvres composées dans le mode réaliste, qu'en fait l'invention y tenait une place beaucoup plus considérable qu'on n'eût été tenté de le croire tout d'abord. Je suis même porté à croire que c'est dans ces œuvres, où le travail imaginatif est si peu apparent, qu'il est le plus énergique : car il va jusqu'à la vision concrète, intégrale de l'objet représenté; les images ont ici leur maximum de consistance et pour ainsi dire de densité.

I

LA FLORE DÉCORATIVE

Prenons nos premiers exemples dans la flore décorative. L'artiste pourrait sans doute l'emprunter simplement à la nature. Ici par conséquent le rôle de l'imagination pourrait être très réduit, et presque insignifiant. Mais je dis que ce ne peut être l'idéal, et que réduit aux seules ressources de l'imitation stricte, l'art décoratif ne s'élèverait jamais bien haut.

Se figure-t-on vraiment que pour composer un décor il suffise de s'installer devant un modèle et d'en prendre la copie, ou bien d'extraire de ses cartons une étude quelconque faite d'après nature, et de la reporter sur l'objet à décorer? Une telle opération aurait à peu près la valeur de ce jeu auquel s'amusent les enfants, et qui consiste à coller sur une vitre, sur une bouteille, en les disposant avec plus ou moins de goût, un certain nombre d'images coloriées : c'est ce que l'on appelle l'art de la décalcomanie. Le décorateur ne peut procéder ainsi. Jamais la nature ne lui fournira exactement les dispositions ornementales dont il a besoin pour décorer un objet donné. Certes il étudiera la nature sur le vif; il l'observera avec des yeux avides; il s'efforcera de surprendre la loi de croissance des végétaux; car il ne peut avoir la prétention de tirer uniquement de son cerveau les images de la nature. Mais s'il multiplie ainsi les observations exactes, ce n'est pas pour reproduire ensuite la réalité telle qu'il l'a perçue; c'est pour s'en inspirer dans ses libres créations; c'est pour nourrir et féconder son imagination, pour la rendre capable d'inventer dans le sens de la nature et conformément à ses lois. Voici l'artiste imaginatif à l'œuvre, dans cette période délicieuse de l'invention décorative où il ne fait encore que méditer, le crayon en main. En quelques traits il a dessiné le croquis sommaire de l'objet qu'il veut décorer, pour en établir la forme et donner l'orientation voulue à sa rêverie. Et déjà son imagination commence à fonctionner. Peut-on dire qu'il cherche des idées? Il faudrait pour cela qu'il eût l'esprit bien sec et bien pauvre. Les idées éclosent spontanément dans son esprit hanté de réminiscences de la nature; l'objet semble de lui-même se recouvrir d'ornements, de représentations figurées. Des images de plantes et de fleurs lui apparaissent un instant, disparaissent, jusqu'à ce que l'une d'elles, plus séduisante, mieux appropriée à son but, attire son attention. Il la voit fraîche et brillante, plus belle dans son rêve qu'elle ne sera jamais dans l'exécution définitive. D'un effort de vision mentale il la projette sur l'objet, la fixe d'un trait de crayon, la contemple pour juger de l'effet, la retouche encore. Voilà son décor composé, il ne lui reste plus qu'à le peindre. C'est alors seulement qu'il songera à consulter le modèle pour arrêter son dessin et lui donner un accent plus véridique. Le décor ainsi conçu, par l'aisance avec laquelle il s'adapte à la forme, par sa richesse, par son imprévu, par ses caprices, ne ressemblera-t-il pas aux libres productions de la nature et n'aura-t-il pas chance de nous les rappeler plutôt que celui qui procède par imitation littérale? Ce que l'artiste nous met devant les yeux, ce ne sont pas des fleurs d'herbier, des souvenirs desséchés; ce sont des images plastiques et vivantes, que nous croyons voir se former, se développer, se composer sur l'objet même.

II

L'ANIMAL

Passons à la représentation de l'animal. On a pu remarquer quel attrait le monde animal a pour les imaginatifs. La vie des bêtes est pour l'enfant une sorte de poème merveilleux auquel il ne se lasse pas de rêver : ces formes singulières, ces splendides colorations, cette variété d'expression qui va de l'exquis à l'effrayant par une infinité de degrés, le mystère de ces existences si différentes de la sienne, tout cela ouvre à son imagination des perspectives illimitées. Il est impossible que quelque chose de ces goûts d'enfant ne se retrouve pas dans l'art. L'artiste imaginatif fera plus volontiers qu'un autre entrer l'animal dans ses compositions. Mais je me figure que cette tendance à se faire animalier doit être surtout accusée chez l'artiste doué d'imagination plastique. Quelle joie de pétrir ces formes dans leur infinie variété, de faire jouer ces muscles, de reproduire ces attitudes de grâce ou de force, de colère ou de calme souverain, d'effroi ou de férocité! Modeler un lion, une panthère, un cheval, un taureau, et voir la bête devant soi, frémissante de vie, quel rêve pour un statuaire! Ici il n'y a pas de doute possible. L'imagination plastique joue nécessairement un rôle. L'animal ne tient pas la pose. L'œuvre d'art qui nous le représente dans la vérité de ses mouvements et de ses attitudes ne peut avoir été faite d'après nature. Je prends pour exemple le *Lion au serpent* de Barye. Le statuaire a-t-il assisté à cette scène? A-t-il vu la bête puissante prendre cette expression de surprise, de colère et de dégoût devant l'infime ennemi qu'elle hésite à écraser? Selon toute vraisemblance, cela est inventé. Peut-être l'idée première de sa composition lui est-elle venue simplement en remarquant la grimace comique de son chat devant un ver. A supposer qu'il ait vraiment surpris sur un lion, à la Ménagerie, une pose analogue, il n'a pu la noter que très sommairement, dans sa mémoire ou sur son album. Sur cette donnée restreinte, il a fallu que son imagination se mît au travail. Il est évident que l'on n'arrive pas à cette vérité dans l'invention si l'on ne connaît à fond l'anatomie de l'animal, le jeu de ses muscles, le rythme de ses mouvements, ses attitudes naturelles. Que de séances devant le modèle, que d'études attentives suppose un tel résultat! A voir les dessins cotés dans lesquels Barye prenait note de ses observations, on eût pu croire que son but était la connaissance théorique et abstraite de l'animal plutôt que l'invention. C'étaient des croquis secs, repris à la plume pour accentuer encore la ligne et marquer le contour définitif, des mesures précises en pieds et pouces, des tableaux de proportion, des figures schématiques, en un mot tout l'appareil de la science plutôt que celui de l'art. Mais dans son esprit d'artiste, ces souvenirs ne sont pas restés à l'état distinct et conscient, comme une série de clichés qu'il aurait classés dans sa mémoire : ils se sont fondus en une image qui en était comme la synthèse, image concrète, animée, vivante, qui se composait d'elle-même. Imaginez un animal quelconque, un cheval par exemple : vous le voyez se mouvoir, et à chaque mouvement qu'il fait ses membres prennent les inflexions voulues; il va de son allure caractéristique; qu'il se tourne, se détourne, se cabre, s'élance, s'abatte, son image est toujours complète et solide, quand bien même les souvenirs vous feraient brusquement défaut pour l'imaginer dans la position nouvelle où l'amène votre rêverie. Et certes vous ne songez pas à consulter ces souvenirs. Aucun d'eux n'est perdu cependant; toutes vos observations antérieures, si lointaines, si fugitives qu'elles soient, contribuent à former cette image, qui ressemblera d'autant plus à la nature que vous y aurez fait entrer une somme de connaissances plus considérable. Telle est la méthode imaginative; et c'est ainsi que doit procéder l'artiste; car ce qui se passe en chacun de nous peut nous servir à deviner ce qui se passe en lui, toute la différence étant dans le degré. Il observe la nature, accumule les notes et les croquis, oblige sa main à faire le geste précis correspondant à la forme vraie de l'objet; et puis, quand il se met à l'œuvre, il laisse tout cela de côté, et s'abandonne à sa fantaisie. On pourrait croire que tout ce travail préliminaire est perdu : il se retrouve dans l'élaboration des images, qui resteront conformes à la vérité plastique. Telle est cette nécessité d'une refonte organique des souvenirs, que nous aurions peine à rien composer d'après un modèle que nous aurions devant les yeux, ou que nous viendrions d'étudier à l'instant même : il faut le perdre quelque temps de vue. Alors les images reprennent leur souplesse, leur plasticité, et peuvent être disposées en combinaisons nouvelles. Cette tendance instinctive à détourner les yeux du modèle, que nous avons signalée chez certains artistes très personnels alors même qu'ils ne se proposent que de copier, est toute naturelle et doit être un fait constant dans le travail de l'invention plastique.

III

LE CORPS HUMAIN

S'agit-il de représenter le corps humain? Le procédé d'invention sera exactement le même. Comme toujours, il est indispensable que l'artiste ait commencé par se documenter d'innombrables observations prises sur le vif. Il faut qu'il ait étudié le corps nu, drapé, habillé, en mouvement et en repos; qu'il en connaisse, non seulement la structure normale, mais la loi de croissance, et aussi la loi d'altération ou de déformation. Ces connaissances, refondues et organisées en images concrètes, lui permettent d'inventer librement sans sortir de la vérité. C'est grâce à sa connaissance de l'anatomie que Michel-Ange, dans un prodigieux effort d'invention plastique, a pu concevoir ces innombrables figures dont il a orné la Sixtine, les faisant entrer comme par gageure dans les cadres les plus déconcertants. — On dira qu'ici l'invention est moins nécessaire, parce que l'artiste peut se servir davantage du modèle. Sans doute il ne saurait trop le consulter, surtout quand il s'agit d'une composition importante qui doit être un peu poussée d'exécution. Si un illustrateur qui veut représenter à la manière de Callot le fourmillement du populaire sur une place de marché peut dessiner d'imagination ses petits bonshommes avec une justesse suffisante, aucun artiste, si expérimenté qu'il soit, ne se risquerait à peindre *de chic* une grande figure; le sculpteur le plus savant n'oserait se fier à sa connaissance du corps humain pour achever une statue sans modèle. Mais il ne faut pas s'y tromper. Encore une fois l'étude du modèle ne peut venir qu'après coup, quand le travail de composition est déjà très avancé, pour le rectifier seulement et le compléter.

Puvis de Chavannes, qui même pour les compositions les plus vastes et les plus compliquées cherchait à *voir* son œuvre telle qu'elle serait dans toutes ses parties avant de toucher le crayon, exprime cette idée d'une manière caractéristique : « Je suis parti, le lundi 25 août, pour Honfleur, où je suis resté dans les plus précieuses conditions morales jusqu'au vendredi 5 septembre. Là, travail de tête, travail des yeux, récolte d'effets, et, brochant sur le tout, évocation en moi-même des figures appelées à compléter la composition. Une fois tout ce monde tiré du néant, entrevu, et les places indiquées, j'ai dû rentrer à Paris, pour demander à la nature son autorisation et marcher sûrement. Elle m'a donné raison; et comme elle est sensible aux avances qu'on lui fait et au respect qu'on lui témoigne, elle m'a fait bonne mesure [1]. » Ne me dites pas que cette toile, que ce marbre, où je veux voir une sorte de création plastique, représente tout simplement telle jeune femme bien connue dans les ateliers. Non, répondrai-je, car ce n'est pas cette femme que l'artiste a voulu représenter. Ce qu'il a vu en elle, ce qu'il a

1. Cité par Marius Vachon, *Puvis de Chavannes*, p. 42.

figuré, ce n'est pas elle, c'est une image qui lui était apparue, forme inédite, pure création de son esprit. Il a choisi ce modèle parce qu'il se rapprochait mieux qu'un autre de son idée; mais il ne s'est pas interdit les retouches; il a modifié, interprété, sans le savoir peut-être, par un effort inconscient pour conformer la réalité à son rêve. L'artiste n'a-t-il pas la faculté de voir dans les choses ce qu'il veut y voir? Il serait très intéressant de montrer, à côté des statues ou des tableaux de maîtres, le modèle dont s'est servi l'artiste : on pourrait ainsi faire la comparaison, et saisir sur le fait le travail de l'invention plastique. D'ordinaire, la comparaison directe est impossible. Par bonheur, nous avons gardé de quelques maîtres des séries d'études et de croquis, qui nous montrent quelque œuvre importante aux divers états de préparation. C'est le plus souvent un premier projet, quelques traits presque informes jetés sur le papier au moment où l'idée est venue, pour se la rappeler seulement et fixer le mouvement du personnage. Puis des études, en général très serrées, très réalistes, faites d'après nature, avec quelques changements d'attitude et de point de vue, qui montrent les tâtonnements de l'artiste dans la recherche de la pose. Enfin les grands cartons, où l'image a pris sa forme définitive. L'ordre dans lequel se présentent ces études est significatif : ce dessin réaliste intercalé entre deux dessins d'imagination donne l'impression que la nature a été pour ainsi dire absorbée et assimilée par l'esprit : le peintre l'a fait entrer dans son idée. Victor Prouvé constate que, lorsque dans un premier jet d'invention il a indiqué sur le papier un mouvement, une attitude, après avoir consulté le modèle et essayé de bien des modifications, c'est toujours à son idée première qu'il est irrésistiblement tenté de revenir. Il va sans dire que cette élaboration mentale de la nature sera poussée plus ou moins loin selon que l'artiste aura plus ou moins d'audace et d'imagination. Dans tous les cas, nous le voyons, il y a eu modification de la forme.

L'artiste a inventé encore en un autre sens. Trouver des attitudes naturelles et neuves, qui nous présentent sous un aspect inédit la forme humaine, qui en développent harmonieusement les proportions, n'est-ce pas vraiment une œuvre de création plastique? On peut dire que c'est à cela surtout que travaille l'imagination du sculpteur. Aujourd'hui que l'art est en possession d'un nombre prodigieux de moyens d'expression; aujourd'hui que nos musées, nos édifices et nos places publiques sont peuplés d'innombrables statues aux types divers entre lesquels nous n'avons qu'à choisir, nous avons peine à nous figurer l'effort d'imagination que requiert l'invention d'une attitude. L'histoire de l'art est bien intéressante à ce point de vue. Elle nous montre ce qu'il en a coûté aux artistes primitifs pour élaborer leurs types sculpturaux. En Grèce, par exemple, nous trouvons d'abord d'informes essais, des effigies d'hommes et de femmes qui semblent taillées dans quelque tronc d'arbre ou dans quelque pierre à peine équarrie, les jambes appliquées l'une contre l'autre, les bras collés au corps, la tête seule un peu vivante. Ce serait Dédale qui aurait eu le premier cette idée, merveilleuse et surprenante, de leur faire avancer une jambe comme si elles allaient marcher. Puis on ose détacher un peu les bras du corps, les replier légèrement dans une position plus aisée. Un peu plus tard, les bras seront franchement ployés, l'avant-bras porté en avant, les mains tiendront un attribut. Voici l'art grec en possession d'un type nouveau qui atteint sa perfection dans la seconde moitié du VIe siècle. C'est, au témoignage de Pline, l'invention propre de Polyclète d'avoir fait porter dans ses statues tout l'appui du corps sur une seule jambe; et voici l'attitude de son *Doryphore*, posé sur la jambe droite, la gauche portée en arrière et un peu traînante, qui devient pour longtemps l'allure normale de l'homme. Quand on a épuisé toutes les variations possibles sur ce motif, Lysippe imagine de faire reposer le pied sur un support, et c'est un thème nouveau qui désormais prendra place dans le répertoire de la sculpture[1]. Ainsi chacune de ces poses, si usitées dans l'art, a été d'abord une trouvaille que l'on éprouve le besoin d'attribuer à quelque artiste de génie. On pourrait faire des observations de même ordre sur l'art égyptien primitif, sur l'art chrétien du moyen âge. De nos jours ne voyons-nous pas Rodin, continuant cette œuvre de libération progressive, s'efforcer de rompre les dernières bandelettes dont on avait lié le corps humain, et porter ses attitudes à l'extrême limite de souplesse possible? Ces modifications successives faites à des siècles d'intervalle, ces efforts de générations d'artistes pour transformer peu à peu les types plasti-

1. Voir Maxime Collignon, *Histoire de la sculpture grecque*, 1892, t. I, p. 199, 494 et t. II, p. 420.

ques montrent bien que la découverte des attitudes est œuvre, non de simple observation, mais d'invention.

Il est d'ailleurs des cas où l'usage du modèle est impossible. Certaines attitudes, certains gestes que l'artiste peut avoir à rendre sont trop instables ou trop violents pour pouvoir être étudiés d'après nature. A supposer que le modèle puisse prendre un instant sur indication la pose voulue, il ne la gardera pas longtemps dans sa justesse; fatigués d'agir en vain, les muscles se relâcheront. Essaie-t-on de les maintenir de force en action, ils se contracteront à l'excès. Il faut prendre garde encore aux attitudes conventionnelles des modèles de profession. Aussi peut-on dire qu'il faut chercher longtemps avant de trouver, dans les tableaux ou les statues qui remplissent nos musées, une seule attitude vraiment naturelle. Mimique insignifiante ou exagérée, attitudes de repos données pour une attitude de mouvement, que de fautes à signaler! Une des plus fréquentes consiste à remplacer l'effort naturel, qui contracte certains muscles en laissant se relâcher les autres, par une sorte de crampe pénible; les membres n'agissent pas, ils se tétanisent : ainsi le *Milon de Crotone* de Puget. C'est que d'ordinaire le modèle sur lequel on veut étudier un mouvement ne l'accomplit pas en réalité, et par conséquent ne le pose pas à fond; il en prend seulement l'attitude; il fait l'effort à vide, dans une position d'arrêt, qui l'oblige à contracter à la fois les muscles antagonistes : de là cette excessive et fausse tension. Autant d'erreurs qui devraient nous sauter aux yeux, si nous n'avions nous-mêmes le regard faussé par l'habitude de la convention. Il y a chance pour qu'un mouvement, représenté d'imagination dans une improvisation rapide, ou bien observé sur le vif et reproduit de mémoire, soit plus juste et plus expressif que celui qui aura été longuement étudié sur nature.

IV

LA FIGURE HUMAINE

Nous ne saurions quitter ce sujet sans dire en particulier quelques mots de la représentation artistique de la figure humaine. Certains artistes ont une aptitude spéciale à imaginer des physionomies. Cette aptitude rentre, si l'on veut, dans celle que nous venons d'étudier; comme on imagine un corps on peut imaginer un visage; les mêmes conditions semblent requises pour conserver dans l'invention plastique la justesse, le naturel, la vérité. On trouvera pourtant, si l'on y réfléchit, une différence. Dans la représentation de la figure humaine, l'expression prend une importance exceptionnelle. Ce problème se pose souvent à l'artiste, de trouver une figure ayant un caractère, une expression, une physionomie déterminée. Il faut qu'il soit capable de le résoudre, sous peine de commettre à chaque instant dans ses compositions de véritables contre-sens. Met-il en scène des personnages historiques ou légendaires? Il faut qu'il leur conserve le caractère que la tradition leur a attribué. Emprunte-t-il ses sujets au roman, comme on le fait depuis que le roman tient une place prépondérante et presque abusive dans la littérature? Il faudra qu'il donne un corps à ces âmes dont le romancier nous a décrit minutieusement la psychologie, et que ce corps soit en parfaite harmonie avec ces âmes. Nous présente-t-il une scène quelconque où plusieurs personnages jouent un rôle? Nous voulons que chacun d'eux exprime par une émotion particulière la part qu'il prend à l'action.

Nos exigences vont plus loin. Nous n'admettons pas en art les physionomies banales et inexpressives, comme il s'en rencontre pourtant dans la nature : car celles-là n'ont rien à nous dire, elles sont à peine vivantes, elles ne valent pas la peine d'être représentées. Entre les innombrables spécimens d'humanité réels ou possibles, l'artiste fait forcément un choix, puisqu'il ne peut en représenter que quelques-uns : qu'il choisisse donc les plus significatifs, ceux qui peuvent être regardés comme le type de toute une espèce d'hommes! Son œuvre sera par là plus intéressante, plus esthétique et plus vraie, résumant en elle une somme plus considérable d'observations de la nature.

Pour toutes ces raisons l'on voit quelle importance doit attacher l'artiste à ce problème de l'expression. Mais il est singulièrement malaisé à résoudre. Imaginer une figure d'homme ou de femme qui soit vivante, parlante, individuelle, dans laquelle on sente une âme, c'est peut-être le triomphe de l'imagination créatrice, mais à coup sûr c'est une sorte de tour de force, d'une étrange difficulté. Si tous tant que nous sommes, par une longue pratique, nous nous sommes exercés à interpréter les jeux d'expression et les traits de physionomie, en général nous procédons par intuition, par impression confuse; qu'une nuance de sentiment passe sur un visage, nous nous en apercevons aussitôt, mais nous ne saurions dire quel est précisément le changement qui s'est fait dans les traits. Essayons-nous de reproduire par le dessin le jeu de physionomie correspondant à un sentiment donné, nous ne savons comment nous y prendre, ni par quoi commencer; nous ne trouvons qu'une mimique fausse, exagérée, incohérente, qui ne nous rend pas l'expression voulue.

Que faire donc? Ici comme toujours il faut commencer par l'observation. Considérez l'œuvre de Gavarni, vous y trouverez à profusion des types bien vivants, dont l'individualité est si bien marquée que sans avoir vu l'original on est tenté de dire : c'est bien cela! Et pourtant ces images sont de pure fantaisie. Comment un artiste qui n'a jamais pu se décider à copier le modèle vivant a-t-il pu donner à ces conceptions de son esprit un tel accent de vérité? C'est qu'il savait voir, et retenir ce qu'il avait vu. Cette œuvre légère et improvisée représente une somme considérable de remarques faites sur le vif, mais refondues par l'imagination, résumées en une image synthétique. Si l'on n'entre incessamment en contact avec la réalité, point d'invention possible. Cette observation doit être très ample, pour nous fournir une grande variété de types; elle doit être très minutieuse et conduite dans un certain sens, pour que nous puissions l'utiliser dans le travail de l'invention. Nous sommes habitués à percevoir les physionomies d'ensemble; c'est une éducation de l'œil à refaire : exerçons-nous à la perception analytique, qui remarque les détails! Quand nous serons ainsi documentés, nous pourrons nous mettre au travail, et faire surgir les images. L'invention plastique accomplira son œuvre.

V

RECHERCHE DE L'EXPRESSION

Comment peut-elle le plus efficacement s'exercer? Il est difficile d'indiquer une méthode. Chaque artiste a la sienne, qui correspond à son tempérament, à ses aptitudes psychiques, et qui a ses avantages particuliers.

Les uns inventent *de tête*, et ne prennent le crayon que pour rendre l'image qui s'est complètement élaborée dans leur esprit. Cette méthode a la particularité de faire appel plus qu'aucune autre à l'activité inconsciente de l'esprit : c'est ce que l'on pourrait appeler la méthode géniale. Il est presque impossible de modifier volontairement une pure image. Les retouches sont donc ici très difficiles. L'image apparaît toute formée, quelquefois subitement, quelquefois après des minutes et des heures et des journées d'attente anxieuse, de recherche, d'effort pénible pour la faire sortir des profondeurs de l'inconscient, mais toujours tout d'une pièce, comme un objet réel qui aurait son existence propre avant d'être aperçu. Cette invention toute imaginative fournit peut-être les figures les plus homogènes, parce qu'elles ont été créées d'un coup; les plus typiques, parce que l'imagination ne peut se représenter nettement que des formes très caractérisées. L'inconvénient est qu'il faut parfois attendre longtemps l'inspiration. Le danger est de retomber trop facilement sur les mêmes types. Nous avons vu que les réalistes reprochaient à l'art de fantaisie sa tendance au *poncif*. Cette critique est parfois juste. Certains dessinateurs qui n'usent guère du modèle sont visiblement obsédés de quelques images qu'ils ne peuvent ni écarter ni modifier, et qu'ils reproduisent à satiété dans toutes leurs compositions.

D'autres artistes inventeront plutôt, si j'ose dire, avec leurs mains, comme certains improvisateurs cherchent au piano les accords avec leurs doigts, C'est le crayon qui va de l'avant, et fait les trouvailles. Rien n'est prémédité. Avant de se mettre à l'œuvre, ils ne savent rien de ce qu'ils vont faire. Ils jettent un trait au hasard, le continuent avec ce sens acquis de la corrélation des formes qu'ils ont dans les doigts plutôt encore que dans l'esprit, et voilà une figure qui apparaît. Elle a pris un certain caractère; ils l'accentuent, complètent et précisent l'image; ainsi elle se fait peu à peu, par tâtonnements, par incessantes retouches. Cette méthode a l'avantage de fournir plus facilement des images nouvelles; elle laisse une large place aux suggestions du hasard, qui joue un si grand rôle dans toute invention. Si la main, quand elle va très vite, a une tendance à retomber toujours sur le même geste machinal, il lui est facile, quand elle prend son temps, de rompre cette routine. D'une image tracée sur le papier, on fait ce que l'on veut. Ainsi le dessinateur qui emploiera cette méthode réussira sans peine à varier et différencier ses types. En revanche, il risquera de n'obtenir que des figures bizarres et incohérentes.

On peut enfin combiner les deux procédés, et c'est ce que font, ce me semble, la plupart des artistes. Sur une première image assez vague qui s'est présentée d'abord à leur esprit ils lancent quelques traits qu'ils reprennent ensuite, ajoutant, modifiant, se servant de cette esquisse pour se représenter plus nettement l'objet à rendre et de cette représentation pour compléter leur esquisse, menant ainsi de front le travail de la composition et celui de l'exécution jusqu'à complet achèvement de l'œuvre. Il y a chance pour que cette méthode donne les meilleurs résultats. Mais encore une fois il est impossible de donner ici de conseils. Tout dépend de la conformation psychique de l'artiste. Selon qu'il sera plutôt doué d'imagination visuelle ou d'imagination motrice, il emploiera d'instinct la première méthode ou la seconde; s'il est moyennement doué des deux sortes d'imagination, il emploiera plutôt le procédé mixte. Telle méthode qui conviendra admirablement à l'un serait impraticable pour l'autre.

Mais quel que soit le procédé de composition employé, point de doute sur les dispositions dans lesquelles l'artiste doit se trouver en composant, et ce que j'appellerais son attitude morale à l'égard de son œuvre. On ne trouve pas l'expression à froid. L'imagination restera stérile, si l'on ne fait pas un effort pour se pénétrer du sentiment qu'on veut rendre, et mieux encore pour en pénétrer le personnage même qui doit l'exprimer. On a signalé chez tout dramaturge une singulière aptitude à se transporter dans ses personnages, à sentir en eux et pour eux, à leur donner pour les animer quelque chose de son âme. Cette aptitude est également nécessaire à l'artiste pour trouver l'expression. Elle doit exister à un degré éminent chez ceux qui savent imaginer des figures douées d'une vie intense et d'une véritable personnalité. C'est qu'il serait bien difficile de reconstituer de propos délibéré, par une pure opération intellectuelle, le jeu de physionomie correspondant à un sentiment donné, ou même de dire quels sentiments doit éprouver un personnage dans une circonstance donnée ; on n'obtiendrait ainsi que de très grossières approximations de la réalité, des jeux de physionomie sans justesse, sans délicatesse, sans imprévu. Mais si nous nous mettons en imagination à la place de ce personnage, la nature même éveillera en nous les sentiments qu'on doit éprouver en pareille circonstance ; et ces sentiments, réellement éprouvés, nous suggéreront bien mieux l'image du jeu de physionomie correspondant que ne le ferait une simple idée. Soit par exemple à rendre une physionomie de terreur. Je sais que dans la terreur les yeux se dilatent et s'arrondissent, que les sourcils se relèvent. Je puis donc établir sur cette base l'esquisse de mon personnage. Mais mes connaissances théoriques ne vont pas plus loin. Comment compléter cette image? J'évoque le sentiment de la peur, et j'essaie de le projeter, de l'objectiver dans cet homme qui est là, devant moi. Je me le figure si épouvanté que moi-même je m'en effraie par sympathie. Nous voilà donc moralement à l'unisson. Dès lors mon dessin s'achèvera tout seul. A chaque trait de son visage que je dessinerai, je sentirai tressaillir en moi et par conséquent en lui les muscles que contracterait la peur ; je me figurerai l'aspect que j'aurais si j'étais cet homme, si j'étais ainsi terrifié ; et mon imagination me représentera d'autant mieux le jeu de physionomie correspondant à de tels sentiments, que cette expression tend réellement à se produire en moi. Il est manifeste que certains artistes font en eux-mêmes et sur eux-mêmes leurs études d'expression. Ils sont comme fascinés par cette étrange image que l'on aperçoit dans les glaces quand on y regarde profondément, ce double de nous-mêmes, ce moi objectivé, que l'on voit du dehors et que l'on sent du dedans, et dont on compose l'expression à volonté. Rembrandt cherchait des jeux de physionomie devant son miroir, comme en témoignent les innombrables effigies dans lesquelles il se représente exprimant des sentiments variés, ici absorbé dans sa méditation, là renfrogné, là superbe en sa pose guerrière, là terrifié, avec des yeux hagards. Dans les masques si expressifs de Carriès on trouvera des jeux de physionomie que certainement il a dû prendre lui-même pour les traduire, ou dont il ébauchait tout au moins la mimique, si bien qu'il a fait passer quelque chose de ses traits dans le masque qui se modelait sous ses doigts.

Pour objectiver les sentiments qu'on s'est ainsi donnés par auto-suggestion, et en même temps pour arrêter leur formule, il peut être bon de les exprimer en une phrase que le personnage sera censé se dire à lui-même. Léonard de Vinci, en composant sa Cène, s'est évidemment servi de ce procédé pour donner une expression particulière à chacun de ses apôtres. On ne peut contempler longtemps cette composition sans y percevoir comme un murmure de voix, tant la mimique de chaque personnage se formule en une phrase que l'on croit entendre. L'un répète les paroles du Christ, l'autre s'indigne, celui-là proteste de son innocence. L'artiste a donc dessiné ses personnages d'après une sorte de *scenario* verbal qu'il n'est pas difficile de reconstituer. Il s'est ainsi servi de la vertu suggestive du mot pour donner une plus forte résonance aux sentiments qu'il voulait leur faire exprimer.

Tout cela se fait d'ailleurs beaucoup plus simplement, beaucoup plus rapidement que cette explication un peu minutieuse ne le ferait croire. Nous nous figurons fortement, dans le personnage que nous dessinons, les sentiments que nous voulons lui donner; nous le faisons mentalement parler, et cette représentation nous aide, peu importe comment ni pourquoi, à imaginer l'expression de figure qu'il doit avoir. On procédera de même pour exprimer un caractère. Soit par exemple à représenter un personnage qui doit avoir un caractère de fourberie. Comment est fait le visage d'un fourbe? Vraiment je n'en sais rien. Mais si après avoir établi tant bien que mal, par une première approximation, le type de mon personnage, j'essaie de le faire vivre; si je m'identifie un instant avec lui, il me semblera que cette transformation morale ne pourrait manquer d'être accompagnée d'une certaine transformation physique; et il y aura chance pour que l'image qui va m'apparaître à l'esprit pendant que je serai dans de telles dispositions représente assez bien le masque cherché.

J'ai pris mes exemples, pour la commodité de l'exposition, dans des cas extrêmes, où les réactions psychiques sont très accusées. Mais les choses se passeraient de même s'il s'agissait d'exprimer des nuances de sentiment ou de caractère très délicates. Ce sera toujours dans la mesure où je serai capable d'évoquer ce sentiment, de m'identifier à ce caractère que je saurai lui trouver une expression plastique. On peut même dire que c'est dans ce cas qu'il est le plus nécessaire de recourir à la méthode dramatique, et de faire ainsi appel à l'activité inconsciente de l'esprit. Que pourrait ici l'intelligence? De tels sentiments sont trop difficiles à analyser et à réduire en formules verbales pour qu'on puisse s'en faire une idée nette; les jeux de physionomie correspondants n'ont sans doute jamais été notés. Le problème à résoudre serait donc absolument déconcertant pour un artiste du type intellectuel : trouver un je ne sais quoi qui exprime une nuance de sentiment indéfinissable. Il y a dans l'équation trop d'inconnues. Pour l'imaginatif, au contraire, la chose est toute simple. Il ne s'embarrasse pas de se définir à lui-même les sentiments de son personnage. Il fait bien mieux. Grâce à ce don de mimétisme moral que l'artiste doit posséder au même degré que le romancier ou le poète dramatique, il se les représente en réalité. Il ne cherche pas dans Gall ou Lavater, dans Piderit ou Mantegazza, dans sa tête ou dans son album quel est le meilleur moyen de les exprimer : il se met immédiatement à l'œuvre, et sa main, par d'imperceptibles tâtonnements qui sont comme autant d'expériences, va au trait qui lui rend le mieux le sentiment voulu. S'il arrive d'ailleurs que les à peu près de l'exécution modifient un peu sa pensée, de sorte que la physionomie de son personnage ne soit plus exactement celle qu'il avait d'abord en vue, il s'en inquiétera médiocrement, pourvu que cette nouvelle physionomie se tienne et soit d'ensemble; car c'est avant tout cela qui importe pour l'effet esthétique. Enfermer une idée nettement préconçue dans une formule précise, c'est le souci de la science. L'art et la poésie s'accordent plus de liberté.

CHAPITRE VI

VERS L'IDÉAL

Dans les œuvres que nous venons d'analyser, l'art n'a pas encore rompu franchement avec le réalisme. Il s'est affranchi de certaines formules évidemment trop étroites et arbitraires; il ne s'astreint plus à l'imitation littérale des choses vues; mais il n'ose encore dépasser la nature. Il se croit toujours tenu de rester à son niveau. L'invention, en un mot, se dissimule. Nous allons la voir s'affirmer.

Certains artistes estiment que le but de la peinture et de la sculpture n'est pas de nous présenter une image plus ou moins exacte des choses, telles que nous les percevons ou pourrions les percevoir dans la réalité, mais d'exciter en nous l'émotion esthétique la plus intense en nous mettant sous les yeux des objets aussi beaux que possible. Ils apporteront donc dans toutes leurs compositions ce souci de la valeur propre de l'objet représenté. Ils rechercheront les attitudes élégantes, les lignes pures, les formes nobles et parfaites, les beaux visages, et s'ils ne les trouvent pas dans la nature ils les demanderont à l'invention. Ils ne s'interdiront pas de corriger en quelque sorte l'apparence des choses en les représentant non telles qu'elles sont, mais telles qu'elles devraient être. Pour être plus sûrs de nous offrir des images qui répondent pleinement aux exigences de notre goût, il les demanderont non pas à la réalité, mais au rêve. Pour eux le suprême effort de l'art sera la création de l'idéale beauté.

Une telle conception de l'art est-elle légitime? Les théoriciens encore imbus du préjugé réaliste ne manqueront pas de faire des réserves. Le mot d'idéal sonne mal à leurs oreilles. Ils ont été jusqu'au bout de leurs concessions quand ils ont accordé à l'artiste le droit d'inventer, avec prudence, et en prenant soin de rester strictement conforme aux intentions de la nature. Pour nous qui n'entendons imposer à l'artiste aucun *veto*, qui ne voulons l'enfermer dans aucune école, mais qui l'encourageons au contraire à se développer en tous sens, nous ne saurions qu'applaudir à cette tentative de l'art pour s'élever au-dessus de la réalité. Toute la question, ce me semble, est de savoir s'il y peut réussir. Mais l'art idéaliste existe. On ne peut le nier, il a fait de grandes choses. Athènes et Rome se sont inclinées devant lui. Le moyen âge lui a demandé de traduire sa foi en symboles visibles qui ont été vénérés comme des choses saintes. De nos jours il a parmi les plus nobles artistes des partisans fidèles et enthousiastes. Ses œuvres sont devant nos yeux, admirables. Je ne vois même pas là matière à discussion. S'il est de petits esprits têtus, aux admirations étroites, qui n'admettent ni l'art antique, ni l'art chrétien, qui nient les œuvres de perfection plastique ou de beauté morale, et que l'art trivial suffit à remplir tout entiers, que leur dire? Un sens du beau leur est fermé. Nous perdrions notre temps à les convaincre. Laissons donc de côté les objections, et voyons l'art idéaliste au travail, transformant les objets réels pour les amener à un degré plus élevé de perfection et de beauté.

Quiconque compose, arrange, modifie, corrige la réalité, si peu que ce soit, pour la rendre plus conforme à la conception personnelle qu'il se fait du beau, est déjà idéaliste. Nous pourrions donc signaler cette tendance dans tous les modes de la peinture et de la sculpture, c'est-à-dire dans la représentation d'un objet quelconque. Mais elle se manifestera surtout dans la représentation de la forme humaine. De tout temps l'art idéaliste s'y est complu, parce que c'est là qu'il peut trouver le plus de proportion, d'harmonie, de noblesse et d'expression morale.

Dans cet effort de l'imagination créatrice pour dépasser la nature, on peut distinguer deux degrés, et comme un double élan qui la porte vers un idéal de plus en plus élevé. Elle cherchera d'abord à se représenter le type de la parfaite beauté humaine; et puis, essayant de monter encore, elle s'efforcera de concevoir des êtres supérieurs à l'humanité même. C'est à cette double tâche que s'est voué l'art idéaliste; et c'est dans cette double fonction que nous devons l'étudier.

I

L'IDÉAL HUMAIN

Le premier problème à résoudre est le suivant : trouver un type qui soit conforme à notre idéal de la beauté humaine. Cela ne semble pas au premier abord trop difficile. Tous nous avons, de très bonne heure et vraiment par instinct, le sens de la beauté plastique. Un tout petit enfant, feuilletant un livre illustré, tombera en extase devant les dessins qui lui présentent un homme, une femme de beauté exceptionnelle. Avant même d'avoir entendu parler de la beauté il la reconnaît, comme s'il l'avait contemplée, suivant le mythe platonicien, dans une existence antérieure. L'hérédité joue certainement ici un rôle : il est impossible que, de cette recherche ardente qui de tout temps a poussé le désir vers la beauté et, de génération en génération, les a rapprochés, il ne reste pas en nous quelque chose, une prédilection naturelle pour certaines formes, un sens inné de la perfection corporelle. Plus profondément encore, n'y a-t-il pas en nous une force inconsciente qui veut amener les molécules de notre corps à une certaine position d'équilibre, qui cherche à les jeter dans un moule déterminé, qui pendant toute la durée de notre croissance repétrit la matière plastique dont nous sommes faits et travaille à l'organiser suivant le type de notre race? Et ne pourrait-on expliquer ainsi, mieux encore que par l'hérédité, ce tressaillement étrange, cette impression de chose déjà vue que nous éprouvons à l'aspect de la beauté? Ce que nous reconnaissons en elle, c'est ce qu'au fond nous voulions être. Dès lors, la tâche de l'artiste n'est-elle pas toute simple? Etant donné que nous avons une préférence bien nette pour certaines formes déterminées, il lui suffira de reproduire ces formes. Que lui en coûte-t-il? D'un coup de crayon il trace une silhouette. Si quelque chose en elle lui déplaît, il a vite fait de corriger ce défaut. En quelques retouches, ne l'aura-t-il pas amenée au point précis où elle aura le maximum d'attrait? Et ce sera notre idéal.

La chose serait fort aisée sans doute, si ce que l'on appelle notre idéal de la beauté humaine était une image précise que nous aurions dans l'esprit. Alors en effet il suffirait à l'artiste de reproduire cette vision intérieure; il faudrait qu'il sût bien peu son métier, pour n'y pas réussir du premier coup. Mais que ce mot d'idéal ne nous trompe pas. Il ne faut entendre par là que la préférence que nous avons pour certain genre de beauté. C'est une aspiration de la sensibilité, non une intuition de l'intelligence. Elle est très déterminée en ce sens qu'elle se porte vers un objet très précis; mais de cet objet elle ne nous donne d'avance aucune idée. Quand nous le voyons de nos yeux, nous le reconnaissons à l'indicible plaisir que nous avons à le contempler; notre instinct ne s'y trompe pas. Avant de l'avoir rencontré, nous n'aurions su dire comment il devait être fait pour nous plaire. Ce que l'on appelle notre idéal de beauté est donc simplement un goût pour certaines formes, qui nous fait aimer ces formes, mais ne nous les fait pas imaginer. Ici encore vous pouvez faire une expérience. Essayez de concevoir un visage d'une beauté parfaite. Au premier moment, vous n'aurez dans l'esprit que des formules abstraites et sèches, une sorte de définition verbale de ce que l'on entend par la beauté. D'un effort de vision mentale vous évoquez des images. En voici qui vous apparaissent; mais c'est quelque chose de si vague qu'il vous serait impossible d'en tirer un parti artistique; ou bien votre mémoire vous présente brusquement l'image d'un homme, d'une femme, d'une statue dont la beauté vous a frappé autrefois. Admettons que cette image ressemble à votre idéal. Est-elle votre idéal même? Vous sentez qu'elle en est encore bien loin. — Mais si je prends un crayon, je pourrai, par tâtonnements, arriver à reconstituer mon type de beauté. — Essayez donc! Si vous avez une certaine pratique du dessin, vous réussirez à tracer une figure assez régulière. Mais à moins d'aptitudes exceptionnelles, vous n'irez pas plus loin. Et vous vous rendez compte que ce qui vous manque pour amener votre œuvre à un plus haut degré de perfection, ce n'est pas le goût, c'est l'idée. Vous sentez que cette figure, telle que vous l'avez tracée, n'a qu'un charme médiocre. Il y faudrait autre chose. Mais quoi? Vous ne sauriez le dire. Le goût vous signale les fautes, il ne vous indique pas les corrections à faire. Vous ne pouvez donc que retoucher au hasard. Votre dessin se gâte, la ligne se perd, il faut tout recommencer. L'épreuve est significative. Elle nous montre combien sont vagues d'ordinaire les images par lesquelles nous nous représentons la beauté. Nous nous figurons qu'il suffirait d'un petit effort pour les mettre au point. Nous faisons cet effort. Elles se troublent davantage. Nous insistons. Il n'en reste plus rien.

Le problème qui se pose à l'artiste est donc beaucoup plus compliqué que nous ne l'avons cru d'abord. Pour imaginer un corps humain d'une beauté parfaite, il ne suffit pas d'évoquer une image que nous aurions toute faite dans l'esprit. Il s'agit de concevoir une chose dont nous ne pouvons nous faire *à priori* aucune idée.

Les artistes le font pourtant, nous dira-t-on. Ces formes parfaites que nous essayons vainement de nous figurer, il faut bien qu'ils en aient l'idée, puisqu'ils la réalisent. Où Phidias a-t-il pris le type de son Jupiter ou de sa Minerve? En lui-même nécessairement. Quand il commençait à ébaucher son œuvre, il n'avait pas sous les yeux un modèle qu'il lui suffît de copier. Sa main pourtant ne pétrissait pas l'argile au hasard; il savait ce qu'il voulait. Il fallait donc qu'il eût en lui, non seulement une vague aspiration à la beauté parfaite, mais une idée précise, une image concrète de cette beauté. Quand Raphaël dessinait ses vierges, ne dit-il pas lui-même qu'il s'inspirait non d'un modèle vivant, mais d'une certaine idée qui lui venait à l'esprit?

Sans doute, au moment où l'artiste commence à exécuter matériellement son œuvre, il faut qu'il ait son idée. Mais cette idée, où l'a-t-il prise? C'est justement ce qu'il s'agit de savoir. S'est-elle présentée à lui toute faite? L'a-t-il brusquement conçue, par une intuition géniale? Cela lui est-il venu « en écoutant chanter le rossignol »? Pour parler ainsi, il faudrait ignorer les efforts antérieurs de l'artiste, ses années d'apprentissage, les longues et patientes études auxquelles il s'est livré, ses recherches, ses expériences avant de porter son idéal à ce degré de précision et de perfection. On ne trouve pas l'idéal du beau d'un coup de génie, pas plus qu'on ne fait une statue d'un coup de pouce. Il y a là tout un travail d'imagination dont il faut se rendre compte, car nul ne peut s'en dispenser. Cherchons donc comment un artiste peut arriver à se faire un idéal de beauté physique.

II

PRÉPARATION NÉCESSAIRE

Tout d'abord une préparation est nécessaire. L'imagination de l'artiste n'a pas ici besoin de stimulants : nous devons le supposer doué de cet amour passionné du beau qui le transportera d'enthousiasme au spectacle des belles formes, et lui inspirera le désir d'en créer de plus belles encore. Mais elle a besoin d'aliments. Elle ne fait rien de rien. Ses créations ne sont qu'une élaboration. L'artiste le plus génial aurait beau s'absorber dans une méditation profonde, il serait incapable de se représenter la beauté parfaite s'il n'avait jamais rien vu d'approchant. Il faut donc qu'il commence par s'informer, par observer, par étudier, amassant ainsi les matériaux qu'il utilisera dans ses constructions mentales.

Ces études se feront sur le modèle vivant et sur les chefs-d'œuvre de l'art. Les deux procédés sont également indispensables. Ils se complètent et se rectifient l'un l'autre.

Est-il besoin de démontrer longuement, une fois de plus, les avantages de l'étude d'après nature? Il est trop évident qu'ici l'on ne saurait s'en passer. Elle seule, nous le savons déjà, peut nous faire vraiment connaître le corps humain, nous en révéler la structure, nous le faire voir sous tous ses aspects, dans l'infinie variété de ses attitudes. Elle est impérieusement requise pour nous rendre, quand nous risquons de le perdre, le sens de la réalité. L'imagination de l'artiste, trop longtemps abandonnée à elle-même, à force de retoucher la nature pour la rendre plus conforme à son idéal, finirait par la complètement déformer. C'est ainsi que certains peintres et sculpteurs finissent par nous présenter, sous prétexte de style et d'idéal, des types d'homme et de femme qui ne rappellent plus que de très loin l'humanité. C'est surtout sur le type de la beauté féminine que s'est exercé ce travail de transfiguration, comme si la femme plus que l'homme était une créature d'agrément que l'art a le droit de transformer à sa guise. Tantôt, obéissant aux lois de la rêverie sensuelle, on exagérera ses formes caractéristiques, on la fera trop femme pour la mieux différencier de l'homme; tantôt, pour la rendre immatérielle et toute psychique, on l'allongera, on l'amincira jusqu'à ne plus faire de son corps qu'une tige grêle portant la tête. La mode elle aussi s'en mêle, pour décider que la femme devra avoir la taille longue ou courte, les épaules carrées ou tombantes, la gorge placée comme ceci ou comme cela; et ces variations mondaines de l'idéal féminin ont leur contre-coup dans l'art. Il importe donc que l'artiste, le plus souvent possible, revienne au point de départ. En reprenant contact avec la nature, il comprendra ce qu'il y avait de conventionnel et de faux dans ces types artificiels qui l'avaient un instant séduit.

Il est non moins évident qu'il sera utile de faire cette étude sur des modèles aussi beaux que possible. Si, pour représenter une Diane, on nous fournissait un modèle du genre de celui qui a posé pour la *Diane au bain* de Rembrandt, nous aurions trop à tailler dans ces formes flasques pour en dégager le corps svelte de la chasseresse. Le but étant d'amener la forme humaine à la plus haute perfection concevable, il importe de ne pas partir de trop bas, mais au contraire de types déjà élevés : notre travail sera simplifié et facilité d'autant. Il peut même se faire, et en fait il arrive que l'on rencontre des modèles d'une beauté accomplie, et telle que le goût n'y trouve rien à reprendre, que l'imagination ne conçoive rien au delà. On sait avec quel soin Léonard de Vinci choisissait ses modèles, et ses patientes investigations, prolongées des mois durant, à la poursuite de quelque spécimen de l'espèce humaine qui répondît à son idéal. Heureux les artistes qui vivent dans un pays où la race est belle! A notre insu, toutes les images qui nous entrent dans les yeux se gravent dans notre mémoire, superposant leurs empreintes, et contribuent à former notre idéal de beauté. Plus la moyenne des types que nous observons journellement sera élevée, plus vaudra cet idéal. Si nous avons trop souvent sous les yeux des visages aux traits grossiers, des corps lourds et mal bâtis, notre moyenne s'abaissera; notre goût deviendra moins exigeant; le sens de la beauté plastique s'altérera en nous. Aussi est-il plus fâcheux encore que l'on ne pense de faire entrer dans un atelier quelqu'un de ces modèles d'occasion, bons comme on dit pour les débutants, sur lesquels les jeunes peintres feront leurs études de nu. C'est leur enlever le respect de la forme humaine. C'est les induire à penser que la beauté sculpturale est un mensonge. C'est mettre dans leurs premières conceptions d'art une empreinte vulgaire, un germe bâtard qui peut-être viciera toutes leurs productions futures. Comme d'instinct la femme qui va être mère détourne les yeux de tout être contrefait, de toute image répugnante ou horrible, de peur que son enfant n'en porte la marque, ainsi l'artiste se préservera de la contemplation trop prolongée des laideurs, des vulgarités, des déformations physiques, qui risqueraient d'atteindre en lui la faculté de conception.

Enfin il importera de ne pas se laisser absorber par la contemplation d'un modèle unique, si beau qu'il soit, mais de varier les expériences, d'étendre son champ d'information. Il est rare qu'un corps ou qu'un visage soit parfait de tous points; mais on trouvera dans l'un des beautés de détail qui ne se trouveront point dans l'autre, et l'on arrivera ainsi à se faire une image composite qui sera comme la synthèse de ces diverses beautés. On sait l'anecdote de ce sculpteur grec qui, ne trouvant aucun modèle digne de poser d'ensemble pour la déesse de beauté, fit, dit-on, comparaître devant lui un certain nombre de belles jeunes femmes, et de la tête de l'une, des bras de l'autre, de la gorge de celle-ci, des jambes de celle-là composa sa Vénus. Il est d'usage de ne citer cette anecdote que pour faire remarquer combien un tel procédé de composition serait défectueux, une image ainsi faite de morceaux empruntés à des corps divers ne pouvant être qu'incohérente et disproportionnée. Oui sans doute, si l'artiste est à ce point dénué d'imagination plastique qu'il se contente de les copier littéralement et de les ajuster tant bien que mal les uns aux autres, comme on raccorderait des fragments de moulage. Van Dyck, dans sa période de production hâtive, ne peignait d'après nature que le visage de son modèle, et avait dans son atelier des hommes et des femmes qui posaient pour les mains. C'est une véritable tricherie. Si nous avions à quelque degré le sens des harmonies physiologiques, l'artifice devrait sauter aux yeux. Si quelques peintres de portraits contemporains en usent de même avec la nature, on ne saurait trop blâmer cette pratique. Mais s'il ne s'agit que d'invention; si l'artiste, au lieu de juxtaposer ces fragments, les refond dans son imagination pour en composer un ensemble, je ne vois pas ce que l'on peut trouver à redire au procédé. En fait tous les chercheurs l'emploient. Ils multiplient les études partielles. Ils font poser tel modèle pour les mains, tel autre pour le torse, tel autre pour la chevelure, Ils se font ainsi un répertoire de morceaux choisis qu'ils tiennent en réserve dans leurs cartons pour s'en inspirer dans leurs compositions futures. Plus riche sera ce trésor d'observations, plus il leur sera facile d'imaginer une beauté accomplie. Je trouve encore à cette variété d'études un avantage : c'est de libérer en quelque sorte l'imagination. Qui n'a sous les yeux qu'un modèle, surtout si ce modèle est remarquable à quelque titre, aura peine à imaginer autre chose. Cette unique image se grave profondément dans l'esprit et l'obsède : rien n'est plus défavorable à l'invention plastique. Pour s'être trop longtemps servis d'un même modèle, certains artistes ont été manifestement hantés d'un certain type de beauté auquel ils ne pouvaient plus s'empêcher de revenir; c'est comme un pli qu'avait pris leur imagination. Quand, au contraire, on se met devant les yeux des types très différents, l'imagination n'a pas de peine, en allant de l'un à l'autre, à concevoir des types intermédiaires. Ces images diverses se fondent en une image composite aux contours moins arrêtés, par conséquent plus souple, plus malléable, plus plastique, sur laquelle l'activité propre de l'esprit pourra s'exercer; et par-dessus tout l'artiste, en étudiant ces élégantes variations du type humain, comprendra comment s'y prend la nature pour diversifier ses productions en leur conservant toujours le même style, la même impeccable harmonie. Il acquerra ce sens infiniment précieux de la corrélation des formes, sans lequel il n'y a pas d'invention plastique possible.

Des études ainsi conduites sembleraient devoir amplement suffire à l'artiste. Je crois pourtant qu'il ne peut s'en contenter. Les excellents modèles sont rares. On a peu d'occasions de rencontrer ces types presque parfaits qui sont pour le peintre et le sculpteur une véritable révélation de la beauté physique. A supposer qu'on les rencontre, il n'est pas toujours possible de les étudier comme on voudrait. L'artiste aura donc plutôt affaire à des modèles de beauté médiocre ou contestable. Lui qui ne s'est pas encore fait son idéal et n'a pour criterium qu'une impression d'ensemble, comment distinguera-t-il, dans ces spécimens en partie défectueux du type humain, ce qui est qualité de ce qui est défaut? Au milieu de ces variantes, comment reconstituer le texte pur et primitif? La réalité est un milieu trouble, dont il n'est pas facile d'extraire la pure beauté. Embarrassé de choisir, déconcerté de n'être jamais pleinement satisfait, le goût ne sait plus ce qu'il veut. Il y a chance pour que l'artiste, mis uniquement à l'école de la nature, réduit à ses observations personnelles sur le modèle vivant, n'élève pas bien haut son idéal. Facilement il se perdra dans le réalisme vulgaire. Il lui faudrait un guide qui le mît sur la voie. Il étudiera donc les maîtres. Entrez dans un musée : vous y trouverez des corps d'une parfaite harmonie, des visages d'une grâce féminine adorable ou d'une surprenante beauté virile. Comment négliger une source d'informations aussi précieuse? Les grands artistes anciens et modernes qui ont eu le culte de la beauté physique nous en ont conservé les plus admirables exemplaires. Avant nous et pour nous ils l'ont cherchée dans le monde; et ils nous apportent leur gerbe. Leurs chefs-d'œuvre nous disent, non seulement ce qu'ils ont vu, mais ce qu'ils ont rêvé. Nous y trouvons la forme humaine châtiée, élaborée, amenée au plus haut degré de perfection qu'ils aient pu concevoir. Pourquoi ne pas profiter de ce travail? Il ne s'agit pas ici d'affirmer notre personnalité. La beauté que nous poursuivons est quelque chose d'objectif. Déterminer le point de perfection d'un organisme, c'est œuvre d'expérience presque autant que d'art. Ne nous obstinons pas à chercher ce que d'autres ont trouvé déjà. Il ne faut pas trop mépriser la tradition. L'individualisme excessif est une cause de stagnation pour l'art. Que de temps perdu en recommencements stériles ! L'artiste s'épargnera ces vains efforts en voyant ce que les autres ont fait avant lui ; de la sorte il reprendra la tâche au point où ses devanciers l'auront laissée. Leurs erreurs mêmes seront instructives : elles lui apprendront dans quelles voies il ne doit pas s'engager. Ainsi se fera le progrès. L'art grec n'a pas procédé autrement. S'il est arrivé aux admirables résultats de sa maturité, c'est par une longue et patiente enquête, par des retouches progressives dont la trace nous a été conservée, en perfectionnant peu à peu le type traditionnel de beauté. Du type des figures d'Egine, épaules larges, pectoraux saillants, ventre plat, hanches serrées, qui est beau déjà mais trop mécanique encore, et qui semble fait pour les brusques détentes musculaires plutôt que pour les mouvements harmonieux, il passe à des formes aussi puissantes mais plus souples et mieux liées, qui donnent l'impression de la force calme, rythmée, sûre d'elle-même, pour arriver enfin à un type de beauté vraiment idéale, de grâce parfaite.

III

ÉLABORATION DES TYPES

Etude minutieuse de beaux modèles très divers choisis dans la nature; contemplation prolongée des chefs-d'œuvre de l'art, telle est la double préparation indispensable à l'artiste pour se faire un idéal aussi vivant, aussi vrai, aussi pur que possible. Quand il aura ainsi rempli son imagination de belles images, il peut se mettre au travail. A-t-il sous les yeux le modèle vivant? D'instinct et presque sans y penser il en éliminera tout ce qui serait trivial et vulgaire; les lignes sous sa main deviendront plus élégantes, les formes plus nobles; d'elle-même la réalité se rapprochera de son idéal. Se laisse-t-il aller à sa fantaisie? Elle ne pourra l'égarer. Ses plus libres créations resteront harmonieuses : comme le musicien exercé qui laisse ses doigts errer au hasard sur le clavier, il ne peut tomber que sur de justes accords. S'applique-t-il à réaliser, dans une œuvre définitive, son rêve de beauté physique? L'image qu'il évoquera d'un premier acte de vision mentale, synthèse de toutes ses observations d'art et de nature, ne pourra manquer d'avoir déjà une certaine valeur esthétique; en travaillant à la fixer dans l'œuvre matérielle, il lui donnera plus de netteté, la rectifiera, l'épurera encore. Quand son goût, affiné par la culture, rendu exigeant par les comparaisons qu'il peut faire, en sera pleinement satisfait, n'y a-t-il pas chance pour que l'œuvre ainsi composée atteigne au plus haut degré de perfection?

On estimera peut-être qu'ici l'imagination se meut dans un champ bien limité. Quelle est, en effet, sa tâche? De déterminer l'idéal de la beauté humaine. Mais le problème en somme peut être regardé comme résolu. L'art antique nous a laissé des œuvres d'une telle perfection plastique qu'il est bien difficile d'y rien trouver à retoucher. Si ce n'est pas absolument l'idéal, au moins l'approximation est telle que le goût le plus délicat pourrait s'en contenter. Pris d'émulation, brûlant d'enthousiasme à la vue de tels chefs-d'œuvre, l'artiste moderne se met à son tour au travail. Il veut créer, lui aussi, de la beauté. Ambition téméraire! Que peut-il imaginer de nouveau? Poursuivant le même but que les anciens, il faut bien qu'il revienne aux mêmes types. L'essentiel a été trouvé. Le canon de la forme humaine a été fixé dans son ensemble. A peine y pourra-t-il faire d'imperceptibles retouches de détail, quelque correction subtile portant sur l'épaisseur d'un trait. Il repassera sur les mêmes lignes, leur donnant peut-être un peu plus de fermeté, de pureté : ce n'est pas une besogne qui puisse lui assurer grande gloire. Que parlez-vous d'invention plastique? La période géniale est passée. Nous en sommes aux redites. L'art idéaliste poursuivait la perfection; son malheur est de l'avoir trouvée : il n'a plus rien à faire.

Rien de plus décourageant que cette pensée; mais heureusement rien de plus faux. Pour parler ainsi on s'appuie sur ce principe, qu'en formant un organisme la nature doit chercher à se rapprocher le plus possible d'un certain idéal, qui est le type même de l'espèce. Dès lors la beauté physique consistera à réaliser en soi ce type le plus fidèlement possible. Les beaux corps, étant faits sur un même modèle, seront tous semblables entre eux, et d'autant plus semblables qu'ils seront plus parfaits. La tâche de l'artiste sera de retrouver ce type idéal et, l'ayant découvert, de nous en présenter l'image. Pour le dégager des variations accidentelles de l'organisme humain, il prendra le juste milieu entre les extrêmes, éliminera de ses représentations tout ce qui est caractéristique de l'individu, simplifiera, généralisera : et la figure schématique qu'il obtiendra ainsi pourra être regardée comme l'archétype de la forme humaine, comme l'idéal de toute beauté, comme l'éternel modèle auquel l'art et la nature devront à tout jamais se conformer. Tout cela se tient admirablement. Mais le point de départ est tout à fait arbitraire. La nature ne semble nullement éprise d'uniformité. Autant que l'on peut juger de ses intentions, elle travaille moins à rapprocher toutes ses œuvres d'un même idéal qu'à les diversifier à l'infini. Parcourez d'un coup d'œil rapide la série animale : que de beautés diverses et pourtant équivalentes! Dans l'humanité même, quelle variété de types, irréductibles les uns aux autres, et pourtant admirables! La beauté de la femme n'est pas celle de l'homme; la beauté d'une blonde n'est pas celle d'une brune. Loin d'atténuer ces différences à force de croisements pour les fondre en je ne sais quel type bâtard et équivoque, l'art doit les accentuer au contraire. Non seulement il conservera, mais il soulignera les caractères de la race. Lui aussi, comme la nature, doit se préoccuper de diversifier ses types. Le sculpteur se gardera de jeter toutes ses statues dans le même moule. Un certain nombre d'artistes anciens et modernes se sont évertués à déterminer le canon de la beauté humaine et de la beauté animale, comme si la nature s'imposait, en fait de proportions, des règles absolues. Ces canons ne sont utilisables que comme première approximation de la forme, pour éviter les grosses incorrections. On n'a pas le droit de s'y tenir. Sans doute il est intéressant de nous présenter des spécimens de l'homme moyen, de celui qui plaît aux yeux par la seule régularité des formes sans attirer l'attention par aucune particularité individuelle. Mais de ce type pris comme matière première, en le modifiant avec méthode, on peut tirer des variantes à l'infini, qui vont de la forme la plus svelte à la plus compacte en passant par tous les degrés intermédiaires. Parmi tous ces types possibles, il en est un certain nombre auxquels la nature semble vouloir s'arrêter un instant comme à une position d'équilibre stable, et qui présentent une réelle valeur esthétique. Celui-ci vaudra par sa force, celui-là par son agilité, celui-là par sa grâce et son élégance. Entre tous ces types, celui de l'homme moyen n'occupe nullement une place éminente; il serait tout à fait injuste d'attribuer aux autres une valeur esthétique d'autant plus grande qu'ils se rapprochent davantage de celui-là. Si l'on traçait, d'un des extrêmes à l'autre, la courbe de beauté, ne nous figurons pas qu'elle irait s'élevant régulièrement jusqu'au type moyen pour redescendre ensuite : sa formule serait sans doute beaucoup moins simple que cela; il est probable qu'on y trouverait un certain nombre de *maxima*, de hauteur à peu près équivalente. Selon Winckelmann, la beauté parfaite serait comme l'eau pure, qui ne doit pas avoir de saveur particulière. Il est impossible d'admettre que ce soit là un idéal. Ces constatations doivent nous encourager. Si les anciens ont parfois atteint la perfection, nous pouvons l'atteindre aussi en nous engageant dans des voies différentes. S'ils ont trouvé certains types d'une beauté idéale, n'essayons pas de les modifier, nous les gâterions; mais gardons-nous de les reproduire servilement, ce serait du plagiat. Efforçons-nous d'en trouver d'autres, d'une valeur équivalente! Affirmons la personnalité des types, qu'ils ont parfois trop effacée! L'humanité évolue d'ailleurs, et à chacune des étapes de cette évolution doit correspondre un nouvel idéal. Les anciens nous ont représenté la beauté antique : à nous de trouver la beauté moderne. Cherchons donc! Le problème du beau ne comporte pas une seule solution, il en comporte un grand nombre et peut-être une infinité. Notre imagination peut se donner carrière. La période d'invention plastique n'est pas fermée.

IV

L'IDÉAL SURHUMAIN

Étudier la beauté humaine dans tous ses modes; nous en mettre sous les yeux les types exemplaires, certes c'est pour l'art une noble tâche et dont il ne doit jamais se désintéresser. Est-ce son suprême effort? Nous avons vu qu'il prétend s'élever plus haut encore, au-dessus de l'humanité même.

On peut se demander comment l'idée lui en est venue. L'imagination des artistes est plutôt concrète et hantée des images du monde extérieur. Leur goût personnel les porterait de préférence vers les objets aux formes définies dont ils peuvent d'un coup d'œil apprécier les proportions et suivre le contour. Volontiers ils se contenteraient de la simple représentation de la beauté. S'ils n'eussent été soumis à aucune influence étrangère à l'art, on peut supposer que jamais ils n'eussent été chercher au delà de ce monde leur idéal. Mais on leur a demandé, pour en orner le temple, l'image du Dieu. On s'est adressé à eux pour figurer les mystères de la religion en symboles visibles. On leur a donné la tâche de représenter ces hommes qui par leur puissance ou leur sainteté semblent s'être élevés au-dessus de l'homme. Pour expliquer l'orientation que l'art a prise à certaines époques, il faut tenir compte de ce fait brutal, que presque toujours ses œuvres les plus importantes ont été exécutées « sur commande ». Les artistes y ont travaillé de bon cœur et de bonne foi, n'étant pas étrangers eux-mêmes aux sentiments qu'on leur demandait de rendre. Mais il reste que dans leur œuvre la préoccupation d'art a été subordonnée à d'autres préoccupations. Ils n'ont pas créé eux-mêmes le type de ces êtres surnaturels dont ils sculptaient l'effigie. Ils le trouvaient déjà conçu et presque fixé dans l'imagination populaire. Leur tâche était de trouver une formule plastique à des images qui depuis longtemps avaient leur expression poétique.

Ont-ils gagné, ont-ils perdu à l'entreprendre? L'art religieux, qui prétend représenter les choses du ciel, est-il inférieur ou supérieur à l'art purement esthétique, qui s'en tient aux choses de la terre? Pour le savoir, il faut nous rendre compte des moyens dont l'imagination plastique dispose pour figurer le surnaturel.

Ses tentatives, il faut le reconnaître, n'ont pas toujours été heureuses. Pour donner l'impression du divin, on n'a souvent trouvé que le monstrueux. Que représentent ces idoles aux bras multiples, ces femmes aux innombrables mamelles, ces êtres hybrides qui ont une tête humaine sur un corps de taureau, ou bien sur un corps d'homme une tête d'éléphant, créatures déconcertantes qui semblent avoir été conçues dans un véritable délire d'invention plastique? Ce sont des divinités. Sans doute ces représentations ne doivent pas être prises à la lettre, mais plutôt dans un sens figuré. Elles ne font que réaliser en visions concrètes des images poétiques. L'artiste n'a pas cru que le Dieu eût réellement cette forme, ni même un corps quelconque; il ne veut que donner une idée de ses attributs caractéristiques.

Ces bras multiples, ces mamelles, cette tête d'éléphant sont des symboles qui signifient puissance, fécondité, sagesse. Plus l'aspect en sera monstrueux, mieux nous devrons comprendre qu'ils ne représentent rien de réel. Dans son dédain des apparences qui peuvent choquer les yeux, cet art est donc, on peut le dire, hautement idéaliste. Nous aurons beau faire pourtant, il nous est impossible d'admettre que cet effort pour figurer le surnaturel soit réussi. Les images que les hymnes religieux, dans leur essor lyrique, faisaient passer rapidement dans l'esprit du fidèle, et qui se volatilisaient aussitôt en pures idées, une fois réalisées dans le marbre, pétrifiées, solidifiées, sont d'une étrange lourdeur : l'imagination ne peut plus les accepter.

C'est toujours à la forme humaine qu'il faudra revenir, comme à la plus noble que nous connaissions, et la seule que notre imagination d'hommes puisse prêter aux êtres supérieurs. L'art religieux est voué à l'anthropomorphisme. Sa tâche sera de donner à cette forme quelque chose de sublime qui la transfigure et la porte jusqu'au surnaturel : sublime de puissance, de beauté ou d'expression morale.

Pour rendre l'idée de leur toute-puissance, pour montrer combien ils étaient au-dessus de l'humanité, on a fait les statues des dieux aussi grandes que possible; on a donné aux effigies des rois divinisés une énorme taille. A défaut de la grandeur réelle on leur donnait au moins la grandeur relative. Presque toujours, dans les compositions où la divinité se trouve représentée en même temps que les hommes, on l'a figurée à une échelle un peu plus grande, pour montrer qu'elle n'a pas de commune mesure avec l'humanité. Dans les bas-reliefs assyriens, le roi dépasse ses sujets de la tête; quant à ses ennemis, devant lui ils ne sont que des pygmées. Cette exagération des dimensions est d'une réelle valeur d'art. Elle peut produire un effet grandiose. Ces blocs gigantesques taillés en forme humaine, ces « géants enchaînés et muets sous des voiles » prennent, quand on les a longuement contemplés, une expression puissante, mystérieuse et terrible, dont l'imagination restera hantée. Leur masse effraie, comme le sommeil d'une force énorme, qui tout à coup, par miracle, pourrait peut-être se réveiller. Si le colosse allait faire un mouvement! A cet effet de grandeur s'ajoute parfois l'effet de la répétition. Par une idée vraiment surprenante, les Égyptiens ont imaginé de dresser côte à côte plusieurs exemplaires d'une même statue : tels les deux colosses d'Amenophis III, les quatre Ramsès du grand temple d'Ipsamboul. Ainsi doublée, quadruplée, l'image est prodigieuse. — D'autres œuvres, et cela est d'un plus grand art encore, donneront cette impression de la grandeur et de la puissance surhumaines par le caractère de l'image plutôt que par ses dimensions, si bien que, même réduites, elles sembleraient toujours colossales. Telle est l'œuvre de Michel-Ange. On peut discuter son parti pris de représenter la grandeur morale de ses personnages par le surnaturel développement de la puissance physique; mais quoi que l'on pense, au point de vue religieux, de ce symbolisme, on doit reconnaître qu'il en a tiré un merveilleux parti, et que son Moïse, ses Prophètes, ses Sibylles, les saints qui entourent le Christ dans son *Jugement dernier*, sont le plus saisissant exemple que l'on puisse citer du sublime *dynamique*.

Le sublime *esthétique* produira l'impression du divin par la surnaturelle beauté de l'image. De ce mode de représentation on trouverait dans l'art grec d'admirables exemples. En présence de ces statues de dieux et de déesses, oubliez les phrases toutes faites à travers lesquelles on les regarde d'ordinaire, oubliez le nom même dont on les désigne, laissez-vous simplement aller à l'impression qui va vous pénétrer : ce sera bien un sentiment de nature religieuse, produit par la seule contemplation de l'extrême beauté. A coup sûr ces images ne veulent pas représenter un homme, une femme, mais un être supérieur à l'humanité, qui vit d'une existence plus noble, plus sereine, plus heureuse que la nôtre, loin de nos misères et de nos vulgarités. Dans l'art moderne, tel semble bien avoir été l'idéal de Raphaël et des peintres formés à son école. Pour représenter la divinité du Christ, ils eussent voulu le faire infiniment beau. Quand ils nous présentent l'image de la Vierge, c'est dans une auréole de grâce féminine, dans un rayonnement de beauté.

Il semble que l'art ne saurait aller beaucoup plus loin dans l'expression de l'idéal. Il l'a fait pourtant, et par une voie étrange, en renonçant à la puissance, en dédaignant la beauté, en ne visant qu'à l'expression morale. C'est le véritable idéal de l'art chrétien. Pourquoi cette conception semble-t-elle particulière aux artistes du Nord? Sont-ils plus réfléchis, plus intérieurs, moins distraits par la splendeur de la lumière et le spectacle de la beauté physique? Quelles qu'en puissent être les raisons, c'est surtout chez eux que l'on trouvera des exemples de ce sublime purement moral. Dans son beau livre sur l'art religieux du XIIIe siècle en France, Émile Mâle nous montre comment au moyen âge les artistes et surtout les sculpteurs se trouvèrent aux prises avec un des plus beaux problèmes de l'art. « Il s'agissait de faire rayonner une vertu différente sur la face de chaque saint... La vie des saints proposait toutes ces nuances exquises à l'art. Il en est résulté que l'art du moyen âge, qui n'a guère représenté que des saints, est l'art idéaliste par excellence; car on ne lui demandait que de faire transparaître des âmes. Force, charité, justice, tempérance, voilà ce qu'on devait lire sur les visages... L'obligation où les artistes furent, pendant trois cents ans, de représenter des hommes supérieurs à l'humanité a donné à l'art du moyen âge son inimitable caractère [1]. » Les corps sont souvent rudes, émaciés, déformés dans le sens de l'idéal ascétique; les visages peuvent avoir des traits vulgaires; l'exécution même est parfois gauche, maladroite : mais dans cette enveloppe grossière l'artiste a su mettre des âmes vraiment divines. Je rapporterais à la même source d'inspiration le Moïse que Claus Sluter a sculpté pour la Chartreuse de Dijon. Dans cette âpre et rude image il a mis une telle largeur, une si surprenante énergie, qu'au premier aspect on sent qu'elle représente un être en dehors de l'humanité. — Cette tradition de l'art d'expression pure n'a pas été perdue. Rembrandt l'a reprise dans ces admirables images du Christ qui doivent à leur réalisme même

1. Voir p. 359, 362.

leur profondeur d'expression. On en retrouverait quelque chose chez les artistes contemporains qui ont essayé, comme Uhde dans sa *Nuit sainte*, comme Dagnan-Bouveret dans sa *Madone*, comme Luc-Olivier Merson dans ses compositions religieuses, comme Béraut dans ses allégories, de rendre à la légende chrétienne sa fraîcheur, de rapprocher de nous ces figures un peu lointaines en nous les présentant sous une forme humaine et vivante, dans un milieu familier qui fasse ressortir par contraste leur caractère merveilleux. Le seul reproche qu'on puisse adresser à ces œuvres, c'est d'être trop affinées peut-être, trop ingénieusement naïves, et de nous donner malgré elles le sentiment de l'art, de l'esprit même, quand elles devraient laisser transparaître avant tout le sentiment religieux. A ce point de vue, l'art chrétien primitif était mieux servi par son inexpérience et sa gaucherie même.

Nous sommes maintenant en état de répondre à la question que nous nous étions posée.

Conçue en dehors de l'art, la religion s'est après coup adressée et imposée à lui. Elle l'a fait travailler pour elle. Est-il sûr qu'elle y ait gagné quelque chose? Je n'oserais l'affirmer. Peut-être ces représentations matérielles, nécessairement imparfaites, lui ont-elles enlevé quelque chose de sa grandeur et de sa haute spiritualité. Je comprends que certaines religions, pour se garder plus pures de tout fétichisme, se soient interdit à elles-mêmes toute image. Mais l'art à coup sûr a gagné beaucoup à se mettre au service de la religion. Il est sorti de lui-même. Il a renoncé aux jeux frivoles de l'art pour l'art. Il s'est assigné un but plus élevé que la recherche de la pure jouissance esthétique. Il a dû s'ingénier à traduire des conceptions auxquelles il semblait presque impossible de trouver une expression plastique. Alors même qu'il a échoué, cet effort lui a été utile. Il est allé jusqu'au bout de ses forces, et sa puissance s'en est accrue. Il doit au sentiment religieux quelques-unes de ses plus hautes inspirations, et de magnifiques élans vers l'idéal.

CHAPITRE VII

DE LA CONVENTION A LA FANTAISIE

Nous venons de voir l'imagination appliquée à son œuvre la plus sérieuse. C'était un véritable labeur qu'elle avait à fournir, et il nous a fallu à nous-mêmes une certaine tension d'esprit pour arriver à nous le représenter. Les opérations mentales qu'il nous reste à étudier ne sont plus qu'un jeu d'invention plastique; et ce sera pour nous une détente.

I

TENDANCE DE L'ART DÉCORATIF A LA FANTAISIE

Supposons un esprit doué à un degré éminent du pouvoir de créer des formes, et par conséquent prenant plaisir à l'exercer. Il ne pourra s'astreindre à représenter les choses telles qu'il les voit; il se jouera de leur image, la modifiant de mille façons, la faisant aussi conventionnelle qu'elle pourra l'être sans cesser d'être reconnaissable, enfin abandonnant tout souci d'imitation et se lançant en pleine fantaisie.

De cette libre allure de l'imagination nous trouverons surtout des exemples dans l'art décoratif. La raison en est facile à comprendre. L'art décoratif use plus que tout autre de conventions. Ce n'est pas mode arbitraire, simple usage faisant force de loi : la convention est à chaque instant imposée au décorateur soit par des exigences techniques, soit par les convenances du goût. Mais de la convention à la fantaisie il n'y a qu'un pas. Théoriquement la différence est grande si l'on veut. La convention est dans la façon de représenter les choses, la fantaisie est dans la chose que je représente. Si je dessine une rose au crayon bleu parce que je n'en ai pas d'autre sous la main, je suis dans la convention ; si j'ai vraiment l'intention de représenter une rose bleue, j'entre dans la fantaisie. Comme on le voit, les résultats ne diffèrent pas beaucoup. Le décorateur lui-même n'y regarde pas de si près. Habitué à ne rendre la nature que par approximation, il la modifiera à plaisir, sans s'inquiéter de savoir si son œuvre doit être regardée comme l'image fantaisiste d'objets réels ou l'image réelle d'objets de fantaisie. Les peintres et les sculpteurs, par une sorte de respect humain, n'oseraient se donner cette licence : ils se feraient scrupule de présenter au public, peinte sur toile et encadrée d'or, une fleur stylisée ; ou d'installer superbement sur un piédestal, pour être contemplé à part, un monstre chimérique. Considérées comme de simples ornements, appliquées sur un objet qu'elles décorent, n'ayant plus la prétention d'être des œuvres d'art pur, ces images ne choqueront plus. Semez des fleurs de ce genre sur un papier de tenture; faites ramper ce monstre sous la dalle d'un balcon, nous serons indulgents à ce caprice. Par cela même que le décor est subordonné, il est en réalité plus libre; on est souvent plus à l'aise au second rang qu'au premier : ainsi le petit page marchant derrière une grande et noble dame n'était pas tenu à un maintien aussi sérieux.

Tout cela suffirait déjà à expliquer la tendance manifeste de l'art décoratif à passer de la convention à la libre fantaisie. Mais ces jeux d'invention plastique auxquels il se livre si volontiers ne sont pas seulement permis; ils sont obligés : ils font partie de sa fonction même. Très souvent l'ornement n'est fait que pour distraire les yeux, pour mettre comme un sourire dans une œuvre trop grave; il y réussirait mal s'il avait l'air de trop s'y appliquer; il faut qu'il donne l'impression d'avoir été conçu sans effort, dans une improvisation joyeuse et légère. A chaque instant encore il doit se plier à des convenances étrangères, entrer dans des cadres inattendus, se mouler sur des formes pour lesquelles il ne semblait pas fait : cela exige de la souplesse, et une faculté d'adaptation particulière. Comme nous le verrons tout à l'heure, les exigences du décor posent souvent à l'artiste de véritables problèmes d'invention, qu'il doit être capable de résoudre comme comme en se jouant.

Le don de créer des formes est bien la caractéristique du décorateur. Avec des qualités qui suffiraient pour faire de lui un peintre ou un sculpteur de premier ordre, il n'arrivera jamais à la maîtrise de son art, et même ne s'élèvera jamais au-dessus de la médiocrité s'il n'a en outre l'ingéniosité, l'exubérance d'invention plastique. Quand il serait dessinateur impeccable, coloriste accompli, s'il est dépourvu de la faculté d'invention, tout cela n'est rien. Il ne me semble pas qu'on ait suffisamment dégagé ce qu'il y a dans l'art décoratif de profondément original, les aptitudes spéciales qu'il exige, les émotions esthétiques que seul il nous donne, au moins à un tel degré. Chaque art a sa mission. Il est fait pour nous apporter son élément de beauté spécial, irréductible; pour mettre en jeu, avec une énergie particulière, certaines puissances de l'âme humaine. Les apologistes du décor se sont attachés surtout à démontrer que l'on peut mettre autant de talent, de génie même dans un simple ornement que dans la composition d'un tableau ou d'une statue; autrement dit que l'art décoratif est un art comme un autre. Mieux vaudrait chercher à prouver qu'il ne ressemble tout à fait à aucun autre, mais qu'il a son domaine à part, dans lequel il pourra exceller. Cette noble ambition, qui suscite les efforts puissants et inspire les chefs-d'œuvre, n'est pas interdite aux artisans du décor. On convie parfois les sculpteurs et les peintres à délaisser l'art pur, carrière trop encombrée, pour s'adonner à la décoration, comme s'ils devaient y réussir sans autre apprentissage qu'une année ou deux de préparation technique. C'est une lourde erreur. L'art décoratif exige une vocation spéciale, qui suppose une tournure d'imagination particulière. Le décorateur lui-même se ferait de son rôle une idée trop modeste si, comme il en est parfois tenté, il se mettait humblement à l'école des peintres et des sculpteurs. Il a tout autant de leçons à leur donner qu'à en recevoir. Son œuvre est initiale, puisée directement dans la nature, élaborée suivant une méthode qui lui est propre. Elle donne et doit donner une constante impression d'originalité.

Ici comme toujours c'est à la réalité que l'imagination va emprunter ses données premières. Il lu est impossible de rien créer de toutes pièces. Quand elle y réussirait, les figures qu'elle produirait ainsi ne seraient pour nous d'aucun intérêt. Que nous dirait une fleur qui ne reproduirait aucune disposition florale connue, ou bien un animal tellement fantaisiste qu'il n'aurait même plus forme d'animal? C'est donc sur les images de la nature que le décorateur travaille dans son effort d'invention plastique. Mais il les modifie de diverses manières. Il les réduit ou les agrandit, les simplifie, les stylise, en forme des composés nouveaux, les métamorphose, les, combine les unes avec les autres, jusqu'au point où nous aurons peine à y retrouver aucune réminiscence de la réalité. Là est l'extrême limite, où il faut bien s'arrêter.

II

RÉDUCTIONS, AMPLIFICATIONS

C'est une convention reçue dans tous les arts d'imitation que l'artiste a le droit de représenter les choses à une échelle arbitraire, en petit ou en grand, selon ses convenances. Cela n'empêche pas le spectateur de les voir en grandeur normale. Nous savons bien qu'une statuette de Tanagra ne représente pas une danseuse lilliputienne, et qu'une statue de Thiers dressée au milieu d'une place ne représente pas un géant. Les sculpteurs et les peintres n'usent d'ordinaire de ce droit qu'avec une discrétion extrême. En tenant compte des effets de la perspective, on reconnaîtra que presque toujours ils conservent à l'effigie la grandeur angulaire qu'aurait l'objet vu à bonne distance. Ils ne réduisent que les images faites pour être regardées de très près, n'amplifient que celles qui risqueraient de paraître mesquines, étant placées à une distance ou une élévation anormales. Inutile d'ajouter qu'ils auront soin de réduire ou d'amplifier dans les mêmes proportions toutes les figures qu'ils font entrer dans un même groupe, pour leur conserver leur grandeur relative : ils savent que le meilleur moyen de faire oublier une convention est de la suivre jusqu'au bout. On pourrait citer quelques infractions à cette règle. Dans son *Saint Michel*, Frémiet a mis sous les pieds de l'archange, représenté en stature plus qu'humaine, un monstre qui évidemment est figuré en petit. Quand Puget a sculpté le lion qui mord de façon si singulière son *Milon de Crotone*, j'aime à croire qu'il n'a pas voulu le figurer en grandeur naturelle, mais à une échelle conventionnelle, pour expliquer seulement la situation. Dans l'*Artémis* du Louvre, la biche que la déesse semble saisir est bien petite. Mais, comme on le voit, il ne s'agit là que d'une figure très accessoire, qui ne forme pas vraiment groupe avec la figure principale, et n'a dans la composition d'autre rôle que celui d'un simple emblème distinctif. On peut aussi supposer une sorte de convention de perspective, la biche étant censée poursuivie encore et par conséquent éloignée. Dans le *Laocoon*, si le père est représenté, pour mieux équilibrer la composition, à une autre échelle que les enfants, l'artifice est si bien ménagé qu'on s'en aperçoit à peine. Le décorateur n'a pas de ces scrupules. Il réduit ou amplifie la nature de telle manière qu'il soit impossible de rendre à l'objet ses dimensions normales. Sur une cretonne imprimée s'étaleront, comme pour braver toute vraisemblance, des lis martagons larges d'un pied. Sur une bonbonnière d'ivoire, sculptée avec une patience infinie, nous verrons circuler cent petits personnages. Nous avons beau faire, l'impression de petitesse ou de grandeur subsistera toujours. Elle est évidemment recherchée pour elle-même. L'artiste semble s'amuser à nous montrer la nature dans un miroir sphérique qui la reflète en raccourci, concentrant avec une étrange précision tout un paysage en un simple point lumineux; ou bien il nous la fait voir à la loupe, donnant aux moindres objets un grossissement fantastique. Des crevasses d'une pierre moussue il fait des gorges sauvages sur lesquelles se penchent des arbres inconnus. Les infimes bestioles que Bernardin de Saint-Pierre voyait cheminer sur sa feuille de fraisier, avec leur cuirasse de bronze ou d'argent, leur tête arrondie en turban de velours noir ou taillée en pointe de rubis, deviennent des monstres chimériques errant dans une prairie sans fin. Nous voyageons ainsi de Lilliput à Brobdingnac. On ne s'interdira pas de faire entrer dans une même composition divers objets dessinés à une échelle différente. Dans une médaille, à côté de la figure principale, nous verrons disposés divers emblèmes, sceptre, rame, trident, qui, réduits dans les mêmes proportions, eussent été microscopiques : le graveur n'a pas hésité à les figurer à une échelle plus grande. Il est bien rare que dans une composition décorative les ornements qui encadrent le motif central ne soient pas hors d'échelle. Bien plus il arrive que deux figures représentées à une échelle différente ne sont pas seulement juxtaposées, mais forment groupe; et pour bien montrer que ce n'est là qu'un jeu d'imagination, les proportions naturelles sont renversées; c'est la figure principale qui est représentée en petit. Dans mainte composition décorative l'artiste figure en présence réelle, sur quelque objet reproduit dans ses dimensions normales, des personnages représentés à une échelle très réduite, et tire un effet piquant de cette rencontre imprévue de la convention avec la réalité : ainsi une figure de femme semble se pencher sur l'ouverture d'une coquille, et en mesurer avec effroi la profondeur. Dans ce jeu de réduction et d'amplification qui nous fait sans cesse passer d'une convention à l'autre, nous finissons par perdre le sentiment de la grandeur des choses, surtout quand il s'agit d'objets que nous ne sommes pas habitués à percevoir dans la réalité. Et cette indécision n'est pas sans charme. Dans son beau surtout d'étain du musée du Luxembourg, Raoul Larche nous montre des sirènes qui se jouent dans la mer autour d'un écueil. Cramponnées au rocher, elles laissent passer sur leur tête la lame déferlante, ou se redressent ruisselantes d'écume; celle-là bondit avec la vague et, dominant tout le groupe, semble lancer d'une voix grêle d'oiseau de mer un appel dans la rafale.

La dimension réelle des figures est médiocre. Quelle sera leur grandeur apparente? A regarder l'ensemble de la composition, on serait tenté de l'amplifier. Ces flots ont trop fière allure pour représenter des vaguelettes clapotant autour d'un galet; ils grandissent dans l'imagination, prennent l'aspect de vagues furieuses poussées par un vent de tempête; à leur tour, les sirènes qui se jouent dans ces vagues et peut-être les personnifient prennent une grandeur apparente proportionnée. Faites pourtant attention aux détails. Regardez cette sirène qui, d'un effort joli, essaie d'entr'ouvrir les valves d'une grosse huître. A supposer même que l'huître soit énorme, la sirène ne peut être que très petite. De proche en proche toutes les dimensions se réduisent : nous n'avons plus sous les yeux que de charmants petits monstres marins, figurés en grandeur vraie, qui prennent leurs ébats dans un océan en miniature. Le spectateur est-il pour cela déconcerté? Il passe sans effort d'une interprétation à l'autre. A peine s'aperçoit-il du changement. Ne sommes-nous pas dans le monde de la convention et des invraisemblances? En coûte-t-il tant de modifier en un clin d'œil la grandeur apparente de ces images qui passent incertaines et flottantes dans notre rêverie?

III

SIMPLIFICATIONS

Voici des conventions plus audacieuses : on va toucher à la forme.

On commencera par la simplifier, éliminant tous

les détails accessoires pour n'insister que sur les essentiels. Tout artiste fait subir à la forme une opération de ce genre. Mais le décorateur y met plus d'audaces; ses simplifications sont plus énergiques; il résume les choses en une synthèse plus brève. C'est lui, non le sculpteur ou le peintre, qui de la complication des formes individuelles sait dégager le type simple, le schème de l'espèce. Cette extrême simplification lui est comme imposée. Il importe en décoration que les images s'enlèvent en nette silhouette sur le fond qu'elles doivent orner. Il faut aussi qu'elles aient une sorte de généralité typique pour pouvoir être plusieurs fois répétées. Dans certains bas-reliefs assyriens on voit une longue file de personnages, tous pareils, représentés dans une même attitude; et cette répétition rythmique de figures semblables est d'un excellent effet décoratif. Mais elles choqueraient le regard si le type en était trop individuel, si les détails en étaient trop accusés; car il serait invraisemblable que la nature les eût tant de fois reproduits. Dans un papier de tenture, le même motif reparaîtra, cent fois de suite, sans variation; cette uniformité même est exigée pour répartir également l'intérêt du décor sur tous les points de la muraille; elle correspond bien au caractère d'une surface plane. Mais l'effet serait intolérable si l'on nous présentait ainsi, reproduit à une centaine d'exemplaires, un dessin trop détaillé, trop anecdotique, comme un pêcheur qui lance son filet, ou la mort du chevalier d'Assas. La scène, prise à part, peut avoir son intérêt; mais c'est bon, comme on dit, pour une fois. Nous admettrons bien plus volontiers la répétition d'un motif plus simple, plus banal même; et nous nous en lasserons d'autant moins vite qu'il sera rendu d'une manière plus conventionnelle. Tout véritable artiste le comprendra d'instinct. Il se fera une règle de simplifier autant que possible les motifs qui doivent être répétés plusieurs fois dans une même composition, ou même ceux qui ont chance de repasser souvent devant nos yeux, comme l'effigie d'une pièce de monnaie, d'un cachet, d'un timbre postal. — Pour montrer à quel point la forme peut être simplifiée sans cesser d'être reconnaissable, je citerai les hiéroglyphes égyptiens, où la silhouette caractéristique des objets et des animaux est dessinée d'un trait si sommaire et si juste en même temps, ou bien encore les emblèmes usités dans notre art héraldique aux beaux temps de sa floraison. Préoccupé d'exprimer chaque chose par un signe simple, clair et cursif qui pût être indéfiniment reproduit dans sa forme traditionnelle, l'artiste a réduit les indications au strict minimum, et a produit ainsi, sans songer à faire œuvre d'artiste, des figures schématiques d'une singulière beauté. On retrouverait parfois dans nos modernes marques de fabrique, blason de notre démocratie laborieuse, quelque chose de cette simplicité artistique.

Enfermer le plus d'indications possible dans la ligne la plus simple, tel est le problème que le décorateur semble se poser. C'est ainsi qu'il se fait un style personnel, si reconnaissable qu'une simple ligne tracée par lui se différenciera, à première vue, d'une figure tracée par un peintre. Le coup de crayon n'est pas le même : il est plus hardi, plus net, plus impérieux. On voit bien que l'artiste a contume de composer mentalement ses figures avant de les exécuter. Alors même qu'il dessine d'après nature, on voit qu'il n'est pas habitué à suivre du regard timidement et point par point les contours de l'objet. Il l'enveloppe d'un coup d'œil, décide de sa forme, et résolûment l'exprime d'un trait. N'y a-t-il pas quelque chose de vraiment génial dans cette façon de représenter les choses par de simples emblèmes, symboles plutôt qu'images de la réalité, où pourtant tout l'essentiel se trouve? Avec une tranquille audace, le dessinateur taille dans la nature; et quand nous nous demandons avec inquiétude ce qu'il en va conserver, au moment où nous allons la perdre de vue, voici qu'elle reparaît, différente et pourtant reconnaissable, réduite à un simple linéament et pourtant complète, dans cette nouvelle effigie. Si le sentiment de l'art ne va pas sans celui de l'artificiel; si l'œuvre la plus artistique est celle où le vouloir de l'artiste, loin de se dissimuler, appuie le plus fortement sa marque, on peut dire que le décorateur ne saurait pousser trop loin ce parti pris de simplification. C'est par ces hardiesses d'interprétation que son œuvre s'affirme comme franchement décorative.

Après avoir simplifié les formes, le décorateur, entrant plus avant dans la convention, pourra les styliser : opération bien différente de la précédente, et qui change d'une manière notable le caractère de l'œuvre. En simplifiant les contours, l'artiste ne faisait qu'éliminer les détails accessoires pour dégager et mettre en évidence ce linéament essentiel, qui est comme l'armature solide de la forme, la silhouette caractéristique de l'objet. S'il cherchait la beauté, c'était dans la nature même, en retrouvant l'idée première dont elle semblait s'être inspirée, le thème simple sur lequel elle avait brodé ses variations. Ici, au contraire, on plie la forme à des convenances étrangères, en la composant pour l'effet; on fait entrer la nature dans des cadres; on modifie le caractère propre de l'objet pour lui donner une beauté qui n'est pas la sienne. Quelle est donc, en fin de compte, cette opération mystérieuse, dont quelques décorateurs ne peuvent parler sans hocher la tête d'un air profond, comme si c'était leur secret professionnel, le grand œuvre de l'art décoratif? Elle peut être définie d'un mot. Styliser la forme, c'est lui donner la *beauté linéaire*. La ligne, nous l'avons constaté, n'est qu'un procédé artificiel d'expression, un moyen sommaire et commode de découper nettement la silhouette des objets. Dans la peinture réaliste, où les formes sont suffisamment indiquées par le jeu des lumières et des ombres, elle disparaît absolument. Dans la décoration, au contraire, on prendra plaisir à la marquer fortement, comme dans les vitraux où chaque figure est cernée de plombs bien visibles, dans les tapisseries orientales où une ligne blanche s'interpose entre les couleurs pour prévenir leur mélange optique, dans les cloisonnés où une bordure de métal sépare réellement les émaux colorés. Non seulement on marquera la ligne sur les contours, mais on la cherchera dans les pleins. On a signalé, dans la céramique grecque, cette recherche de la ligne pour la ligne, qui donne aux figures peintes sur les vases antiques un caractère si particulier. Les plis d'une draperie, les boucles d'une chevelure, le contour d'un sein de femme, la division des masses musculaires dans un torse viril seront un prétexte à linéaments, que la main de l'artiste se plaira à accentuer d'un libre mouvement de pinceau. Dans les figures purement ornementales, cette stylisation est parfois d'une extraordinaire ingéniosité. L'artiste moderne use largement de cette convention. De là ces chevelures interprétées comme un ornement graphique, divisées en minces filets qui s'enlacent et se dénouent suivant un rythme déterminé et font comme un cadre à la figure (ex. : les compositions décoratives de Mucha). Appuyant ainsi sur le trait, le signalant à l'attention, il sera naturel qu'on se préoccupe de lui donner toute la beauté que comportent les lignes. On le rendra plus pur en le conduisant suivant une loi plus régulière, rectifiant les droites, accentuant les courbes, ramenant les formes à une parfaite symétrie; et il en résultera des figures d'une sobre élégance, sorte de compromis entre le décor réaliste et le décor abstrait, où nous reconnaîtrons encore la nature, mais transposée dans le mode géométrique. Ou bien on lui donnera la grâce du mouvement, en le dessinant d'un geste plus libre : alors ce sera la main de l'artiste qui trouvera d'elle-même la courbe heureuse, qui prendra plaisir aux changements de direction, aux raccords, aux enlacements, aux lignes hardiment lancées; et les figures ainsi obtenues auront une sorte de beauté calligraphique.

Parfois ces deux procédés de simplification et de stylisation seront employés dans le tracé d'une même figure. On en peut voir un très intéressant exemple dans les beaux lions qui ornaient la frise du palais de Suze. Par quel subtil artifice le décorateur est-il parvenu à conserver à ces figures, d'exécution si conventionnelle, un accent si véridique? En se contentant de simplifier les lignes essentielles, et en stylisant à plaisir les lignes accessoires. Ce qu'il y a de vraiment caractéristique dans la forme de l'animal, le trait qui en marque la silhouette, a été reproduit d'après nature : aussi comme on voit bien ce lion s'avancer, d'un mouvement souple et puissant, la gueule grondante, tout prêt à bondir. A peine s'aperçoit-on que les contours de la bête ont été simplifiés, tant ils l'ont été avec justesse et mesure. Mais les lignes principales ainsi posées, l'artiste s'est joué librement des autres. Était-il nécessaire, par exemple, de dessiner minutieusement les détails de la crinière? Il en a simplement indiqué la masse par un grand trait régulier. Quant à la saillie des muscles, il l'a marquée par des galons blancs, dont les boucles sont remplies de couleurs conventionnelles. Des rides qui froncent le mufle du fauve, il a fait des lignes bleues, disposées régulièrement comme un tatouage, sorte de sauvage parure qui donne à la tête de l'animal une étrange expression de férocité. La figure est donc naturelle d'attitude, simplifiée comme contour, stylisée dans le détail. Et l'effet résultant est éminemment décoratif.

IV

MÉTAMORPHOSES

Enfin nous entrons en pleine fantaisie. Voici l'imagination abandonnée à elle-même, se créant à son usage un monde fictif qu'elle s'efforce de rendre aussi différent que possible du monde réel.

Certaines figures fantastiques seront obtenues par altération progressive d'une forme donnée. C'est en poussant la convention à l'extrême, au point où l'image cessera d'être reconnaissable, que l'artiste nous donnera la sensation du merveilleux. Il s'abandonnera aux caprices de l'exécution, suivant d'un crayon distrait les images indécises qu'il voit apparaître sur l'objet, cherchant après coup un sens aux figures ainsi tracées, et en accentuant le contour : tel l'écolier désœuvré qui griffonne, au hasard, des dessins pour lui-même imprévus sur la couverture maculée de son livre. Certains peintres très imaginatifs ont d'instinct recours à ce procédé d'invention. Ils cherchent des idées pittoresques dans les nuages, dans les volutes de la fumée, dans le lichen des murs, dans les cassures d'un rocher. Au cours d'une promenade, ils se représenteront tout à coup un tableau à faire, une scène fantastique qui semble spontanément surgir des profondeurs de leur cerveau ; et cette idée leur est peut-être venue en jetant par hasard les yeux sur un vieux saule au tronc noueux et tordu qui avait une vague apparence de monstre. Charles Yriarte signale chez Fortuny cette aptitude spéciale à inventer par la tache. Dans la chambre noire de son cerveau, l'artiste combinait des couleurs et des effets comme d'autres combinent des pensées et improvisent des scenarios. Pendant qu'il exécutait ses aquarelles, il lui arrivait fréquemment de jouer avec une tache ou une éclaboussure, d'utiliser même pour se faire un fond l'aspect d'une feuille de papier noircie par un commencement d'incendie[1]. « Un jour, par exemple, l'essai de ses pinceaux laisse sur le papier des taches bizarres; cette palette de hasard frappe ses yeux et éveille sa pensée; il voit là des harmonies singulières qui seraient le point de départ d'une très curieuse aquarelle, la *Mascarade*, où, dans un *Pincio* idéal ou un coin rêvé de quelque villa d'Albani qui n'a jamais existé, un groupe de masques, qui n'ont ni patrie ni histoire, viennent faire le décaméron à l'ombre d'arbres dont les feuilles sont des taches et les troncs sont des valeurs. Sur le premier plan, de grands cygnes colorent de leur duvet blanc les ondes noires et bleuâtres d'un bassin; c'est à la fois étrange et séduisant, et d'un coloriste très délicat qui ne pouvait pas sans doute conduire son rêve jusqu'au bout et en faire une réalité picturale. Mais ceux qui aiment la peinture savent tout le charme qu'on trouve dans certaines esquisses que la pensée achève et complète, et où le spectateur se prend à voir un monde de choses qui flottent au gré de son imagination! » Gustave Moreau possédait aussi cette aptitude. Coloriste visionnaire, c'était dans la couleur même qu'il cherchait parfois la forme, c'était de nuances étranges, obtenues dans une simple recherche d'effets chromatiques, qu'il tirait ses images merveilleuses. Je suis persuadé qu'il n'est pas de décorateur qui ne procède parfois ainsi. Le métier même l'y invite, les images décoratives étant d'ordinaire projetées après coup sur un objet de forme et de couleur données. Ce sera par exemple un pied de table qui offrira déjà l'apparence d'une

1. Charles Yriarte, *Fortuny*, p. 31.

griffe; l'artiste partira sur ce thème, soulignant l'effet, complétant l'image qui lui aura été suggérée. On peut remarquer qu'un meuble a presque toujours, quand on y fait un peu attention, une attitude expressive, une physionomie : celui-ci semble accroupi sur lui-même, celui-là fait effort pour se redresser; il ne faut qu'un peu de bonne volonté à l'imagination pour l'animer et y voir un être bizarre. De même dans un vase on pourra facilement se figurer une forme humaine ou animale plus ou moins monstrueuse : de tout temps et dans tout pays l'invention des potiers s'est exercée sur ce jeu d'apparences. Souvent encore le décorateur utilisera les accidents de la matière qu'il met en œuvre, les nœuds et les ronces du bois, les coulures de l'émail, la disposition fortuite des couches dans une lame d'onyx, les taches d'un verre coloré; il y fera apparaître, par un jeu d'hallucination visuelle, des figures variées sur lesquelles s'exercera son outil; et la composition décorative, commencée peut-être sur le mode naturel, s'achèvera en fantaisie.

Quand ces accidents ont été heureusement utilisés, par une imagination souple et ingénieuse, il se produit une curieuse illusion. On s'étonne que l'artiste ait si bien rencontré, et tellement à point, la matière qui devait rendre sa pensée. Les veines du bois semblent s'être infléchies d'elles-mêmes pour lui fournir les nervures de la feuille qu'il dessinait. On dirait que des profondeurs de la pâte colorée sort à son appel et vient s'épanouir à la surface du bloc la fleur chimérique dont il avait besoin pour compléter son décor. Sa fantaisie s'est si bien adaptée aux accidents de la matière, que c'est la matière même qui semble aller au-devant de sa fantaisie. De cette collaboration de l'esprit avec le hasard peuvent donc résulter des trouvailles, des détails d'une originalité surprenante, que l'artiste n'eût certainement pas imaginés à tête reposée, par l'effort de la pensée lucide. Le défaut de ce procédé est que l'imagination, ainsi abandonnée à elle-même, se laisse trop aisément aller au cauchemar. Il est beaucoup plus facile d'inventer dans la laideur que dans la beauté; on a plus vite fait de créer à profusion des monstres grotesques, difformes, effrayants que d'évoquer une seule image vraiment gracieuse. Par une pente naturelle, en suivant simplement la loi de moindre effort, le merveilleux tombe dans l'absurde. Telle est souvent l'impression que produit le fantastique chinois. Où l'artiste a-t-il pris ces fleurs innommées, ces papillons invraisemblables, ces lions farouches qui claquent des dents en roulant de gros yeux, et ces dragons volatilisés en nuages bleus et rouges dont il semble que le vent emporte de ci de là les lambeaux diaprés? De telles figures sont bien faites, par leur bizarrerie radicale, pour déconcerter un cerveau européen. Il ne semble pas qu'elles puissent être inventées de sang-froid : on dirait plutôt qu'elles ont été conçues dans un songe d'opium, par un dessinateur halluciné. En réalité elles ne supposent aucune fièvre, aucun délire, mais le simple laisser-aller de l'imagination et de la main. Elles sont le produit de la rêverie distraite, nonchalante, où l'on invente pour ne pas se donner la peine de se souvenir, où les images se décomposent d'elles-mêmes, perdent la ligne sans qu'on fasse aucun effort pour la retrouver, sorte de déliquescence de la pensée qui aboutit à la complète dégradation de la forme. J'en dirai autant de ces mascarons grotesques, parodie de la figure humaine, que les architectes des siècles précédents ont prodigués dans la décoration de nos édifices. Sans doute la caricature, cette déformation méthodique de la forme humaine qui appuie sur ses imperfections réelles en les exagérant, a sa très réelle valeur esthétique. Mais il n'en faut pas abuser, surtout en sculpture. Ces grimaces figées dans la pierre ont quelque chose d'obsédant qui gêne l'imagination. Si l'on sculpte, au-dessus de notre porte, une figure humaine, ne vaut-il pas mieux la faire gracieuse et avenante que grotesque ou farouche?

On peut faire une classe à part des figures de métamorphose qui nous font assister au passage progressif d'une forme à une autre. Ce sera par exemple une figure humaine qui se continuera en rinceaux de feuillage; ou bien, suivant la marche inverse, une plante perdra peu à peu la forme végétale et s'épanouira en figure humaine. Dans les *grotesques* de la Renaissance, vous verrez surgir d'un même ornement et se continuer par d'ingénieux raccords les formes les plus hétérogènes, des fleurs chimériques, des têtes de satyre, des bustes de femme, des cornes d'abondance déversant des fruits. Considérées comme des figures composites et perçues d'ensemble, ces compositions seraient d'un effet extravagant. Figurez-vous ces guirlandes bizarres détachées de la muraille qu'elles décorent, étalées sur une table comme un objet réel, ce serait à frémir. Ce n'est donc pas ainsi qu'il faut les voir. Elles sont faites pour être parcourues des yeux, de telle sorte que les images apparaissent successivement, se fondant l'une dans l'autre, disparaissant pour nous suggérer des représentations nouvelles au moment où nous allons nous étonner de leur invraisemblance. La forme décevante et mobile se dérobe à notre regard chaque fois que nous essayons de la saisir. Ce jeu de métamorphoses visuelles est un des plus curieux artifices de l'art décoratif. Il nous empêche de prendre trop au sérieux des images de pur caprice, d'insister lourdement sur des fantaisies légères. Il donne à notre contemplation les libres allures de la rêverie. L'artiste est bien entendu le premier à s'amuser de ce jeu, car c'est pour lui que les images sont vraiment successives. Dessinant sur un simple plan, s'en remettant pour les détails aux rencontres de l'improvisation, il ne sait pas lui-même quelles figures vont apparaître sous son crayon; il s'en donne la surprise; il y exerce son ingéniosité. Il goûte directement le plaisir de la libre et joyeuse invention, qu'en présence de l'œuvre achevée nous pouvons ressentir seulement par sympathie. Et c'est ce qui nous porte à croire qu'il ne faudrait pas abuser, dans l'art décoratif, de ces figures : au fond, elles sont plus agréables à dessiner qu'à regarder.

V

MONSTRES COMPOSITES

D'autres figures enfin seront obtenues par assemblage de formes hétérogènes : tels sont les centaures, satyres, sphinx, méduses, chimères, gorgones, chevaux ailés, femmes à queue de poisson, hippogriffes, etc., monstres hybrides où l'esprit semble avoir voulu épuiser toutes les combinaisons possibles de la forme humaine avec la forme animale, et des formes animales entre elles. On en trouvera le répertoire presque complet dans les bas-reliefs de Chaldée et d'Assyrie. De temps immémorial, l'imagination humaine a spontanément conçu de telles images. Les artisans du décor n'ont donc pas eu la peine de les inventer. Le plus souvent il les ont trouvées toutes faites, dans la légende, dans la poésie. Mais ils s'en sont emparés avec joie. En leur qualité d'imaginatifs, ils doivent trouver un attrait particulier à ces conceptions étranges qui nous transportent dans un monde merveilleux.

Peut-être n'ont-elles plus exactement pour nous l'intérêt qu'elles avaient autrefois. Le merveilleux n'a tout son charme que lorsqu'on y croit à demi. Il faut qu'il ne semble ni tout à fait réel, ni tout à fait inventé, mais qu'il flotte dans une région intermédiaire, comme ces images que l'on conçoit les yeux à demi ouverts dans la rêverie légère du matin. Tel était l'état d'esprit des anciens. Pour eux les limites entre le possible et l'impossible n'étaient pas aussi nettement fixées qu'elles le sont aujourd'hui. Ils savaient bien qu'il n'y a vraiment pas de chimères, ni de harpies, et qu'ils n'étaient pas exposés à en rencontrer une au détour du chemin. Mais qui sait? L'homme a certainement eu à lutter jadis contre des monstres. La terre est vaste. Ce qui n'est pas vrai ici peut l'être là-bas. Ce qui n'est plus peut avoir été. Quand l'artiste du moyen âge sculptait ces démons cornus, ces guivres, ces chimères qui

18

rampent et s'accrochent aux corniches de nos cathédrales, il ne faisait que donner un corps à des visions qui étaient alors dans tous les esprits. Ces monstres disparates ne choquaient personne par leur invraisemblance. N'en voyait-on pas de pareils figurés dans les *Bestiaires*, sur le récit de voyageurs imaginatifs, revenus des pays fabuleux? Aujourd'hui nous avons mis le pied dans ces régions inconnues, lointaines, merveilleuses, et nous y avons trouvé la nature toujours conforme à ses lois. Les monstres qui les peuplaient se sont évanouis à notre approche, comme les fantômes quand on marche vers eux. C'est à peine si dans les abîmes glauques de l'Océan s'agitent encore les krakens, les orques aux dents redoutables, les hydres gigantesques : on voit quelquefois à la surface de la mer des remous inquiétants. Mais bientôt ces mystérieuses profondeurs, dernier refuge des monstres chimériques, auront été sondées, et il ne restera plus sur la terre de place pour le merveilleux. Le passé lui-même, que l'histoire et l'archéologie nous obligent à nous représenter nettement, prend un dur réalisme; nous ne pouvons plus y projeter nos songes aussi aisément qu'autrefois. Notre imagination est donc jusqu'à un certain point gênée par la connaissance trop précise que nous avons des lois de la nature. Mais l'art n'est-il pas fait justement pour réveiller en nous les tendances primitives? Quand l'artiste moderne reprend ces vieux thèmes sur lesquels s'est exercée jadis l'imagination humaine, ne nous ramène-t-il pas, pour mieux nous les faire admettre, à l'état d'esprit qui les a fait concevoir? A coup sûr il y revient pour son compte. Au moment où il compose, il oublie sa science de naturaliste, et l'éducation positive qu'il a reçue. Par une sorte de mimétisme moral, grâce à ce don d'assimilation qu'ont tous les imaginatifs, il se donne une âme antique pour évoquer les antiques légendes; il croit à sa chimère au moment où il la représente, dans la mesure où il faut croire à l'existence des êtres merveilleux.

Ces étranges images l'attireront encore par leur vertu symbolique. Il faut le remarquer, en effet : la plupart des monstres mythologiques ne sont pas un pur caprice de l'imagination. Ils ont eu, au moins à l'origine, un sens figuré. Dans l'esprit des anciens poètes et des premiers artistes, ils étaient destinés à personnifier quelque force de la nature, à exprimer quelque idée d'ordre moral; avant d'être pris au sens réel et regardés vraiment comme des monstres, ils ont été conçus comme des symboles. Qu'est-ce que Typhon, ce monstre horrible qu'Hésiode décrit dans sa Théogonie? Sur ses épaules se dressent cent têtes de serpent, d'affreux dragons dont les gueules effroyables dardent toutes une langue noire. De chacune de ces têtes sortent des voix confuses, cris plaintifs de jeune chien, rugissement de lion, mugissement de taureau. Parfois il pousse des sifflements dont retentissent les hautes montagnes. A cette description on n'a pas de peine à reconnaître la violence de l'ouragan. Et la Chimère, fille de Typhon, avec sa tête de lion dont la gueule vomit des flammes et son corps de dragon, n'est-elle pas le nuage d'orage d'où sort la foudre [1]? En donnant aux

1. Voir Decharme, *Mythologie de la Grèce antique*, Garnier, 1879, p. 263.

Kérubim, gardiens du palais des rois, un corps de taureau, des ailes d'aigle, une face humaine, on a voulu accumuler en eux les emblèmes de la puissance et de la majesté. Nous avons déjà montré comment les Égyptiens avaient conçu leurs dieux : quand ils appliquaient sur un corps d'homme une tête d'épervier ou de lion, leur intention n'était nullement de figurer un monstre, mais d'exprimer, par une puissante métaphore plastique, le caractère de leur divinité : c'était comme un masque symbolique qu'ils lui posaient sur la face. Nous retrouvons dans l'art chrétien des métaphores de ce genre. La forme horrible qu'il a donnée aux démons n'est-elle pas le symbole de la difformité morale? Quand il attachait de grandes ailes aux épaules des anges, n'était-ce pas pour rappeler seulement, par un emblème significatif, leur fonction de messagers célestes? « S'il en fallait croire les anciens Actes des saints, remarque Émile Mâle, presque tous nos vieux évêques de France, et surtout les fondateurs des sièges épiscopaux, auraient eu à lutter contre des monstres. Suivant la légende, saint Romain de Rouen aurait enchaîné la gargouille qui désolait la Normandie; saint Marcel de Paris avait mis en fuite un horrible serpent qui habitait dans un cimetière... Toutes ces victoires sur des monstres expriment des victoires sur l'idolâtrie... Ainsi une simple métaphore est devenue un récit vivant en passant par le cerveau créateur du peuple. » Le décorateur reviendra volontiers à ces symboles traditionnels et les rajeunira en leur donnant un sens nouveau.

Quand bien même les monstres ne lui représenteraient rien de merveilleux, il prendrait plaisir encore à les dessiner et à les modeler pour leur qualité décorative. Rien ne se prête plus facilement que les êtres de fantaisie aux exigences du décor : leur forme étant arbitraire peut s'allonger, se ramasser, se modifier de mille façons pour entrer dans un cadre donné : c'est une matière souple et malléable qui d'elle-même se dispose en ornements. Et quelle variété de lignes! Quelle ressource pour le décorateur que des ailes qui se redressent, des griffes qui s'allongent, des croupes tortueuses qui se recourbent à volonté! Quelle joie pour un artiste, de pétrir l'une sur l'autre ces formes diverses, et de les relier par de beaux raccords!

Il faut y prendre garde cependant. Même dans l'extrême fantaisie le goût doit garder ses droits. L'art décoratif nous met parfois devant les yeux des monstres ridicules, répugnants, absurdes, dont il devrait nous épargner le spectacle. Il y aurait beaucoup à dire sur les monstres traditionnels. Dans cet accouplement de formes hétérogènes, l'imagination a fait des erreurs. C'est peut-être ici qu'éclate le mieux la différence entre les arts du dessin et la poésie. Le poète peut à son gré assembler un instant les images les plus disparates : ce composé instable se dissout aussitôt, avant qu'on ait eu le temps d'en être surpris. Mais le goût est plus exigeant quand on donne à ces visions la réalité de l'expression plastique : certaines invraisemblances deviennent criantes. J'admets le sphinx à tête d'homme et l'homme à tête de lion : entre les deux natures que l'on juxtapose il y a une suffisante analogie; la tête de certains hommes a quelque chose de léonin; les membres du lion, avec leur splendide musculature visible sous la peau rase, ont une sorte de beauté qui se retrouve dans les membres d'un athlète; l'imagination est donc disposée à accepter ce jeu de substitutions qui fait passer la tête de l'un sur le corps de l'autre. La Sekhet à tête de lionne, l'Isis-Hâthor à tête de vache sont encore admissibles. Mais le dieu Thoth à tête d'ibis ne se tient pas; les deux formes ne peuvent se greffer l'une sur l'autre; cette petite tête, avec son cou ridé et grêle, ne se soudera pas au corps humain : il lui faudrait, pour la continuer, un corps d'échassier. Le Rannu à tête de serpent est hideux. On peut regarder avec plaisir les sirènes dans leur grâce bizarre et voluptueuse. Les satyres encore sont bien conçus, la forme humaine se raccordant très heureusement à la forme animale. Mais le centaure est déplaisant; le passage de son buste d'homme à son poitrail de cheval est presque impossible; pour peu que l'on essaie de se figurer son anatomie, on comprend qu'il est physiologiquement absurde. Si notre œil n'était pas accoutumé à le voir, il ne saurait l'accepter : de deux formes très nobles on a fait un assemblage mal réussi. Un des sujets classiques sur lesquels s'est le plus exercée l'imagination des créateurs de monstres, c'est la tentation de saint Antoine. Prenons l'estampe célèbre de Callot. C'est un fourmillement d'êtres fantastiques. Dans les airs plane un Satan déchaîné qui brandit des flammes. Des démons armés de verges ou de fourches harcèlent le pauvre abbé. Une sorte de canonnier à corps d'écrevisse met par derrière le feu à un dragon cuirassé qui vomit des hallebardes. Perché sur un rocher, un monstre menaçant vise le saint de son nez qui se prolonge en espingole. Tout cela donne bien, si l'on veut, une impression de fantastique; mais dans ces assemblages baroques de formes hétérogènes, au fond il y a peu d'invention plastique. Ces monstres sont faits pour donner la migraine plutôt que pour effrayer; ils ne se tiennent pas d'ensemble; ils n'ont pas l'air d'être arrivés. Créer un beau monstre, qui dans sa complexité garde une certaine harmonie de formes, une certaine vraisemblance de structure, c'est un véritable tour de force pour l'imagination plastique. Quelques artistes y ont réussi. Hokousaï, par exemple, avec ses étonnantes figures de cauchemar; Gustave Doré, dont l'exubérante imagination a semé en se jouant les êtres de fantaisie; Gustave Moreau avec son hydre de Lerne qui se dresse au milieu de cadavres amoncelés, sur les bords du marais lugubre, apparition saisissante à force de vraisemblance dans le surnaturel; Granville dans ses bons moments, quand il ne se contente pas de souder la forme humaine et la forme animale, mais en fait la synthèse; Carriès dans ses fantaisies décoratives, par exemple dans ce *Grenouillard* dont on ne sait plus s'il représente un homme ou un batracien, tant les deux types organiques se fondent en une image homogène. Mais pour quelques réussites en ce genre, que de lourdes et déplaisantes erreurs dans l'art décoratif! Dans cette simple tendance à déconcerter les lois de la nature pour imaginer des êtres monstrueux, il y a quelque chose de morbide au fond; une imagination parfaitement saine devrait se complaire plutôt dans la grâce et la beauté, dans le rythme harmonieux de la vie. « Pour moi, dit Arsène Alexandre dans sa belle étude sur Jean Carriès, pour moi, qui ai longuement et anxieusement interrogé son œuvre, sa vie, sa façon de percevoir les objets extérieurs à travers lui-même, j'ai la conviction que ces choses fantastiques, monstrueuses, admirables, furent filles de ses nuits, rêves qu'engendre la maladie couvée, sensations vagues qui rongent intérieurement, doucement, comme des bouches sans dents, durant les sommeils oppressés, et que l'artiste, avec son habitude de tout tirer de lui, reprend et formule pendant le jour, sans se douter d'où cela vient ». Ces réserves, qu'à chaque instant nous avons dû faire, quand nous avons assisté au périlleux passage de la convention à la fantaisie, montrent combien le terrain est dangereux. Nous sommes arrivés à la dernière limite de l'invention plastique, au point critique où l'imagination va perdre contact avec la nature : le jeu risque de se gâter.

CHAPITRE VIII

CONCLUSION

Arrivés au terme de cette étude, jetons un regard en arrière, pour nous rendre compte des résultats obtenus.

Nous avons cherché d'abord à discerner la faculté maîtresse de l'artiste. En analysant un certain nombre d'exemples empruntés à la peinture, à la sculpture, à l'art décoratif, nous sommes arrivés à nous convaincre que l'artiste pouvait avoir une très riche organisation psychique, une grande variété d'aptitudes, mais que ce qui le caractérisait avant tout et déterminait sa vocation, c'était le développement exceptionnel des facultés imaginatives. Entrant alors dans le détail, nous avons étudié l'imagination dans sa double fonction artistique, qui est de représenter et de créer. Le pouvoir qu'a l'artiste de se représenter vivement les choses explique le caractère hallucinant de ses œuvres, la poésie qui s'en dégage, leur tendance au symbolisme. Restait à savoir s'il a au même degré l'imagination créatrice. Écartant le préjugé réaliste en vertu duquel il serait voué à l'imitation stricte des objets, nous avons reconnu qu'il ne saurait au contraire parvenir à la maîtrise de son art, s'il n'est doué au plus haut degré de l'esprit d'invention. Il faut qu'il ait l'invention technique, pour se créer des procédés d'expression; l'invention dramatique, pour mettre en scène ses personnages; et par-dessus tout l'invention plastique, pour transformer les éléments que lui fournit la nature et en composer des images nouvelles.

De ces analyses minutieuses se dégagent quelques impressions d'ensemble, sur lesquelles je souhaiterais que le lecteur restât.

Ce qui nous a le plus frappés au cours de nos recherches, c'est de voir quelle somme d'activité mentale exige le labeur artistique. Nous voilà bien loin de la théorie qui fait de l'œuvre d'art un simple reflet des choses. Elle nous apparaît au contraire comme une œuvre toute humaine. C'est la nature élaborée par le génie humain, c'est la réalité transfigurée par l'esprit. Qu'il s'agisse de la peinture, de la sculpture ou de l'art décoratif, l'art est fait par l'imagination et pour l'imagination. Nous donner l'intense vision de choses que nous n'avons pas devant les yeux et qui peut-être n'ont jamais existé; créer un monde de pures représentations que nous faisons à volonté semblable au monde réel, ou différent et plus beau encore; incruster dans la matière dure les plus fugitives images du rêve; placer devant nos yeux de magnifiques symboles qui constamment nous rappellent à l'idéal; faire descendre sur tous les objets qui nous entourent et jusqu'aux plus vulgaires un rayon de poésie qui les transfigure, telle est, dans sa multiplicité apparente et son unité réelle, la fonction de l'artiste. N'est-elle pas bien belle, et faite pour tenter les plus nobles esprits?

Dressant une liste des diverses fonctions de l'imagination, nous avons été surpris de voir comme dans ces cadres sont venues naturellement se ranger les diverses écoles. Cela nous prouve que ce n'est pas la théorie, mais bien plutôt le tempérament propre de l'artiste, qui détermine les diverses orientations de l'art. Et cela doit nous être aussi une leçon de tolérance artistique. Ne nous enfermons pas dans une préférence exclusive! Soyons sympathiques à tous les efforts! Faisons-nous un goût assez large pour comprendre les formes d'art les plus opposées : chacune d'elles représente l'expansion spontanée d'une des facultés imaginatives, et doit être tenue pour aussi légitime que les autres.

Mais nous avons vu aussi que dans certaines œuvres le travail de l'imagination était porté à une plus haute puissance; et nous nous sommes spécialement intéressés à ces esprits aventureux, à ces chercheurs qui ont voulu reculer les limites de leur art, augmenter sa force d'expression, lui faire dire des choses que la peinture et la sculpture ne semblaient pas pouvoir dire. Même quand nous avons dû constater leurs échecs, nous avons applaudi à l'effort. Ils ont risqué de s'égarer, mais ils ont ouvert à l'art des voies nouvelles. Plus que les autres, ils donnent prise à la critique; mais c'est par eux que se fait le progrès.

En résumé, admiration pour le génie humain dans les formes multiples de son activité artistique; sympathie pour tous ceux qui cherchent et nous apportent un élément esthétique nouveau; mais prédilection pour les grands imaginatifs, telle est la triple impression qui me semble résulter de cette enquête sur la psychologie de l'artiste.

Serait-il possible enfin de tirer de ces remarques quelque conclusion pratique, quelque règle applicable à la culture de l'imagination? Aucune éducation ne saurait donner de l'imagination à qui en serait naturellement dépourvu. Mais si l'on possède déjà cette faculté, il est possible de la nourrir, de l'exercer, de la stimuler.

On la nourrira par l'observation. Ne craignons pas de le redire une fois de plus, car on ne saurait trop appuyer sur cette idée : l'imagination ne travaille pas à vide. Forcément ses conceptions seront pauvres, banales, conventionnelles, si elle n'a pas pour s'alimenter un riche fond d'observations de la nature, mais d'observations intenses, passionnées, pénétrantes, confiées autant que possible à la mémoire, et poussées jusqu'à l'assimilation complète.

On l'exercera en réduisant au strict minimum le travail de simple copie, pour exiger de bonne heure un travail d'interprétation personnelle et de composition. Former l'œil et la main, apprendre à voir et à reproduire exactement ce que l'on a vu, certes c'est une chose indispensable. Mais cet enseignement technique n'est pas tout. Il ne suffit pas que l'artiste apprenne son métier, il faut bien qu'il apprenne aussi son art, qu'il fasse preuve d'initiative, en un mot qu'il invente. Et qu'on ne dise pas que les exercices d'invention ne peuvent venir qu'après coup, au sortir de l'atelier, quand l'élève sera abandonné à lui-même. Ces exercices devraient trouver place dès le début, dans les premières années d'apprentissage. Le maître n'a pas le droit de s'en désintéresser, car ils font partie intégrante et essentielle d'une éducation artistique. On l'a compris, ce me semble, dans les écoles d'art décoratif récemment fondées : de là la vitalité de cet enseignement. Cette vérité a-t-elle suffisamment pénétré nos écoles de dessin, de peinture et de sculpture? Il est permis d'en douter. Dans combien d'ateliers les exercices de composition ont-ils l'importance qu'ils devraient avoir, et sont-ils l'objet d'un enseignement méthodique? Si quelques maîtres ont le souci de développer l'initiative et la personnalité de leurs élèves, combien en est-il qui s'en dispensent, comptant que tout cela viendra plus tard, par surcroît; comme si l'on pouvait impunément suspendre pendant quelques années l'exercice des facultés imaginatives! A ce régime elles s'atrophieront définitivement, ou tout à coup, réagissant contre cette longue compression, s'échapperont en inventions désordonnées. Pour éviter ce double écueil, de la banalité ou de l'excentricité, ne serait-il pas plus sage de les soumettre à un entraînement normal et progressif?

Il faut songer enfin à leur trouver quelque noble stimulant. Ceci n'est-il qu'une utopie? Dans l'éducation d'un artiste, je voudrais que quelque chose fût fait pour exalter l'imagination, pour la porter au mode lyrique. Que l'artiste ne se laisse pas absorber tout entier par son art! Qu'il entre dans le chœur des muses! Qu'il écoute les musiciens et lise les poètes! La musique affinera en lui le sens du rythme et de l'harmonie. Les poètes enrichiront son répertoire d'images et de métaphores; ils développeront en lui ce sentiment de la nature dont est si profondément imprégnée la poésie moderne; et il pourra s'inspirer de leurs œuvres sans rien perdre de son originalité, parce qu'elles sont d'un ordre différent. Ces deux arts, moins concrets que le sien, lui feront comprendre que toute la beauté n'est pas dans les réalités visibles, dans les images du monde extérieur, auxquelles il serait tenté de se borner, mais aussi dans les sentiments profonds, dans les vibrations intérieures de l'âme humaine. S'il était tenté de s'abaisser, de chercher le succès dans les œuvres faciles et de pur artifice, dans la simple imitation des réalités vulgaires, ces deux voix hautes et pures le rappelleront à l'idéal.

TABLE DES MATIÈRES

PREMIÈRE PARTIE

LA FACULTÉ MAITRESSE DE L'ARTISTE

DEUXIÈME PARTIE

L'IMAGINATION REPRÉSENTATIVE

TROISIÈME PARTIE

L'IMAGINATION INVENTIVE

Coulommiers. — Imp. Paul BRODARD. — 502-1901.

BIBLIOTHÈQUE VARIÉE, IN-16, A 3 FR. 50 LE VOLUME BROCHÉ

Histoire et documents historiques

BOISSIER, de l'Académie française : *Cicéron et ses amis ;* 11e édition. 1 vol.
— *La religion romaine d'Auguste aux Antonins;* 5e édition. 2 vol.
— *Promenades archéologiques : Rome et Pompei;* 7e édition. 1 vol.
— *Nouvelles Promenades archéologiques : Horace et Virgile;* 4e édition. 1 vol.
— *L'Afrique romaine*, promenades archéologiques en Algérie et en Tunisie. 1 vol.
— *L'opposition sous les Césars*, 4e édit. 1 vol.
— *La fin du paganisme;* 3e édition. 2 vol.

BOULAY DE LA MEURTHE (Le comte) : *Les dernières années du duc d'Enghien* (1801-1804). 1 vol.

BRUNET (L.), député : *La France à Madagascar;* 2e édition. 1 vol.

CHARLETY : *Histoire du Saint-Simonisme*. 1 vol.

CHARMES, de l'Institut : *Études historiques et diplomatiques*. 1 vol.

CHERBULIEZ (V.), de l'Académie française : *L'Espagne politique* (1868-1873). 1 vol.
— *Profils étrangers;* 2e édit. 1 vol.
— *Hommes et choses d'Allemagne*. 1 vol.
— *Hommes et choses du temps présent*. 1 vol.

COTTIN (P.) et **HÉNAULT** (M.) : *Mémoires du sergent Bourgogne*. 3e édit., 1 vol.

CRUPPI (J.) : *Un avocat journaliste au XVIIIe siècle : Linguet*. 1 vol.

DAUDET (E.) : *Histoire des conspirations royalistes du Midi sous la Révolution* (1790-1793). 1 vol. avec 2 cartes.

DIEULAFOY (M.), de l'Institut : *Le roi David*.

DU CAMP (M.), de l'Académie française : *Les convulsions de Paris;* 8e édit. 4 vol.
— *Souvenirs de l'année 1848;* 2e édit. 1 vol.

DURUY (V.) : *Introduction générale à l'histoire de France;* 4e édit. 1 vol.

FUNCK-BRENTANO (Fr.) : *Légendes et archives de la Bastille*. 4e éd. 1 vol.
Ouvrage couronné par l'Académie française.
— *Le drame des poisons*. 4e éd. 1 vol.
— *L'Affaire du Collier*. 2e édit. 1 vol.

FUSTEL DE COULANGES, de l'Institut : *La cité antique;* 15e édition. 1 vol.

GAUTHIEZ (P.) : *L'Arétin* (1492-1556). 1 v.

GEBHART (E.), de l'Institut : *L'Italie mystique;* 3e édition. 1 vol.
— *Moines et papes*. 2e édit. 1 vol.
— *Au son des cloches*. 2e édit. 1 vol.

GUIRAUD : *Fustel de Coulanges*. 1 vol.

HANOTAUX (G.) : *Études historiques sur le XVIe et le XVIIe siècle en France*. 1 vol.

HEIMWEH (J.) : *La question d'Alsace*. 1 vol.

JUSSERAND (J.) : *La vie nomade et l'Angleterre au XIVe siècle*. 1 vol.
Ouvrage couronné par l'Académie française.
L'épopée mystique de William Langland. 1 vol.

LAMARTINE : *Histoire des Girondins*. 6 vol.
— *Histoire de la Restauration*. 8 vol.

LANGLOIS ET SEIGNOBOS : *Introduction aux Études historiques*. 1 vol.

LARCHEY (L.) : *Les cahiers du capitaine Coignet* (1799-1815). 1 vol.
— *Journal du canonnier Bricard* (1792-1802). 2e édition. 1 vol.

LAVISSE (E.), de l'Académie française : *Études sur l'histoire de Prusse;* 4e édition. 1 vol.
— *Essais sur l'Allemagne impériale;* 2e édition. 1 vol.

LÉGER : *Russes et Slaves*. 3 vol.
— *Le Monde slave*. 1 vol.

LEROY-BEAULIEU (A.) : *Un homme d'État russe* (Nicolas Milutine). 1 vol.
— *La Révolution et le libéralisme*. 1 vol.

LUCE (S.) : *La jeunesse de Bertrand Du Guesclin* (1320-1364); 3e édit. 1 vol.
Ouvrage qui a obtenu le grand prix Gobert.
— *Jeanne d'Arc à Domremy;* 2e édit. 1 vol.
— *La France pendant la guerre de Cent ans;* 2e édit. 2 vol.

MAULDE-LACLAVIÈRE (de) : *Les mille et une nuits d'une ambassadrice de Louis XIV;* 2e édition. 1 vol.

MÉZIÈRES (A.), de l'Académie française : *Vie de Mirabeau*. 1 vol.
— *Morts et vivants*. 1 vol.

MONTÉGUT (Ed.) : *Le maréchal Davout*. — *La duchesse et le duc de Newcastle*. 1 vol.

MOUY (Ch. de) : *Discours sur l'histoire de France*. 1 vol.

PICOT (G.), de l'Institut : *Histoire des États généraux;* 2e édition. 5 vol.
Ouvrage qui a obtenu le grand prix Gobert.

PRÉVOST-PARADOL : *Essai sur l'histoire universelle;* 5e édition. 2 vol.

REINACH (Joseph) : *Études de littérature et d'histoire*. 1 vol.

ROUSSET (C.) : *Histoire de la guerre de Crimée;* 2e édit., 2 vol.

SAINT-SIMON : *Scènes et portraits*. 2 vol.

THÉDENAT (H.), de l'Institut : *Le forum romain*. 2e édition. 1 vol.

THOMAS (E.) : *Rome et l'empire*. 1 vol.

WALLON, de l'Institut : *La Terreur;* 2e édition. 2 vol.
— *Jeanne d'Arc;* 7e édition. 2 vol.
Ouvrage couronné par l'Académie française.

Coulommiers. — Imp. P. Brodard. — 6-1901.

www.ingramcontent.com/pod-product-compliance
Ingram Content Group UK Ltd.
Pitfield, Milton Keynes, MK11 3LW, UK
UKHW012200240726
13966UKWH00002B/471

9 782011 932761